신아출판사

그때 우리가 본 것은

한호철 수필집

신아출판사

그때 우리가 본 것은

한호철 수필집

책머리에

　우리가 아는 세상은 둥근 모양을 이루고 있습니다. 지구본도 둥글고, 동전도 둥급니다. 눈에 보이지 않는 행복도, 밝은 미소도 틀림없이 둥근 모양을 하고 있을 것이라고 여겨집니다.　요즘 한창 열기를 뿜고 있는 독일월드컵의 축구공도 둥근 모양입니다. 그 열기 안에서 살아가는 우리들도 둥근 모습을 하고 있습니다. 내가 생겨나기도 전에는 둥근 점과 같은 형태로 존재하다가, 잉태하여서는 동그라니 웅크리고 앉은 채로 자랐습니다. 태어나서도 모나지 않고 둥그렇게 살기를 간절히 바라고 또 바랐습니다. 그러한 우리의 삶 속에 사계절이 있습니다.

　나는 그 중에서 겨울을 싫어합니다. 겨울의 낮은 기온도 싫고, 많은 눈이 내리는 것도 싫습니다. 언제나 내가 생각했던 겨울보다 춥게 느껴지며 눈이 자주 내리는 겨울이 싫은 것입니다. 차가운 바람도 싫습니다. 한 번만 불고 그치는 바람이 아니라 계속해서 불어대는 찬바람은 나를 슬프게 만듭니다. 추위는 모든 것을 멈추게 하고 그냥 그대로 얼어붙게 만들어 버립니다. 그것은 바로 어둠이요, 죽

음인 것입니다. 그래서 나는 추운 겨울을 싫어합니다. 그러나 겨울을 떠나 살 수는 없겠지요. 그러니 다만 내가 바라는 겨울은 조금만 덜 추웠으면 좋겠다는 정도일 뿐입니다. 차가운 바람이 덜 불었으면 좋겠다는 작은 소망입니다. 눈이 내려도 조금씩 고루 내려서 아름다운 세상을 만들어 주면 좋겠다는 것입니다. 이렇게 이루어지지 않을 겨울이라면 차라리 그 자리에 봄을 하나 더 만들어 넣을 수는 없을까요.

대자연 속에서 사는 우리가 그들의 이치를 거스릴 수는 없지만, 그들이 주는 모든 것을 다 기억할 필요는 없을 것입니다. 나는 그 겨울의 기억이 있어야 할 자리에 내가 더 오랜 동안 간직해 오던 기억을 앉혀놓고 싶습니다. 모든 것을 앗아가는 겨울이라 하더라도, 지금까지 내 마음을 빼앗아 가지는 못했으니까요.

2006년 07월

한호철

못 한다 안 된다 하지 말고 | 2부

그때 우리가 본 것은 | 4부

1부

사람이 꽃보다 아름답다면

꽃구경

봄이 되니 가지마다 푸릇푸릇 새싹이 돋기도 하고, 어떤 나무들은 꽃망울부터 터뜨리기도 한다. 이른바 꽃이 피는 계절이 온 것이다. 내 주변에도 온통 분홍색이 만발하였다. 예전 같으면 양지바른 산과 들에서 시작되는 것으로만 알았던 봄소식이 이제 시내 한중심에서 시작되고 있는 것이다. 어쩌면 봄도 차가웠던 자연보다 따뜻한 사람을 더 그리워하는지도 모르겠다. 그렇다면 사람 많은 곳에서부터 봄이 오는 것은 가히 이상할 것도 없는 자연현상이다.

나뭇가지에 뭔가가 맺히면서 분홍색이 돌더니 그 다음은 순식간이다. 벚꽃이 피는 속도가 마치 경마장에서 출발선을 차고 나가는 말들과 흡사하다. 이처럼 벚꽃은 서로가 먼저라고 다투어 피어났다. 항상 그랬듯이 아마 다음 주말에는 제대로 된 꽃을 볼 수 있겠구나 하였어도 한 번도 맞혀본 적이 없다. 식구들을 대동하고 애써 약속시간에 대어도 벌써 꽃잎이 떨어지기가 일쑤였다.

올해 벚꽃도 예외는 아니었다. 주중에 봉오리가 맺히고 달콤한 바람이 부는 것으로 보아 늦은 주말이면 꽃을 볼 수 있겠거니 하였다. 그러나 기대는 빗나가고 있었다. 허실삼아 나가본 길거리에서는 벌써 꽃구경을 하는 무리들의 인파가 지나다닌다.

내가 좀 늦었다고는 하지만 그렇다고 다른 사람들이 꽃향기마저 다 가져간 것은 아니어서 그나마 다행이었다. 원래가 향이 연한 벚꽃인데 바람이라도 불어서 향을 떼어 갔다면 참으로 서운할 뻔한 일이었다.

내친김에 야간 벚꽃구경도 해 본다. 자동차로 빛을 비춰가면서 천천히 구경을 하면 검정바탕 위에서 보이는 하얀 꽃잎이 온 세상을 밝게 만든다. 멀리 떨어져 있는 나무는 달랑 막대기 하나에 커다란 솜사탕 느낌이다. 누가 먹다 만 것인지 참으로 크기도 큰 솜사탕이다. 낮 동안 맛있게 먹다가 갑자기 사라진 유치원신데렐라가 아닐지 생각도 해 본다. 마치 내일 다시 오마고 약속이라도 하듯이 줄줄이 세워놓았지만, 나만의 표시를 해 놓은 듯 모양도 다르고 형태도 다르다.

별도 없고 달도 없는 하늘이 밝기만 하다. 다른 날 같았으면 자동차 불빛쯤이야 한입에 삼켜 버렸던 어둠이건만, 오늘 저녁 분홍은 빛을 받아 하얀 포장으로 변한다. 커다란 보자기를 나무 위에 올려놓은 듯 선명하다.

  손빨래로 널어놓은 하얀 면사포가 이리 펄럭 저리 펄럭하면서 바람에 날려 가더니 그만 길을 잃어버리고 말았다. 이제는 추위와 바람에 시달린 몸을 쉬려는지 조금도 움직이지 않고 있다. 겨우내 답답했던 마음을 떨쳐 버리려는지 세상의 모든 면사포들이 우르르 몰려 나와 여기 저기 머무르고 있다. 송송 구멍이 뚫린 얇은 천들 사이사이로 하늘이 보이고, 그 좁은 틈 사이로 바람이 지나간다.

  한 줄기 바람이 불자 꽃잎이 떨어진다. 잔잔한 호수에서 찰랑대던 물결이 햇빛에 반짝이는 듯 펄렁이며 떨어진다. 꽃비가 내려온다. 커다란 우산을 펼쳐 든 나무 아래로만 내려온다. 면사포에 수 놓여져 있던 꽃잎들이 하나 둘 떨어진다. 너울너울 춤을 추며 떨어지는 꽃비는 내 눈을 현란하게 만든다. 손으로 잡으면 잡힐 듯 하다가도 잡히지 않고, 떨어질 듯 하다가도 떨어지지 않으며 주위를 맴돈다. 내려오는가 했더니 올라가고, 올라가는가 했더니 내려오는 꽃비는 나를 어지럽게 만든다. 이 꽃비가 내리고 나면 무늬도 없이 엉성한 씨날줄만 남아 있을 우산을 생각하니 아쉬움이 생겨난다. 바람이 스쳐간 면사포는 아쉬움으로 서러움을 잉태한 것이다. 비를 맞으며 지나가는 내 옷자락에 벌써 봄이 묻어 있다. 지우려 해도 지워지지 않는 봄내음이다. 그러니 굳이 애써 지울 필요도 없다. 한참을 서서 맞아도 옷이 무거워지지 않는 꽃비는 참으로 이상한 비다.

  짧은 봄 동안 많은 꽃을 보고 싶어 가끔씩 뒤를 돌아본다. 앞만 보고 달려간다면 자꾸만 줄어드는 꽃으로 내게 아쉬움만 쌓이고,

뒤를 돌아보면 늘어나는 꽃들이 나를 아쉬워하고 있다. 나도 줄
어드는 꽃보다 늘어나는 꽃들이 더 좋다.

뻐꾸기 울던 날

오늘 아침에도 뻐꾸기가 울었다. 아무리 해가 긴 여름이라지만 아침 식사 전에 우는 뻐꾸기는 아주 부지런한 새라는 생각이 들었다. 속담에도 아침에 일찍 일어나는 새가 벌레를 잡는다고 했다.

이 뻐꾸기는 어제도 그 시간에 울었고, 그제도 울었다. 그런데 한참 만에 생각해낸 것은 뻐꾸기시계가 시각을 알리는 것이라는 생각도 들었다. 내가 사는 곳은 아파트이므로 뻐꾸기가 마치 제비처럼 가정의 빨랫줄에 앉아 울 것도 아니고, 멀리 떨어져 있는 공원 숲에서 우는 소리가 여기까지 들릴 것은 더더욱 아니기 때문이다.

추운 겨울에는 창문을 모두 닫고 사니, 시각을 알려줘도 집 밖으로는 시계소리가 들리지 않았을 것이다. 그런데 요즈음이 비록 한여름은 아니지만 그래도 창문을 열고 사니 뻐꾸기 소리가 들리는 것이라고 생각되었다.

그렇지만 방금 운 뻐꾸기시계가 채 10분도 지나기 전에 또다시 우는 것은 무슨 연유일까. 이 해답을 찾기까지 또다시 한참이 걸렸다. 요사이는 좀 뜸하긴 하지만 몇 해 전까지만 하더라도 뻐꾸기시계가 한참 유행을 한 적이 있다. 그 때는 집집마다, 방마다 하나씩 걸려 있을 정도의 대단한 인기였었다. 그러니 아파트 집집마다 뻐꾸기 한 마리 정도는 키워 본 경험이 있을 것이고, 그 중 상당수는 지금도 기르고 있을 것이라는 답이 나왔다.

휴일 아침. 오늘은 누구네 집 뻐꾸기가 이렇게 목청이 큰지 확인해 보고 싶은 생각이 들었다. 창문을 열고 유심히 살펴보아도 아파트의 여기저기에서 울려야 할 뻐꾸기 소리는 어느 한 집에서만 들려오는 듯했다. 신경 써서 한참을 지켜보면 멈추고, 멈췄다 싶어 한눈을 팔면 다시 들려오곤 하는데 여러 집에서 나는 소리가 아닌 것은 확실했다.

얌전히 있는 아내를 불러 뻐꾸기 감시조로 임무교대하고 아침밥을 먹었다. 평상시 밥을 빨리 먹는다고 핀잔 받는 처지이지만, 오라는 데 없는데도 오늘따라 더 빨리 먹어치웠다. 그러나 숟가락을 채 놓기도 전에 아내가 한 마디 한다. 지금까지 들려온 뻐꾸기 소리는 집에서 나는 시계소리가 아니라 글자 그대로 자연산 뻐꾸기 우는 소리라는 것이었다.

도심 속 아파트에서 뻐꾸기가 우는 것도 믿기지 않는 일이지만, 우리 식구는 도대체가 살아있는 뻐꾸기를 본 적이 없으니 부정도 긍정도 할 형편이 아니었다.

그러는 중에도 아내의 손끝을 따라 주위를 살펴보니, 어느 집 창문 너머가 아닌 아파트 옥상의 공청 안테나에 자그마한 물체가 붙어있는 곳이 시선을 끈다. 그렇지만 저것이 새인지 아니면 부속품인지 아직 확실하지도 않고, 새라고 하더라도 바로 그 문제의 뻐꾸기인지 모르는 상태다.

자주 쓰지 않던 망원경을 갑자기 찾으니 어디에 두었는지 쉽게 찾지도 못하고 있는데, 혹시 그 사이에 새가 날아가 버리지나 않을까 조바심이 났다. 겨우 생각해낸 것은 디지털 캠코더였다. 그러나 가는 날이 장날이라고 아들 녀석이 지난 행사 때 찍고 학교에 두고 왔단다. 평소에 쓰는 물건을 바로바로 제자리에 두라고 그만큼 일렀건만 지키지 않았다고 일장 연설을 하고 있는데, 아들은 슬그머니 일반 카메라를 집어든다. 그리고는 창틀에 기대어 카메라를 만지작거린다. 하긴 그것도 줌 기능이 있으니 저 정도 거리야 쥐락펴락하겠지 라고 생각하면서 짐짓 모르는 체 하였다. 아무 말 없이 혼자서 한참을 밀고 당기는 것으로 보아 줌이 신통치 않은 듯했다.

그래도 눈치를 보다가 한참 만에 한 마디 하는데 저것은 뻐꾸기가 아니라는 것이다. 아들 말에 의하면 뻐꾸기는 독수리나 매, 부엉이, 소쩍새처럼 머리를 쳐들고, 가슴을 쭉 펴고 앉는단다. 그 말을 듣고 보니 그도 그럴 듯하다. 뻐꾸기는 원래 봄부터 여름까지 찾아오는 철새인데 자신이 둥지를 틀지 않고 남의 둥지에 알을 낳는 습성이 있다. 사실 어쩌다 둥지를 틀지 못하여 남의 둥지에 알을 낳는 것은 애교로 보아 줄 수도 있는데, 이 뻐꾸기는 전혀 그렇지 않다.

처음부터 어느 새의 둥지에 알을 낳을까 생각하며 자신의 생활 영역을 살펴본 후, 미리 점 찍어 둔 새가 알을 낳으면 그 둥지 속에 슬그머니 자신의 알을 낳는 새이다. 이러한 얌체 새이기에 교만하고, 성질이 사나울 것으로 짐작되며, 저렇게 참새모양으로 초라하게 앉아있는 것은 어울리지 않았다. 이쯤 되니 조류에 관한 생물도감을 찾지 않을 수도 없었다. 아들 말이 맞든 아내 말이 맞든 둘 중 하나는 틀릴 수밖에 없다. 그렇다고 모자간에 의 상하지 않으면서 서로를 위한다고 그냥 덮어두고 지나칠 수도 없는 일이다. 지금은 공정한 심판이 필요한 때이다.

백과사전에 의하면 뻐꾸기는 두견이목 두견이과의 여름철새이며 몸길이 35cm 정도의 탁란조이다. 대리모가 낳아 둔 알의 하나를 빼내고 대신 자신의 알을 낳는데 보통 다섯 마리의 대리모를 찾아다닌다. 또 이 알은 대리모의 알보다 2일 정도 먼저 부화하며, 부화하자마자 대리모의 알들을 등에 업어 둥지 밖으로 밀어낸다.

뻐꾸기는 부화 후 약 한 달까지 대리모의 먹이를 받아먹는데, 이때의 몸집은 벌써 대리모보다도 서너 배나 더 커진 얌체새로 변해 있다. 자기 새끼들은 모두 둥지 밖에서 깨어져 죽었는데 그것도 모르고 원수를 열심히 부양하는 대리모가 한스러운 생각도 든다. 이러고 보니 뻐꾸기는 배은망덕한 새라는 별명이 어울리는

새이고, 매나 올빼미처럼 육식을 주로 하는 새라는 착각에 빠져
들 만했겠다.

그러나 이 새는 살찐 제비모양이며 앉아 있을 때는, 닭이 홰를
치듯 다리가 거의 보이지 않으면서 가슴이 홰에 닿을 정도이다.
두견이과의 뻐꾸기와 두견새는 사촌이지만 우리에게 잘 알려진
소쩍새는 올빼미과의 야행성 조류로 완전히 다르다.

이것으로 뻐꾸기 경기는 아내가 판정승을 하였지만 아들은 넉
아웃이 되고 말았다. 언제나 우선권을 주장하던 아들이 우리 아
파트에 찾아 온 뻐꾸기로 인하여 오늘 드디어 제자리로 돌아간
듯한 생각이 든다. 모든 일이 앞서거나 뒤서거나 하는 탁류의 한
가운데 서 있다가도, 어느 순간이 되면 바로 제자리로 돌아가는
소용돌이를 만나게 된다. 일상은 그때 다시 층류가 되어 질서 정
연하게 흘러가는 것이다. 마치 오늘의 우리 가족처럼 말이다.

사월의 목련

4월이 돌아왔습니다. 작년에 왔다 간 뒤로 1년 만에 찾아왔습니다. 나는 사월을 애타게 기다리고 있었는데, 사월은 왜 자주 찾아오지 않는지 마음 아팠습니다. 그런 나의 애절한 마음을 아는지 사월은 혼자서 오지 않았습니다. 이번에도 풍성한 목련과 함께 왔습니다. 하얀 목련과 함께 찾아온 사월입니다.

어떤 사람은 목련 밑에서 편지를 읽는다지만, 나는 편지를 읽을 수는 없어도 목련꽃 밑에 다가가 봅니다. 탐스런 봉오리들이 앞다퉈 기지개를 켭니다. 사실 목련은 활짝 핀 꽃보다도 아직 못다 핀 봉오리가 더 예쁩니다. 아마 다른 꽃들도 그런지 모르겠습니다.

오늘 4월 첫날에 핀 목련도 아직 덜 핀 상태라서 그런지 더욱 탐스럽습니다. 하얀 속살을 내놓을 듯 말 듯하면서 무슨 말을 하려고 합니다. 자신의 숨겨진 몸을 보이는 수치스러움보다도, 그것으로 인하여 무언가를 얻을 수 있다면 그 정도는 양보할 모양입니다. 그런 모습이 너무 다정스러워 나도 모르는 사이에 발길이 향하고 있습니다.

봄은 차가운 얼음장 밑에 살다가 때가 되면 찾아온다고 하였습니다. 날씨가 점점 추워져서 얼음 층이 갈수록 두꺼워져도 용케 버티고 견뎌냈습니다. 봄은 그렇게 질긴 명을 이어오고 있습니다. 그러나 그토록 강인한 봄도 지난 해 여름이 오자 힘없이 밀려나고 말았습니다. 자리를 빼앗긴 봄은 그 이후로 지금까지 절취부심 기회를 엿보았습니다.

봄은 이렇게 어려운 환경을 이기고 난 후, 자신의 위치를 되찾는 모습입니다. 그리고 드디어 다시 모습을 드러냅니다. 웅크린 우리들을 일깨워주고 있습니다. 이때 봄은 여인의 옷자락을 타고 온다고 하였습니다. 여인의 옷자락은 노랑, 분홍, 하양, 초록도 있습니다. 이것들은 모두 꽃 색깔들입니다. 한 나무에서도 잎이 먼저냐 꽃이 먼저냐 서로 다투기도 하지만, 그런 것들은 모두 매한가지입니다. 그러고 보니 봄은 여인과 같은 존재입니다.

목련도 작년 봄 진달래에 밀려난 이후, 아무도 모르게 힘을 길렀습니다. 지난 가을 목련의 낙엽을 본 나는 아쉬움을 이기지 못한 채 목련 곁에 머물렀습니다. 그런 나의 마음을 아는지 모르는지 목련은 나를 기쁘게 합니다.

지난 가을 이파리가 떨어져 나간 바로 그 자리에서 꽃망울이

기다리고 있었습니다. 이제 추워지고 메마른 계절이 온다는 것을 알고 있을 터인데도 묵묵히 준비하고 있었습니다. 자신은 비록 떠나지만 후세를 위하여 예비하는, 자신의 할 일을 수행하는 목련을 본 것입니다. 그리고 겨울이 지나자 마침내 돌아왔습니다. 나는 이런 목련이 좋습니다. 살다보면 힘이 다하여 뭔가에 밀리기도 하지만, 그래도 낙망하지 않고 노력하는 모습이 아름답습니다.

어떤 놈은 나에게 자랑이라도 하려는지, 평상심을 잃고 먼저 문을 연 놈도 있습니다. 때를 기다리지 못하고 성질대로 행동하는 놈입니다. 이놈들은 항상 호된 매를 맞습니다. 춥고 배고프고 바람에 부대끼다가 제풀에 나가떨어지곤 합니다. 겨우 비티고는 있다고 하더라도 온몸이 만신창이가 되어버립니다. 자리에서 일찍 일어난 것이 무슨 잘못은 아닌데도, 그놈들이 겪는 과정은 너무나 힘이 듭니다. 이것은 겨우 목숨만 유지할 뿐입니다. 날 자리 들 자리를 모르고 나선 대가가 너무나 혹독합니다. 만물은 이렇게 모두 자기 자리가 있나 봅니다.

그러나 게으른 듯하면서도, 자신의 위치를 파악하고 자신을 알아 합당한 행동을 한 꽃들은 사랑을 받고 있습니다. 오가는 여러 사람들이 귀여워해줍니다. 고개를 들고 우러러봅니다. 그리고도 모자라서 한참씩 서서 머물다 갑니다. 때에 따라서는 거름도 주고 주변의 장애물도 치워줍니다. 그러나 너무 늦게 나온 놈들은 꽃잎을 치우는 일에 더욱 부담만 줄 뿐입니다. 이런 놈들은 같은 꽃이면서도 원성을 듣습니다. 나무를 통째로 흔들어 빨리 내려오라고도 합니다.

이 얼마나 서러운 일입니까. 한 나무에서 태어났어도 어떤 놈은 얼어 죽고, 어떤 놈은 흔들려서 떨어지고 참으로 복잡한 세상입니다. 아름다운 목련에게도 이런 어려움이 있는 줄은 몰랐습니다.

추운 겨울날 눈보라를 맞을 때 서로서로를 위로하며, 같이 의지하여 참고 견뎌 온 꽃눈이지만 서로 다른 운명을 맞는 것은 참으로 안타까운 일입니다. 주변에는 많은 유혹이 있습니다. 이 유혹을 이기고 자신의 길을 걷는 것이 어렵다는 것을 알려주는 것 같습니다. 주변에는 많은 구렁도 있습니다. 이 구렁에 빠지지 않고 건너는 것도 아주 어렵다는 것을 알려주는 것 같습니다. 어쩌면 그래서 더욱 더 사랑스러운 목련인지도 모릅니다.

바람막이도 없이 차가운 바람을 모두 맞으면서 견뎌냈다고 생각하기에는 너무나 포근한 모습입니다. 풍상을 이겨냈지만 모질지도 못합니다. 말없이 인자한 모습을 전해줍니다. 꽃잎은 마치 흰나비 날개가 포개져 늘어서 있는 것처럼 아름다운 형상입니다. 그것은 막손이의 볼만큼이나 부드러운 것입니다.

또한 목련은 멀리서 보아도 눈이 번쩍 뜨이는 마력을 가지고 있습니다. 화려하지 않으면서도 질리지 않는 청순함도 가지고 있습니다. 이처럼 사랑스러운 목련이 지금 내 앞에 있습니다.

목련 한 그루로 인하여 온 마당은 봄으로 가득합니다. 피어나기 시작하는 꽃봉오리로 집 안이 화원이 되었습니다. 나무 밑에서는 파란 새싹들이 굳은 땅을 두드리고 있습니다. 이제 답답한 장막을 거두고 밝은 세상으로 솟아 나오려나 봅니다. 하지만 이러한 생명력도 목련만은 못합니다. 목련은 누구의 눈치를 볼 것도 없이 자기가 해야 한다고 생각하면 바로 실천에 옮기고 맙니다. 그래서 봄에 피는 꽃 중에서도 일찍 피는 꽃입니다.

나는 목련을 좋아합니다. 목련은 마치 나를 닮은 나무라고 생각합니다. 나도 세상의 험한 풍파와 맞닥뜨리고 있다고 생각합니다. 그러나 아무리 힘이 들어도 꿋꿋이 버텨나가고 있다는 생각도 합니다. 목련은 찔레와 같은 창도 없고, 때죽나무와 같은 갑옷도 입지 않았지만 자기 극복의 개척정신이 잘 나타나는 나무입니다.

그러다 때가 되면 나도 목련처럼 수줍은 꽃을 피우고 싶습니다. 그 꽃은 화려하지 않으면서도 흔하지 않은 꽃이 될 것입니다. 순박하지만 천하지도 않은 그런 꽃을 피우리라 기대합니다. 수수하면서도 선한 꽃을 만들 거라고 다짐도 해 봅니다. 마치 목련과 같은 그런 꽃을 말입니다.

그렇다면 나는 목련을 자세히 살펴보아야 할 것입니다. 목련이 어떻게 생겼는지 확인해 놓아야 할 것입니다. 목련을 나의 가슴 깊은 곳에 심어 놓아야겠습니다. 나는 목련을 좋아합니다. 내가 목련을 사랑하고 있는가 봅니다.

내소사에서 만난 인연

오랜 만에 내소사를 찾았다. 대체로 2년에 한 번씩은 찾아보는 절이다. 변산반도는 바닷가를 끼고 있는 외변산과, 산을 중심으로 해변에서 다소 떨어진 내변산으로 나뉜다. 내소사는 그 중 내변산에 자리하고 있다. 여기를 찾아가려면 30번 국도 중 변산반도 해안도로를 찾으면 된다.

다시 말하면 부안군 보안면 23번 국도의 영전사거리에서, 진서면 곰소항을 지나는 30번 국도로 옮겨서 가다 보면 우측으로 커다란 간판을 볼 수 있다. 바로 내소사를 포함한 위치부터 국립공원 변산반도로 들어간다. 절 뒤에는 산이 우거지고 부안8경의 첫째인 직소폭포가 시작되며, 길게 봉래구곡을 만들어가고 있다. 이 봉래구곡은 부안의 현세 수필가이면서 예총부안지부장을 맡고 계신 양규태 님도 한껏 자랑한 적이 있는 그런 명소이다.

내소사는 원래 소래사라는 이름으로 백제 무왕 34년 서기 633년에 창건되었다고 한다. 이 절이 가지고 있는 전설이 있으니 다음과 같다.

대웅전을 중수하던 대목이 마음 속의 설계도를 따라 기둥과 서까래를 깎고 있었는데, 사미승이 장난삼아 목재 하나를 숨겼다. 나중에 목재가 하나 부족한 것을 발견한 대목은 자기가 절을 지을 정도의 실력이 없었으므로 설계가 잘못되었고, 재료 준비에 차질이 있었다고 말한다. 사미승이 놀래어 숨겼던 목재를 내놓았으나, 주지승이 부정탄 목재를 사용하지 못하게 하여 결국 대웅전의 한 쪽에는 목재가 부족한 채로 지었다는 것이다. 그러나 이것을 확인하는 것은 우리 보통사람들로서는 불가능한 일이다.

또 하나 전설은 중건된 대웅전의 단청을 자청한 단청장이가 있었다. 마침 비용이 없었던 주지승은 무료로 단청을 시킬 수 있어 다행이었다. 그런 단청장이의 조건은 단 하나, 100일 동안 아무도 대웅전 안을 들여다보지 말라는 것뿐이었다. 드디어 100일째 되는 날 사미승의 호기심은 그 약속을 져버리고 말았다. 그런데 그 안에서는 새 한 마리가 자기의 깃을 하나 뽑아내고 자신의 몸에서 색을 찍어내어 단청을 칠하는 것이었다. 놀란 사미승이 도망치다가 그만 들키고 말았다. 그러자 그 새는 온데간데없이 사라지고 말았다. 그래서 지금도 대웅전 안의 한 쪽 구석은 단청이 다 칠해지지 않았다고 한다. 그러나 이것 역시 우리들로서는 확인할 수 없는 사항이 되고 있다. 다음 기회에 절에 가게 된다면 눈여겨

볼 만한 일이다.

또 하나는 우리가 흔히 알고 있는 것으로, 당나라의 소정방이 황해에 처음으로 상륙한 곳이 이곳 내소사라는 설도 있으나 이것은 강하게 부정되고 있는 내용이다. 그럼에도 불구하고 來蘇寺라는 글자는 그 유래를 더욱 믿을 만하게 하고 있다.

이렇듯 아름다운 전설을 가지고 있는 내소사는, 입구인 일주문부터 천왕문까지 600여 m의 거리에 이르는 전나무 숲을 간직하고 있는 것이 인상적이다. 우리가 단체로 내소사를 찾았을 때 일행 중에 연세가 아주 지긋한 어른 한 분이 계셨다. 물론 우리의 일행이지만 그 분은 부안이 고향이고, 고향에서 청소년기를 보내셨다. 장성하셔서는 초등학교 교사도 하셨고, 공무원 사무관도 지내셨고, 건설 사업체도 운영하신 경력이 있는 분이다. 그래서 그 분은 이런저런 것들에 대하여 아주 소상히 알고 계셨었다. 말하자면 이른바 경륜이라는 것이 아니면 불가능한 일이었을 것이다. 그런데 전나무 숲길에서 여러 가지 이야기를 해 주시던 그 분이 이제 다시는 만날 수 없는 길로 가셨다. 그 분과 나는 19세의 차이가 있으니 작은아버지뻘이 된다고 보아야 할 것이다. 그 분도 14세의 아주 적은 나이 차이의 작은아버지가 계셨었다. 그러니 나와는 심하면 부모뻘도 되는 셈이다.

그런 분이 다른 사람과 달리 나에게 만은 유독 너그러우셨다. 그 분의 말씀에 따르면 내가 하는 일이 모두 합당하기 때문이라고 하셨지만 그것은 하나의 핑계이고, 사실은 다른 이유가 있다고 추측된다. 그것은 다른 사람들은 남의 오해가 있을지 몰라 남의 일에 끼어들지 않는 것을, 나는 일이 더 확대되어 서로가 불편해지는 것을 막자고 과감히 실행한 때부터인 것 같다. 그 시기를 따지고 보면 그것은 바로 처음 만난 1992년 여름으로 거슬러 올라간다.

그 분은 여러 가지 이런저런 이야기를 해 주시면서 내소사의 풍경에 흠뻑 취하셨다. 그리고 약주도 거나하게 걸치셨다. 때는 2003년 4월 26일. 토요일. 날씨도 화창하고 주변에는 온통 꽃으로 싸여 있는 그런 날이었다. 이제 그 분을 생각해 본다. 그 분은 전나무 숲 아래 돌로 된 벤치에 앉아 술을 드시면서, 우리들의 사회생활에 대해 여러 주문을 해 주셨다. 우리 인간 심신단련에 관한 것이며, 학문과 예술에 관한 것이며, 직장인으로서 자기 상급자에 대한 자세며, 어른에 대한 예의 등 모든 면에서 당부를 하셨다. 특히 조상에 대한 섬김은 유교에 대한 강한 집념을 보이기도 하셨다. 그것은 아마도 자신이 젊었을 적의 잘못된 후회에 대한 대리 기대감 때문이 아니었을까 생각된다.

사실 나는 그런 종류의 대리 기대감을 하나 이룩한 것이 있다. 내가 지은 책을 발간한 것이며, 바라고 바라던 문단에도 드디어 등단한 것이 바로 그것이다. 그 때 그 분은 자기 일인 양 기뻐하시며 도움을 주셨다. 그 덕분에 오늘의 내가 있다고 해도 과언이 아니다. 그래서 나는 다른 사람들보다도 그 분에 대한 애착이 더 큰 것도 사실이다. 그 분과 함께 갔었던 곳이 어찌 내소사 한 곳뿐이던가. 일상 업무의 절반을 같이 지냈고, 또 그 외에도 특별한 일이 있을 적에는 반드시 나를 부르셨다. 그 일이 좋은 일이면 기분 좋아 자랑하려 부르시고, 궂은 일이면 상의하자고 부르셨다. 그러니 내가 어찌 그 분을 쉽게 잊을 수 있겠는가.

사실 내가 교통사고를 내고 쩔쩔매고 있었을 때 그 분이 도움을 주셨고, 반대로 그 분이 경미한 접촉사고로 자신도 모르는 사이 뺑소니로 몰렸을 적에는 내가 보증을 서고 귀가하신 적도 있었다. 약주가 과하셔서 힘드실 때는 반드시 내가 댁에까지 모셔다 드리고 돌아왔었다. 이렇게 저렇게 하루생활의 대소사를 상의하고, 좋은 일 궂은 일 가리지 않고 의논하시던 분이셨다. 하긴 자녀가 있으나 모두 장성하여 객지로 떠나갔으니, 곁에 두고 자식삼아 보는 재미가 있었을 것 같다. 돌아가실 때에도 자식 이름보다 나를 먼저 데려다 달라고 자꾸만 내 이름을 불렀다고 하니 자식들에게 여간 미안하지 않을 수 없다.

그런데 그 분이 가신 후 지금 와서 따지고 보면 말만 그렇고, 생활이 바쁘다는 핑계삼아 기억 속 한 켠에 닫아 두고 있는 때가 너무나 많았다. 그런 내가 개인적으로 특별히 잘못하는 것은 아니지만, 그래도 마음으로나마 위로하고 고인의 명복을 빌 줄 아는 사람이 되자고 반성해 본다. 이것을 기화로 또 하나의 커다란 꿈을 펼쳐 보아야겠다.

사람이 꽃보다 아름답다면

지난 5월 1일은 완주군의 대아수목원에 다녀왔다. 일상이 단조로워지면 들과 산으로 꽃과 나무, 그리고 자연을 벗삼아 떠나는 경우가 가끔 있다. 오늘 찾은 이 수목원은 가까이 있으면서 꽃도 많아, 사람들이 자주 찾아다니는 곳으로 사랑을 받고 있는 곳이다.

온 산에 진달래가 피었다가 지고 나면 이내 철쭉이 뒤따라온다. 여기 수목원에도 철쭉과 영산홍이 아주 많아 제철이 되면 온통 붉은 빛으로 흐드러진다. 그래도 지언의 조회 속에 어느 봄날은 4월 말에도 활짝 피는가 하면, 어떤 때는 5월 중순경에 꽃이 핀 적도 있었다. 올해는 꽃철이 약간 늦게 온다고 하여 별 기대도 하지 않고, 그냥 가벼운 등산이나 하자고 나선 곳이 바로 대아수목원이었다.

평상시에는 주차장에서 걸어 들어가는 길가에 어떤 일이 일어나는지, 어떤 꽃이 피어 있는지 별 관심도 없이 지나다녔지만, 오늘은 아내와 둘이서만 가는 나들이였기에 그런지 여기저기 눈에 보이는 것도 많다. 크고 작은 꽃들과, 많고 적은 무더기를 이루어 아담하게 꾸며 놓은 테마공원이 있고, 영내 안내도도 눈에 들어온다. 이 커다란 그림지도는 언제부터 여기 서 있었는지는 모르지만 언제도 그저께도 아마 그보다 훨씬 전부터 그대로 서 있었으리라. 약간 색이 바랜 듯한 곳하며 간혹 페인트가 벗겨진 곳이 그 연륜을 말해 주는 듯하다.

다리를 건너자 바로 작은 팻말이 나오는데 오른쪽에는 금낭화 자생군락지가 있단다. 아무 생각 없이 그냥 직진하여 평상시 다니던 대로 영내로 향한다. 거기서 작은 다리를 건너면 안내소도 있고, 화장실과 식수원도 있으며, 바로 눈앞에 꽃무더기들이 나타난다. 그러나 오늘은 처음 만나는 안내도가 알려준 대로 제3봉을 향해 오른쪽 등산로로 접어든다.

내가 택한 제3봉으로 가는 등산로 역시 처음길이다. 그런데 들어서자마자 바로 급경사로 이어진다. 갑자기 숨이 막히는가 싶더니, 종아리가 아프기 시작한다. 가파른 길로 인하여 발목이 너무나 휘어지는 관계로 겨우 100m 도 못 가서 장딴지 근육이 무리를 하고 있었던 것이다. 돌아서서 뒤로 걸어 갈 엄두도 나지 않는다. 경사가 너무 급해 60도를 넘는 것 같은 데다, 길은 꼬불꼬불하면서도 부스러지는 바위가 섞여 있어 온 신경이 등산로로만 쏠린다.

때 이른 더위마저 여름날씨를 방불케 한다. 기온이 30도 가까이 올라가는 정도니 온몸은 금세 땀으로 젖어 버린다. 이쯤되면 여름을 방불케 하는 것이 아니라 정식으로 여름의 명함을 들고 찾아온 계절인 것이리라. 여름을 재촉하는 것은 땀뿐이 아니다. 주차장에서부터 나를 따라다니는 파리가 극성이다. 다른 야산에서는 홀쭉 마른 날씬한 파리가 많이 있더니만 여기서는 그렇지도 않다. 그렇다고 뚱뚱하지도 않은데 크지도 않다. 아주 초파리도 아닌 것이 계속하여 우리를 따라다닌다. 이것도 필시 사람들이 버린 쓰레기로 인하여 살아가는 그런 동물이지 싶다. 손으로 휘휘 저으면 우르르 몰려다니면서 한참씩 있다가 날아오는 것이 보통의 파리이건만 이놈들은 막무가내다. 팔을 내저으면 그뿐, 반대 방향으로 움직여 숨바꼭질을 하자고 조르는 모양과 흡사하다.

한참을 실랑이하다 보니 경사도 잠깐뿐, 이내 등성이가 나오면서 평지로 이어진다. 숨가쁘게 올라온 능선은 제1봉 북쪽에서부터 동으로 돌아 3봉 남쪽에 이르기까지 제법 긴 등성이를 이룬다. 산이야 높지 않지만 백두대간과 견주고 싶은데 규모가 작으니 어쩌랴. 대아중간이라 부르는 것으로 만족하여야 할 것 같다.

대아중간은 숲이 우거진 산들로 이어져 있다. 소나무도 있으며 굴참나무며 상수리나무들도 있다. 그런가 하면 내 키보다도 훨씬 큰 진달래도 있다. 언제부터 거기 그렇게 서 있었는지 물어보지만 진달래는 아무런 대답이 없다. 다음에도 다음에도 만나는 족족 물어보아도 아무 말이 없다. 아마도 저 아래 안내도만큼이나 오래 전부터 서 있었을 지도 모르겠다. 아니 어쩌면 그 할아버지

대부터 쭉 서 있었는지도 모른다.

제3봉이 가까워지는 바로 턱밑에서 금낭화 자생군락지가 있다는 팻말이 보인다. 아까 입구에서 보았던 바로 그 금낭화 자생군락지이다. 보통 복주머니도 아닌 금주머니라는데 안 가 볼 수가 없다. 그것도 인조가 아닌 자연산 금이 아니던가. 작은 모퉁이를 돌아서니 바로 거기에 자생지가 있다. 눈앞에 펼쳐지는 약 1,000여 평의 군락지는 그야말로 장관이다. 한창 여문 꽃망울을 머금는가 하면 이제 막 피어나는 꽃도 있어 아주 탐스러운 자태를 뿜어내고 있었다. 명색이 프로라는 사진작가들도 귀하디 귀한 금낭화 앞에서는 어쩔 줄을 모른다. 하긴 내 생각으로도 저렇게 지천으로 깔린 금주머니를 작은 카메라 속에 모두 넣어간다는 것은 불가능해 보인다. 그래도 답은 한 가지. 가장 크고 가장 탐스러우면서 가장 예쁜 꽃을 먼저 찍으면 되는 것이다. 그러다가 필름이 모자라면 그뿐, 내년을 약속하며 돌아가면 될 것 아니던가.

아니나 다를까. 사진작가들도 어떻게 알아차렸는지 홀연히 나타난 아름다운 꽃을 골라 사진기에 담느라고 정신이 없다. 들어오지 말라고 쳐 놓은 금줄도 넘고, 위험하다고 쳐 놓은 안전줄도 넘는다. 넓디 넓은 골짜기에 피어 있는 꽃 중에서 가장 커다란 꽃을 한참 살피더니 찰카닥하고 꺾어버린다. 그러더니 카메라 속에 스르르 접어 넣는 것이 또한 예술이다. 사진작가는 지금 가장 사랑스러운 꽃, 생화를 보고 있는 것이다. 쳇, 그럴러면 집에서 보아도 되는데 왜 여기까지 와서 본단 말인가. 나로서는 잘 이해가 되지 않는다.

다른 사람들이 말하길 사람이 꽃보다 아름답다던데 나는 어떤 존재인가. 그래도 나는 금낭화와 밀어를 나누고 돌아왔으니 그것으로 위안을 삼는다. 그들은 대체로 12개에서 15개의 금주머니를 가지고 있는데, 거기에 가득가득 금으로 채워 넣을 것이란다. 그러다가 착한 일을 하거나 남을 돕는 등 아름다운 일을 하는 사람들을 만나면 주머니를 열고 금을 나누어 줄 것이라는 말도 들었다.

나는 갑자기 기분이 좋아진다. 금낭화도 사람을 기쁘게 하는데 사람이 사람을 기쁘게 하지 못할 일이 뭐가 있을까. 저렇게 많은 주머니마다 각기 다른 사람들의 선물이 들어 있다고 생각하니 저절로 마음도 밝아진다. 대자연이 대아중간에서 금낭화를 피우고 주머니마다 금으로 가득 채워놓았다면, 이제 우리가 할 일만 남은 셈이다. 내가 그 복주머니의 선물을 받기에 합당하도록 노력하는 것 말이다.

이발하는 영산홍

어느 봄날에 영산홍이 이발을 하였습니다. 다른 때 같았으면 일년 내내 그냥 지내던 영산홍인데 올해는 일찌감치 몸단장을 하였습니다. 하긴 따지고 보니 올해만이 아니라 재작년에도 몸단장을 했었던 적이 있습니다. 하지만 그 때는 여름에 옮겨 심어 몸살을 할까봐 걱정이 되는 그런 시기였었습니다. 그래서 나무들이 잘 적응이나 하는지 모두들 정성을 기울였습니다. 그러다 보니 이발도 하게 되고 울타리를 쳐서 바람도 막고, 여러 가지로 분주하였던 것입니다.

그러나 올해는 다릅니다. 작년에 옮겨 심은 것도 아니고, 벌레가 먹어서 군데군데 보식을 한 것도 아닌데 갑자기 이발을 하였습니다. 하지만 더부룩하던 모습을 깔끔하게 단장을 해 놓으니 보기에는 좋았습니다. 마치 추석 전날 밤에 내 머리를 깎은 것처럼 준비성이 있어 보였습니다.

옆에 서 있는 목련은 언제 피었는지도 모르게 흐드러졌습니다. 그리고는 벌써 하나 둘 꽃잎이 지고 있습니다. 작년 이맘때는 활짝 핀 영산홍도 보았습니다. 그렇다고 만개한 것도 아니었는데 그 속에서 나를 돌아볼 수 있었습니다. 겨우내 찬바람을 맞을 때도 꿋꿋이 버티면서 봄이 오자마자 나를 기쁘게해 주려고 핀 것 같아 고마웠습니다.

활짝 핀 꽃이 많지 않아 더욱 반가웠고, 그래서 저 꽃은 오로지 나를 위하여 핀 꽃이라고 생각하였습니다. 비록 내가 심고 가꾸지는 않았지만 그래도 나를 위하여 존재하는 것이라고 믿었습니다. 그 때는 내가 많이 슬플 때였기에 그런 생각이 들었었나 봅니다.

해마다 봄이 되면 꽃샘바람이 불었습니다. 겨우내 차가운 바람을 이기고 정신을 차릴 만하니까 불어오는 바람이었습니다. 그래서 나는 바람이 싫었습니다. 바람은 혼자 다니는 법이 없이 항상 뭔가를 몰고 다녔다는 생각이 듭니다. 그래서 싫어했습니다.

바람이 불지 않아도 낙엽은 지는데 왜 바람까지 불어서 생가지를 흔들어대는지 도무지 이해가 되지 않습니다. 영산홍은 지치고 힘든 몸을 이끌고 나를 찾아왔습니다. 그것은 마치 내 모습과 같아 보였습니다. 그래서 내가 영산홍을 좋아하였나 봅니다. 겨우 한두 송이 핀 것만으로도 고맙고 감사하였습니다.

나를 알아보고 반겨주는 것은 자그맣고 힘없는 영산홍뿐인 것 같았습니다. 이런 영산홍을 내가 어찌 좋아하지 않을 수가 있었겠습니까.

이국땅에서 동창생을 만난 듯, 미로에서 출구를 찾다가 아내를 만난 듯, 추운 날 뜨거운 차 한 잔처럼 몸과 마음을 녹여주는 그런 꽃이 바로 일찍 핀 영산홍이었습니다. 그런 영산홍을 올해는 볼 수가 없었습니다. 올해 삼월의 화단에서는 어느 곳에서도 영산홍 꽃을 찾아볼 수가 없었습니다.

그렇지만 내가 고대하는 영산홍은 아마 목련이 지고 나면 필 것이라는 희망을 가지고 있습니다. 기다리다 지쳐갈쯤 목련이 떨어지는데도 영산홍은 아직 꽃을 피우지 않고 있습니다. 어쩌면 무슨 자랑이라도 되는 양 까까머리가 자라서 늘어진 장발이 되어야 꽃을 피울지도 모르겠습니다. 방금 이발한 영산홍의 모습은 조지훈의 머리처럼 파르르한 빛마저 감돌고 있어 그러고도 남을 것처럼 보입니다.

기다려도 오지 않는 영산홍이 그리워 따졌습니다. 어찌하여 이른 새벽부터 까까머리를 만들었는지 물어보았습니다. 그러나 돌아온 대답은 의외였습니다. 그냥 보기 좋으라고 단장하였답니다.

그렇습니다. 추석 전날 밤에 이발을 하는 것은 오히려 준비성이 부족하였던 것입니다. 영산홍을 3월 하순에 이발하는 것 또한 준비성이 없는 행동이었습니다. 꽃나무가 꽃을 피우지 못하는 것과, 내가 꽃나무를 보면서도 꽃을 볼 수 없다는 것은 아주 슬픈 일이었습니다. 당연히 그렇게 이루어져야 할 일들이 이루어지지 않는다는 것은 슬픈 일입니다.

쑥 캐는 남자

지난 휴일 들녘에 다녀왔다. 나는 일찍부터 내가 부쳐 먹는 논도 없고, 남에게 빌려 준 밭도 없다. 그래서 딱히 정해진 곳이 없지만 가끔씩 그냥 들로 나간다. 한참을 가다가 사방을 살펴보면 인적이 드물고 숲이 우거진 곳 어디에서나 쑥이 자라는 것을 볼 수 있다.

이 쑥은 자체의 생명력이 강해 메마른 땅에서도 아주 잘 자란다. 그러므로 경사지고 척박한 땅에서는 다른 어떤 식물보다도 쑥이 먼저 세상구경을 나온다. 마치 겨우내 답답한 땅 속에서 이제니 저제나 하고 기지개를 켠 날만 기다려 온 것 같다.

그래서 이제 봄이 오는가 싶은 초봄에 푸르른 것은 온통 쑥뿐이다. 그 이유는 성질 급한 쑥이니 혹시나 눈이 다 녹았는지 추위가 다 가시기 전에 벌써 비시시 방문을 연 탓일 게다. 잡초가 우거진 속 그늘에서도 꿋꿋이 버티니 생명력이 강한 것은 확실하다. 그래서 인간 생명을 창조하는 곳에 병이 생기면 우리 조상들은 틀림없이 이 쑥으로 치료하였다. 그리고 원하던 대로 말끔히 나았다. 이보다도 훨씬 전 멀고 먼 옛적에, 미련하기 짝이 없던 곰도 이 쑥을 먹고 사람으로 거듭났다고 하지 않았던가. 쑥은 이렇게 생명의 재생까지도 가능하게 하는 힘이 있다.

해마다 봄이 되면 나는 쑥을 캐는 날이 종종 있다. 쑥이 마치 이제나 저제나 내가 찾아오기만을 기다리는 것 같은 생각이 들어 가만히 있을 수가 없다. 그래서 나는 쑥을 사랑하지 않을 수 없다. 길가에 앉아서 한참동안 쑥을 캐다 보면 눈앞이 어질어질하고 시야가 흐려진다. 이쯤 되면 들판은 그야말로 쑥밭 천지다. 그러나 잠시 굽은 허리를 편 후 다시 쑥을 캐려하면 손톱만큼이나 작은 것들 뿐이다. 쑥이라는 이름만 가지고도 반가웠지만 정작 캐려하면 아직 어린 탓이다. 쑥 캐는 일은 이렇게 노동에 속한다.

도란도란 이야기하며 쑥 캐는 처녀를 찾으려면 도서관이나 미술관으로 가야할 형편이다. 사실은 쑥 캐는 일이 힘이 들기도 하지만 아예 쑥을 캘 만한 여력이 없어진 지 오래다. 그러기에 내가 자연 속에서 맑은 공기 마시며 흙을 밟고 있다는 것 한 가지만 해도 감사할 따름이다. 내가 병들어 누워있지 않고 활동할 수 있는 것만 해도 감사하다. 주중에 일하고 주말에 휴식을 취할 수 있다는 것만 해도 고마운 일이다. 그렇다면 쪼그리고 앉아 오리걸음하는 것조차도 불평하지 못하고 부지런히 쑥을 캘 수밖에 없다.

쑥을 열심히 캐야 하는 이유는 또 있다. 이 쑥은 추운 겨울 날씨에도 얼어 죽지 않고 버텨온 생명의 상징이다. 그래서 봄으로 가는 환절기에 늘어난 우리의 심신을 다스려준다.

우리 음식 중 겨울 동안 부족했던 비타민을 보충해 주며 신체 리듬을 지켜주는 것도 봄동과 달래, 그리고 쑥이다. 이보다 더 귀한 식물은 찾아보기도 힘들다. 온통 말라죽은 잡초더미에서 막 솟아난 쑥의 밑둥을 툭 따면 튕겨져 나오는 향긋한 내음은 국산 허브의 원조임을 증명해 준다. 쑥 향이 허브 중의 으뜸이요, 맛 또한 으뜸이다. 처음 캔 쑥은 가족들의 몫이고 남는 것은 내 것이다. 이렇게 많이 캘 줄 알았더라면 지난 겨울에 지푸라기라도 덮어 주지 못한 것에 대한 후회도 든다. 그랬더라면 좀 더 부드럽고 굵은 쑥을 얻을 수 있었을 것이다.

우리는 이러한 쑥을 그냥 일반 쑥이라고 부른다. 그래서 보통 쑥은 전도 부쳐 먹고 떡도 하고, 국으로 끓여 먹기도 한다. 때로는 찹쌀, 소금, 곶감, 대추, 깨 등을 넣고 쑥버무리를 만들기도 한다. 약간의 가공을 더한다면 밀가루를 묻힌 뒤 튀김가루를 입힌 쑥 튀김도 있다. 이렇게 만든 여러 가지 음식 중에서도 쑥의 제맛은 쑥국에서 나온다. 콩가루나 들깨가루를 넣은 된장 쑥국이 기중 최고다. 전통의 최고 발효식품과 자연이 준 무공해 약초가 만났으니 이보다 더 좋을 수는 없을 것이다.

그러니 쑥 캐는 시기가 조금만 지나도 그냥 먹기는 입맛이 영 내키지 않는 때가 있다. 이 때부터가 약쑥으로 구분되는 시기다. 이쯤 되면 쑥을 하나씩 둘씩 캐는 것보다는 줄기째 뽑아서 다듬는 것이 낫다. 이것들은 살짝 데쳐서 말린 후 가루를 내어 사용하는 것이 효과적이다.

이 때 뽑아진 뿌리는 간단히 묻어두면 내년을 기약할 수도 있다. 이른 봄 부지런한 사람에게 자연이 주는 선물의 씨를 말려서는 안 되기 때문이다. 이 쑥을 캐면 오늘 저녁 반찬이 한 가지 늘어난다는 생각에 즐겁다. 저 쑥을 마저 캐면 내일 아침 식탁도 풍성해질 것을 생각하니 기쁘다. 그 보다 더 큰 기대는 가까이 있는 사람의 건강이 좋아질 거라는 것이다.

햇볕이 따갑고 일 년 중 자외선이 가장 강하다는 봄이어도 상관없다. 오히려 쑥이 있는 봄이어서 더 좋다. 나는 이렇게 쑥을 캘 만큼 건강하지 않은가. 손에 쥔 비닐봉지가 부풀어 오를수록 마치 둥그런 보름달을 보는 것 같다. 그 속에는 건강한 미소가 담겨져 있다. 내가 들고 있는 봉지 속에 쌓이는 것은 쑥이 아니라 가족의 건강과 사랑인 것이다. 내가 뜯은 이 쑥으로 가족들이 건강해 진다면 얼굴이 그을리는 봄날 오늘이 고마울 뿐이다.

도심을 벗어나 자연 속에 들어와 있다는 것만 해도 건강을 지킬 수 있을 것이다. 여기에다가 흙을 밟고 하루를 지낸다면 이는 느림의 미학이 더해질 것이다. 긴장의 일상이 아닌 다른 행동을 할 수 있는 것은 자연에서 받는 최상의 혜택일 것이다. 이러한 모든 혜택을 받고 있는 나는 가족들을 헤아려본다. 이 쑥을 기다리는 사람들을 생각하면 나는 쑥 캐는 일을 게을리할 수 없다. 자연의 귀중함도 알고 쑥의 소중함도 알고 있다. 자연은 우리의 생명도 연장시켜 주며, 많은 교훈을 주고 있다. 사람이 자연과 더불어 살아가고 있음을 깨닫는 순간이다.

비눗방울을 닮은 민들레

노란 꽃이 피었습니다. 아주 작은 꽃입니다. 꽃봉오리도 작았지만, 꽃이 다 핀 후에도 앙증맞은 모습입니다. 사람들은 그것을 민들레라고 부릅니다. 큰 나뭇가지 사이로 많은 꽃들이 얼굴을 내밀며 화려한 경쟁을 벌이고 있을 때, 홀로 땅 위에 핀 외로운 꽃입니다.

이 꽃은 누구하고 경쟁을 하지도 않습니다. 그러니 아무도 눈여겨보지 않습니다. 겉으로 보기에는 그냥 한 점 노란 물감이 떨어진 정도에 지나지 않기 때문입니다. 어떤 물방울인지 쪼그리고 앉아 한참을 쳐다보아도 볼수록 신기하기만 합니다. 오밀조밀하지만 그래도 꽃이라고 제 할 일을 다하는 모습이 아름답습니다. 벌이나 나비를 유혹하려는 행동까지 말입니다.

다른 풀들은 아직 잠에서 채 깨어나지도 않았지만 벌써 일어나 싹을 틔웠고, 봉오리를 맺더니 이내 꽃도 피웠습니다. 그런데 그 꽃이 대견합니다. 다 해보아야 키가 한 자나 되는 것도 아니고 한 뼘이 되는 것도 아닙니다. 기껏해야 한 치도 채 못 되는 아주 작은 키입니다. 땅에 바싹 붙어 있어 아무리 살펴보아도 목이나 허리를 찾아볼 수가 없는 꽃입니다. 그러니 나보다도 훨씬 작은 놈이지요.

이런 민들레가 봉오리를 열더니 생각지도 않게 아주 많은 꽃잎을 내밀었습니다. 어디에 숨겨 놓았었는지 신기할 뿐입니다. 허리도 없는 것이 몸을 세우고, 고개도 없는 것이 얼굴을 쳐들고 지나가는 사람들을 부릅니다. 도대체 목을 뻣뻣이 치켜들고 쳐다보는 모습은 건방기가 넘쳐납니다.

나는 응답이라도 하는 듯이 그 꽃잎의 수를 세어 보기로 하였습니다. 하나, 둘, 셋, 넷… 온 정신을 집중하여 한참을 세었지만, 몇까지 세었는지 헷갈리고 말았습니다. 그렇게 작은 꽃잎들이 서로 자기를 먼저 세어 달라고 아우성이기 때문이었습니다. 할 수 없이 무지막지한 방법으로 세기로 하였습니다. 하나하나 꽃잎의 절반씩을 잘라내면서 세어가기 시작한 것입니다. 하나, 둘, 셋, 넷…

그러나 이것도 끝까지 다 하지는 못하였습니다. 옆에 있는 꽃잎들이 서로 먼저라고 경쟁을 벌이고 있기 때문이었습니다. 원 세상에 이렇게 작은 놈들이, 그것도 한 봉오리에서 나온 놈들끼리 자기를 내세우기 위하여 죽어라 경쟁을 하는 것이 안타까웠습니다. 차라리 내가 지고 말지. 나는 드디어 세는 것을 멈추고 말았습니다. 내가 이 꽃잎을 세는 것은 단순히 꽃잎의 수를 알아보기 위하여서였지만, 그것을 이용하여 자기들이 경쟁을 한다면 내가 처음 생각했던 의도가 왜곡되기 때문이었습니다.

이 민들레가 나에게 반항이라도 하는 것인지 다음 날은 키가 불쑥 자라 있었습니다. 꽃잎이 찢겨지고 떨어져 나갔지만 그래도 꿋꿋이 자랐습니다. 이제 잘 자란 민들레는 키가 한 자도 더 됩니다. 아니 이럴 수도 있는 것이구나 하는 생각이 듭니다. 어떻게 꽃을 먼저 피우고 몸이 나중에 자란단 말입니까. 생각하면 생각할수록 신기하기만 합니다. 이제 다리도 생기고, 허리도 있는 것 같은데 아직도 목은 찾을 수가 없습니다.

이제는 사람들이 민들레의 존재를 알아보게 되었습니다. 별 생각 없이 그냥 지나가는 사람들의 눈에도 뜨이는 정도가 되었으니까요. 나도 그 사이 꽃잎은 어떻게 변해 있을까 궁금해져서 자세히 살펴보았습니다. 그러나 지금까지 내가 알고 있었던 민들레꽃은 어디론가 사라지고, 그 자리에는 낯선 꽃이 자리하고 있었습니다. 거기에는 하얀 비눗방울이 앉아 있었습니다. 아니 대체 이것은 무슨 얌체 짓입니까. 뻐꾸기가 남의 둥지에 알을 낳아 키운다는 얘기는 들어보았지만, 꽃을 남의 꽃봉오리 속에서 피운다는 말은 들어 본 적이 없습니다.

나는 예전의 민들레꽃이 보고 싶어졌습니다. 남의 집에 날아든 비눗방울을 훅하고 불었습니다. 그러자 불청객은 이때만을 기다리고 있었다는 듯이 사방으로 흩어져 버렸습니다. 내 손이 닿지 않는 담장이나 지붕 위로 날아가면서 나에게 소리쳤습니다. 잡을 테면 잡아보라고. 그리고는 다시 바람을 타고 내 주위를 도는 것이 마치 나를 놀려대는 것 같았습니다.

그런데 내가 찾고 있던 민들레는 비눗방울과 함께 사라져버렸고, 그 자리에는 꽃이 있었다는 흔적만이 남아 있었습니다.

식목일과 한식 청명

해마다 식목일이 되면 전국 각지에서 많은 나무들을 심기에 바쁘다. 그러기 위하여는 학생이나 공무원을 동원하기도 하고 군인을 동원하기도 한다. 물론 이들도 자의가 포함되지 않은 경우는 강제로 시키지는 않을 것이다. 나도 학생시절에 나무심기에 동참한 기억이 있다.

이 식목일은 봄이 한창 무르익는 4월 5일이다. 그런데 이 날은 나무에 있어서 신진대사가 많이 이루어지고 있는 시기인지라 약간 때늦은 감이 있다. 그래도 그런 핑계로 나무를 안 심는 것보다야 낫겠지만 말이다. 어떤 전문가들은 나무심기는 늦가을에 나무의 생육이 잠시 멈추는 시기가 적당하다는 사람도 많이 있다. 우리가 쉽게 생각해 보아도 그럴 듯한 말이다. 물론 옮겨 심은 후

겨우내 동사할 염려가 전혀 없는 것은 아니지만, 그래도 봄에 옮겨 심은 나무가 몸살하면서 말라죽는 것보다는 나을 것이라는 생각이 지배적이다. 그 말도 맞는 말인 것 같아 보인다.

하지만 봄은 만물이 소생하는 시기이므로 일하기에 적당한 시기이면서, 나무도 왕성하게 활동하는 시기이고, 따라서 수분과 영양분을 흡수하며 한껏 성장에 힘을 쓰는 계절인 것이다. 이런 시기에 나무를 심는 것은 사람을 포함한 모든 자연에 일대 전환점이 되는 것이다.

이런 생각에 잠기면 봄에 나무를 심는다는 것이 가히 틀린 생각은 아니라는 것도 맞는 것 같아 보인다. 그리하여 이날 하루에 심은 나무만 하여도 몇 그루이며 이를 잘 가꾸어 푸른 강산을 만들자고 항상 다짐하곤 한다. 그러나 이날 전국 방방곡곡에서 나무를 심으면서 부주의로 인한 산불이 여기저기 발생하는 것을 보아왔다. 이러다 보니 심는 것도 중요하지만 이를 지키고 잘 가꾸는 것도 그에 못지않게 중요하다고 강조하곤 하여 왔었다.

우리나라 봄은 계절적 특성상 대기가 건조한 날이 많은 시기이다. 그리고 우리나라 식목일은 봄에 있는 것이다 보니, 이날 나무를 심으면서 주의를 기울여야 하는 것은 당연하다 하겠다. 나무를 심는 현장에서 취사를 금한다든지, 담배나 인화물질 등을 휴대하지 않는다든지 하는 정도의 주의는 당연히 지켜야 할 의무라고 생각한다.

그런데 이 식목일에 심어지는 나무와 없어지는 나무를 비교하면 훨씬 손해라는 분석도 나오고, 점차 나무를 심는 의미도 약해지고 있는 관계로 내년부터는 식목일을 휴일에서 제외하기로 하였다고 한다. 어쩌면 훨씬 경제적인 결론이라는 생각이 든다. 심는 것보다 없어지는 것이 더 많으니 손해라는 생각도 있지만, 이 날 전 국민이 생산적인 활동을 하느냐 아니면 휴일로서의 기능을 하느냐고 한다면 합리적인 결정이라고 해석된다.

물론 국민들의 삶의 질 향상을 위하여 행하는 것이라면 접근 방법이 달라져야 할 것이다. 식목일을 활용하여 삶의 질을 향상시키는 것은 식목일을 이용하는 것이라고 본다. 그것은 바로 원래의 취지에 맞지 않는다는 것을 증명하는 결과가 된다.

나도 식목일에 제대로 식목행사를 한 기억은 오래 전의 일인 것 같다. 이런 날에 직장에서 근무를 하거나, 아니면 휴일로서의 기능을 십분 발휘한 것 같은 기억이 더 많은 것도 사실이다. 고작해야 3년 전의 한식과 겹친 식목일에 조상의 묘를 손질한 예가 있을 정도다.

우리의 식목일은 대체로 한식이나 청명과 겹치는 경우가 많다. 한식은 지난 해 동짓날로부터 105일째 되는 날인데 대개 4월 5일이나 6일쯤 된다. 이 한식은 동양적으로 얽힌 사연이 있는 날이다. 중국 춘추전국시대에 진나라의 문공이 난을 당하여 피란하던 중 어려움을 당하여 굶어죽을 정도의 처지에 놓인 적이 있었다. 이 때 신하 중에 개자추라는 사람이 있었고, 이는 자신의 허벅다리 살을 베어 문공에게 구워 바친 일이 있었다.

그 후 문공이 왕위에 오르고 개자추를 등용하려 하였으나 한사코 듣지 않았다. 개자추는 숲 속에서 다만 어머니를 모시고 홀로 살아 갈 뿐이었다. 이를 불러내기 위한 방법으로 면산에 불을 질렀으나 끝내 나오지 않고 어머니와 함께 불에 타 죽은 일이 있었다. 이 후 그 날은 뜨거운 밥을 먹지 못하게 하니 한식의 유래가 되었다 한다. 또 이날 며칠 전부터는 불의 사용을 금하도록 지시하기도 하였다. 모두가 개자추를 기리는 마음의 표시라고 추정된다. 그 일 이후로 당시 매우 귀중히 여겼던 불을 며칠 간이나 사용하지 못하니 많은 어려움이 있었을 것으로 생각되고, 자칫 많은 불씨가 꺼졌을 것도 짐작이 가는 대목이다. 따라서 이날에 맞추어 버드나무와 느릅나무를 써서 새로운 불씨를 만들어 왕에게 바치고, 왕은 이 불을 대신들에게 나누어 주며, 다시 각 고을의 수령과 백성들에게도 같은 날 보급되도록 하는 행사가 있었다.

이 때 불의 채화는 청명에 실시하였고, 채화된 불을 전국에 전파하니 이날이 한식날인 것이었다. 청명은 24절기 중 5번째로 음력으로 3월에 해당하며, 대체로 4월 5일이나 6일 경이 된다.

그러니 이 청명과 한식이 앞서거나 뒤서거나 하고, 어떤 날은 겹치기도 한다. 우리는 거기에 면산을 불로 태워 없애버린 아픈 기억을 더하여 식목일을 정하였으니 아무튼 많은 의미가 있는 날이 아닐 수 없다.

물론 실제로 우리가 식목일을 정한 이유는 개자추를 기리자는 의미가 전혀 없었음을 다시 거론한다. 우리는 만물이 소생하고 기운이 왕성해지는 날을 찾다 보니, 나무에게 좋은 날이 될 것이라는 생각에서 정한 것일 뿐이다.

우리는 동양적 관습 입장에서 묘소를 조상과 버금가게 여기고 있다. 그런데 이런 날 조상의 묘소를 돌본다고 하면서 자칫하여 불을 낸다면 얼마나 큰 불효가 되겠는가.

차라리 지나치지 않는 모자람이 더 좋다는 말이 어울리는 상황일 것이다. 더구나 나의 잘못으로 남의 조상의 묘까지 태우는 결과가 된다면 이것을 어떻게 보상하여야 할 것인가. 따지고 보면 한식이라는 단어가 없더라도 자신이 미리 알아서 준비하여야 할 일이다. 더구나 우리의 계절적 요인이 불에 약한 현상이 있는 시기인 것을 안다면 미리미리 챙겨야 할 일들이다.

오뉴월 모닥불도 쬐다나면 서운하다고 하는 말이 있다. 불은 우리 인간에게 매우 유용하면서, 우리에게 열기를 몰아넣어 근육적으로 긴장을 풀어 주고, 활동할 수 있는 에너지를 주는 요소로 작용하기도 한다는 증거이다. 그러나 이렇게 좋은 불도 지나치면 몸에 해로운 것이다. 너무 가까이서 많은 양을 쬐이면 화상을 입거나, 나태해져서 게을러지는 것이다. 또 한꺼번에 너무 많은 불이 밀려오면 우리를 당혹하게 만든다. 이때는 우리에게 해로운 불이 되고 만다.

유용하지만 너무 가까이 하면 안 되는 불을 놓고, 봄철 건조기에 한식이라는 풍습을 만들어 불을 조절한 것은 조상들이 주는 하나의 지혜라고 할 수 있겠다.

하얀 머리 하얀 묘

심심산천에 봄이 와서 연분홍 꽃들이 피고, 붉은 꽃들이 피어도 우리 님이 가신 무덤가에는 푸르고 푸른 금잔디가 있다는 소월의 시 금잔디가 생각난다. 그 꽃들이 피고 지는 가운데에도 주변의 나무들은 신록을 뽐내며 경쟁을 하고 있다는 것이다. 이 꽃과 나무들은 색깔로 보나 형태로 보나, 혹은 크기로 보나 여러 가지로 다른 모습인 것을 알 수 있다.

이렇듯 봄의 색으로는 초록과 분홍, 빨강, 노랑 등 형형색색으로 나타나고 있다. 요즘 들어서는 인공으로 만들어 내는 새로운 색의 꽃이나 나무들이 등장하게까지 되었다. 지금까지의 봄의 색으로는 아마도 나의 봄을 모두 표현할 수가 없어서 필요한 색으로 치장을 하게 된 것이라고 생각된다.

정말로 봄이 한창 익어가는 4월에는 산하의 어디를 가더라도 싱그러움과 상쾌함, 그리고 강인한 생명력도 느낄 수가 있다. 일부러 가꾸지 않아도 자연으로 나고 자라는 풀들이 있는가 하면, 밭을 일구고 거름도 주며 주변정리를 해 주어야 하는 인공의 식물도 있다. 그러나 이것들은 어느 것 한 가지라도 소중하지 않은 것이 없으며, 어느 것 하나 아름답지 않은 것이 없이 모두 귀중한 생명들인 것이다.

아침 등산을 하다가 요즘 한창 피어 있는 남색 꽃을 보았다. 이름하여 제비꽃이다. 이 제비꽃은 키가 겨우 세치에 달하는 정도이고, 꽃 또한 작아서 화려하지도 않다. 거기다가 색마저 진한 남색으로 피어 눈에 확 들어오지 않는 그런 꽃이다. 그러나 이 제비꽃도 무리를 지어 피어나면 아주 보기 좋은 그런 화단으로 변신을 한다. 낮은 등산로 주변 곳곳에 자라며, 누가 신경 써서 가꾸지 않아도 해마다 피어나는 것은 신기하기까지 하다. 잎이나 줄기도 연약하고 꽃도 오밀조밀하여 가볍게 보면 초라하고, 어찌 보면 청초한 꽃이다. 어떤 꽃이 이보다 진한 남색이 있을까 하는 생각이 들 정도다. 또 어떤 꽃은 순수한 하얀 색으로 단정한 제비꽃도 있다. 그러니 내가 어찌 이 꽃을 좋아하지 않을 수가 있다는 말인가.

제비꽃은 언덕배기에서도 나고, 나무 밑에서도 나고, 길가 먼지가 나는 곳에서도 잘 자란다. 그렇지만 뿌리도 약하고, 줄기도 약해서 쉽게 망가지는 그런 꽃이다. 누가 돌보지 않으면 금방 녹아들 것 같은 연약한 꽃이다. 만약 제비꽃이 피어난 위로 걸어라도 간다면 여지없이 파괴되는 그런 약한 식물이다.

야생의 들은 풀꽃으로 인하여 봄을 맞이하고 있다. 노란 민들레며, 분홍의 할미꽃도 빠지지 않고 피어난다. 이런 꽃들이 모두 우리의 소중한 들풀인 것이다. 하지만 이런 풀 사이에 아마도 온통 카펫트를 펼쳐 놓은 듯한 것이 있으니 바로 꽃 잔디도 그 중 하나일 것이다. 이 꽃은 연한 남색이나 보라색 계통으로 피어난다. 꽃잔디는 잔디처럼 땅 위에서 옆으로 퍼져 번식한다는 의미가 있으며, 잔디에 꽃이 핀다고 하여 꽃잔디라고 부른다. 그런데 가까이서 보면 이 꽃은 뿌리 부분이 헤성거려 엉성한 면이 있다. 거기에는 개미나 지렁이가 집을 지어 살고, 거미와 모기도 숨바꼭질하며 살아가고 있다. 하지만 이 꽃도 멀리서 보면 역시 아름답기 그지없다.

어느 무덤가에 이 꽃잔디를 심어 놓은 그런 묘를 보았다. 아마도 생전에 좋아하던 그런 꽃이라서 일부러 공을 들여 심어 놓은 것이라고 생각하였다. 거기에는 일반 잔디도 없고, 소월의 금잔디도 없다. 이런 꽃잔디가 자라려면 일반 잔디와 같이 자랄 수가 없어 어느 한 쪽을 희생되어야 하기 때문이다.

꽃잔디는 습기에 약하므로 자주 솎아 주어야 하고, 너무 뵈면 뿌리가 상하기 때문이다. 그냥 내버려두면 줄기만 무성하여 엉성하기 그지없어 진다. 이런 꽃잔디를 무덤가에 심어 놓았으니 얼마나 많은 공이 들어갈까. 혹시 지난 밤 꿈에 나타난 조상의 계시라도 받고 심어 놓은 것은 아닐까. 이런 사람은 아마 부모님 살아생전에도 극진한 효도를 하였을 거라고 짐작이 간다. 비록 시묘

살이는 못하더라도 그 효가 이어져 오고 있을 것이며, 앞으로도 계속하여 부모를 기리는 마음으로 보살필 것이라 여겨진다.

그런데 그 위에 눈에 띄는 것이 하나 더 있으니 묘에 난 풀이다. 이 풀은 멀리서 보아도 금방 표가 나는 그런 형상이다. 봉분 모양이야 다 같은 둥근모양이지만 거기에는 하얀 꽃이 피어 있었다. 주변의 무덤들과는 전혀 다른 색이다. 이 꽃은 우리 토종이 아닌 외래종이다. 하지만 꽃이란 것이 원래 보기 좋고, 보는 이의 마음을 편하게 해 주면 그 역할을 다하는 것이리라. 그래서 그냥 꽃을 보는 데 목적이 있는 경우는 굳이 토외를 따질 필요가 없을 듯하다.

그러니 이 꽃이 비교적 오랫동안 피고 지는 품종이라서 다행이라는 생각도 든다. 어쩌면 친근감도 든다. 꽃 한 개가 피었다 시들면 다시 옆의 꽃이 피어나는 것이니 무덤의 주인은 꽃 속에 묻혀 있고, 그래서 마음은 평화로울 것 같은 생각이 든다. 여기서 다시 한 번 생각해 본다. 이 무덤의 주인은 누구인가. 평소에 어떤 꽃을 좋아했을까. 망자는 특별히 어떤 꽃을 심으라고 유언이라도 하였을까. 아니면 무덤을 만드는 사람이 그냥 알아서 심어 놓은 꽃일까.

그런데 왜 하필 하얀 꽃일까. 검은 머리 파뿌리가 될 때까지 잘 살아서 그랬을까. 영혼들은 원래 흰색을 좋아하기 때문일까. 백발과 백묘는 같은 흰색이라 하더라도 보는 사람의 가슴에 묘한 느낌이 든다.

한참을 생각하다 보니 무덤의 진정한 주인은 누구인가 하는 물음이 생긴다. 죽어서 무덤에 묻힌 사람인가, 아니면 살아서 무덤을 돌보고 손질하는 후손인가. 하루 종일 가만히 지켜보고 있는 것을 생각하면 묻힌 사람인 것 같고, 홍수 때 떠내려간 묘를 보고 울부짖는 사람을 떠올리면 후손이 주인인 것도 같은 생각이 든다. 다른 한 편으로는 묘 옆 밭에서 일하는 낯모르는 농부가 주인은 아닌가도 생각해 본다. 그야말로 꽃을 보면서 일하고, 꽃을 보며 쉬면서 실컷 감상할 수 있기 때문이다.

그러나 현실적으로 묘의 주인을 따지는 것이 무의미하고 백발과 백묘의 차이를 따질 필요도 없으니, 다 같이 주인이고 다 같이 쳐다보면 될 것 같다. 그렇다면 왜 하필 외래종 흰 꽃이냐고 할 것이 아니라, 그 꽃의 심고 가꿈에 많은 정성이 들어갔을 것이고 앞으로도 많은 수고가 있어야 한다는 것에 결론이 난다.

우리는 지나가면서 그 묘를 보고 꽃이 피어 있음을 알아주면 되는 것이고, 묘를 돌보는 사람은 정성으로 꽃을 가꾸면 되는 것이다. 그리고 생각해 볼 것은 부모님 돌아가시고 나서도 지극 정성을 하고 있다는 것을 높이 평가하면 되는 것이다. 거기다가 한 가지 덧붙인다면 살아 생전에도 그런 정성으로 효도를 하였을 것이라고 믿어 주면 되는 것이다.

미륵산과 사람들

오늘은 일요일이다. 다른 사람들은 오늘 같은 일요일을 주일날
이라고 부른다. 그러나 나는 아직 믿음이 약해서인지 몰라도 쉽
게 불리지 않는 단어이다. 오늘 오후도 가까운 산에 가기로 하였
다. 물론 추운 겨울 동안 산행을 하지 못한 점도 있었지만 웅크러
진 몸을 펴기 위하여 산행을 하기로 한 것이다. 익산에 있는 미
륵산은 시 변두리에 있지만 그다지 멀지도 않고, 높이도 높지 않
아 가벼운 마음으로 다닐 수 있는 산이다.

미륵산을 찾는 깃은 익산 시내에서 가끼운 곳에 높은 산이 없
는 것이 그 첫째 이유이다. 시내에는 산의 모양을 갖추고 있다고
해도 높이가 겨우 100m 의 배산이 있을 뿐이며, 나머지는 모두
시 외곽에 위치하고 있다. 멀리 떨어져 있다고 하더라도 우리가

자주 찾아가는 산으로는 430m 의 미륵산과, 바로 이어지는 342m 의 용화산, 241m의 함라산이 존재한다. 익산 관내에서 제일 높은 산은 천호산으로 500m 에 이르지만 우리가 등산용으로는 자주 찾아가지 않는 그런 산이다.

물론 멀리 떨어져 있는 산은 그다지 높지 않으면서도 점점이 이어져 산맥을 이루는 곳도 있기는 하다. 그러나 이러한 산들 또한 즐겨 찾지 않는 이유는 대체로 산행을 하기에 적합하지 않으며, 일반인의 등산용 길이 없는 것도 한 이유다. 이러다 보니 미륵산이 익산 시민으로부터 사랑을 받게된 것은 당연한 일이었다. 반면 익산 시민은 미륵산을 사랑하지 않을 수가 없는 형편이 되었다. 이런 미륵산을 잠시 설명하면 다음과 같다.

미륵산은 봉우리가 세 개인 산이다. 가운데 봉우리가 가장 높고, 양 쪽은 그보다 약간 낮은 봉우리로 같은 일직선상에 위치하고 있다. 그린 생각으로 밀리서 바라본다년 이것이 바로 산이라는 한자의 모양과 같은 것을 알 수 있다. 가장 높은 봉우리를 중심으로 양 쪽 봉우리가 남북으로 놓여 있고, 그 거리 또한 비슷한 곳에 자리하고 있다. 중앙의 봉우리는 흙으로 되어 있지만 남쪽과 북쪽의 작은 두 봉우리는 바위로 되어 있다. 게다가 북쪽의 봉우리는 방송국 전파중계소가 있어 정상에 오를 수 없게 되어 있다.

동쪽으로는 사자암을, 북쪽으로는 심곡사를 산허리에 차고 있는 이 미륵산은 동서남북 어디에서든지 산행이 가능하다. 원래 미륵이라는 이름이 좋은 것이니, 모든 사람들이 어디서든 항상 올라갈 수 있도록 길이 있어야 함은 당연한 일일지도 모르겠다. 그러니 동쪽으로는 석성이 있는 쪽에서 올라갈 수도 있으며, 사자암 쪽에서 오를 수도 있다.

또 남쪽으로는 과학고등학교 쪽에서 오를 수가 있고, 서쪽으로는 약수터 쪽이 있다. 이 산은 남북으로 길게 늘어서 있는 관계로, 서쪽의 등산로가 많은 것도 그럴 듯하다. 약수터가 남서쪽이라면 기양리 황토방과 저수지가 있는 쪽의 등산로는 정 서쪽이라 할 수 있다. 또한 북서쪽으로는 앞에서 언급한 중계소를 지나는 코스가 있다. 마지막으로 북쪽의 코스는 심곡사 앞으로 이어진 길이 있으니, 산이라고 해야 겨우 400m 남짓한 높이인데도 수많은 등산로가 있음을 알 수 있다. 이 말은 글자그대로 많은 사람들이 사랑하고 있다는 증거가 될 만하다.

이 산은 익산 시내에서 호남고속도로를 거쳐 완주군 삼례와 봉동으로 나가는 720번 도로를 따라간다. 약 5km를 가다가 금마 면 소재지 바로 100m 앞에서 왼쪽으로 나 있는 우회도로로 접어든 후, 300m 쯤 직진해 가서 722번 지방도로를 타고 좌회전하면 된다. 여기서부터는 미륵사지 권내에 든다고 하여도 좋을 듯하다.

미륵산은 다른 봉우리들과 어우러져 산맥을 이루고 있는 산이 아니라, 단 한 개의 산으로 되어 있는 것이다. 정상의 봉우리는 3개로 되어 있어도, 이들 봉우리의 높이 차가 거의 없이 하나의 산이라고 말하는데 전혀 이의가 없다.

오늘은 3월의 첫 일요일인 관계로 봄을 기다리던 많은 사람들이 산을 찾았다. 더구나 어제까지도 변덕스러운 날씨였지만, 오

늘은 화창하면서 기온도 많이 올라서 밖으로 나가기에 적합한 날
이었다. 어쩌면 일광욕을 하기에 좋은 날인지도 모르겠다. 그러
고 보니 등산로마다 인파가 가득하다. 새 학기를 맞은 아이들은
무슨 커다란 각오라도 하려는지 부모님 손을 잡고 오르며, 집 안
에 혼자 놓아둘 수가 없다고 개까지 동행한 사람들도 많이 있다.
아직 학교에 갈 형편이 아닌 아이들도 엄마 손을 잡고, 혹은 아빠
등에 업혀 등산을 하고 있다.

젊은이들은 쌍쌍이 손을 잡고 천천히 걸어간다. 등산이라기보
다는 산책이라고 하여야 맞을 듯하다. 우리 아이들도 저럴까 생
각해 본다. 하긴 우리 아이들은 이제 대학 졸업반 수준에 와 있으
니, 아이들이 나와 함께 산에 올라 본 것이 벌써 10년 전 일이다.

몸이 건강한 사람들은 몸에 땀이 비 오듯 하는데도 계속하여
오른다. 비록 힘에 겨워 쉬기는 하지만, 그래도 자신의 의지를 시
험이라도 하려는 듯 참고 또 참는 모습이 역력하다. 산에 모인 사
람들은 모두가 자신의 의지에 이끌린 사람들이다. 거기에 강요는
없는 것이다. 산은 이렇게 모든 사람에게 필요한 존재인가 보다.
인간은 마치 흙을 떠나 살 수 없음을 증명이라도 하려는 듯 남녀
노소를 가리지 않고 밖으로 밖으로 모두 나와, 여기 또 하나의 성
지 순례지를 만들어 가고 있다.

산에 오르는 도중 힘이 부쳐 잠깐이라도 쉴라치면 나를 비껴
바쁘게 오르는 사람이 있다. 이들을 자세히 살펴보면 대개가 연
로하신 분들이다. 이 분들은 건강을 위하여 열심히 오른 탓에, 어
쩌다 한 번씩 찾아오는 젊은이들보다 더 날렵한 솜씨를 자랑하신

다. 이 어르신들은 누구와 같이 있어야 찾아오는 것도 아니며, 좋으나 싫으나 가리지 않고 날씨에도 상관하지 않는다. 어떻게 보면 이분들이 바로 이 산의 주인이라는 생각도 든다. 그리고 그 옆에 서 있는 나는 스쳐가는 객이다. 일가친척이라고 하더라도 어느 누가 매일 찾아와서 둘러보고 방문하여 줄 것인가. 행여 온다 하여도 누구와 벗을 삼아 올 것인가. 아들, 손자, 며느리, 거기다가 강아지까지 대동하여 방문하는 친척이 또 있을까.

지난 겨울 이후 처음 찾아온 이 산이 내게는 힘겹기만 하다. 가다가 쉬고 가다가 쉬기를 반복한다. 얼굴이 탄다고 눌러 쓴 모자 덕분에 땀이 더 나고 숨도 더 가쁘다. 그러나 산에서 모자를 탓하는 사람은 산을 두려워하는 사람들의 넋두리다. 산에 가면서 모자를 쓴 사람이 어디 나 혼자뿐이던가. 다른 사람들은 일부러 모자를 쓰고, 그 위에 안면 마스크까지 한 사람도 많이 있다. 푹 눌러 쓴 모자도 모자려니와 힘겹게 오르자니 역시 땅만 바라보게 된다. 터벅터벅 걷는 발걸음은 응답이라도 하려는지 먼지를 날리고 만다. 뒤따르던 사람들도 먼지를 싫어하지만 나 또한 먼지가 싫다. 마치 외나무다리라도 건너는 듯 조심조심 내딛는 발걸음은 다리에 힘을 더 보내준다. 그러나 어찌된 일인지 힘을 받은 다리가 더 빨리 피로해진다.

정해진 등산로라 하더라도 한참을 가다 보면, 짧은 구간에서도 새로 생긴 지름길을 쉽게 만날 수 있다. 이러한 지름길로 인하여 등산로 지도가 갈수록 복잡해진다. 도심의 도로와 같이 얽힌 등산로를 모두 그릴 수도 없지만, 그러기에 자칫하면 산에서 길을 잃어버릴 판이다. 옆에 새로 생긴 길이 더 빨라 보이고, 힘도 덜 들 것 같아 보인다. 이렇게 난 길은 그 수를 헤아리기조차 어렵다. 이러한 길들은 자신을 위하여 산에 가는 길이 아니고, 산을 오르기 위하여 만들어 낸 길이다.

　산에 오르면 사람을 만난다. 시내에서 만나는 인간들하고는 다른, 바로 사람들이다. 어쩌다 방향을 잘못 잡아 찾아든 인간들이 섞여 있기는 하지만 대체로 사람들이 모이는 곳이다. 산에 오르는 것 자체를 경쟁이라도 하려는 듯 앞다퉈 오르지만, 그 사람들을 붙잡고 물어보면 등산에서는 시합이 없다고 말한다. 다른 사람과 경쟁을 하면서도 남을 이기기 위하여 하는 경쟁이 아니고, 흐트러진 나를 다지기 위하여 하는 경쟁인 것이다. 등산은 이렇게 남보다 앞서기 위한 경쟁이 아니라, 나를 바로잡고 나의 역할을 제대로 하기 위한 노력인 것이다. 이것은 남을 이용하지 않고 나만의 노력으로 인간관계를 정립하는 일이다. 나로 인해 흐트러진 모든 것들을 제자리로 돌려놓고, 내 자리를 바로 찾는 인간성 회복운동의 기본이라고도 말할 수 있다.

　산에서는 나무 냄새가 난다. 산에서는 풀 냄새도 난다. 그리고 사람 냄새도 난다. 그러나 자세히 맡아 보면 인간들이 버린 부산물의 냄새도 난다. 그래서 다시 생각해 보면 우리와 산은 둘이 아닌 것이다. 우리는 산으로부터 고귀한 인간성을 찾는 마당에, 사람들은 산에 무엇을 해 줄 수 있을 것인가. 산은 우리에게 육신의 먹거리와 마음의 먹거리를 제공하고 있는데, 인간들은 산에 무엇을 해 줄 수 있을 것인가.

우리는 산을 위하여 있는 것을 그대로 보존하여야 할 것이다.
우리는 자연을 위하여 인간의 생각대로 손을 대지 말고 그저 바
라보기만 하여야 할 것이다. 사람들은 이것을 자연보호, 자연보
존이라고들 말하고 있다.

선운산 예찬

요 근래 고창에 가 보신 적이 있나요. 물론 가 보다마다요. 그 래요. 좋으시겠습니다. 그런데 언제 가 보셨나요. 한 4년 되었을 겁니다. 그렇군요. 그럼 최근이라고 해야 될지 아니면 아니라고 해야 될지 모르겠습니다. 왜요. 무슨 일이 있습니까. 아무렴요.

고창은 하루가 멀게 달라지고 있거든요. 그래요. 어디가 그렇게 달라지던가요. 여러 가지로 모든 것이 그래요. 하긴 고창도 땅이 넓으니 어디가 어딘지 잘 모르겠습니다. 그렇게 따지면 아마도 한 10년 전에 가 보았다고 해야 맞겠네요. 그러면 최근은 아니라고 해야 되겠습니다.

고창이 그렇게 빨리 변하고 있나요. 꼭 그런 건 아니지만 여기저기 가 볼 곳도 많고, 여기저기 들를 곳도 많으니까요. 거기다가 같은 장소라 하더라도 봄 따라 다르고, 여름 따라 다르니 어디 정해진 것이 없습니다. 그럼 노형은 언제 다녀오셨나요. 네 저는 지난 가을에 다녀왔습니다. 그 때는 어디에 다녀오셨습니까.

예 선운사입니다.

선운사도 찾아가 볼 만한 곳입니다. 봄에는 봄대로, 여름에는 여름대로, 가을에는 가을대로, 겨울에는 겨울대로 모두 각기 다른 볼 만한 멋이 있습니다. 계절에 따라 변하는 멋이라고 표현해야 할 것 같습니다.

하지만 선운사라는 절이 그렇게 변하는 것이 아니라, 그 주변의 선운산 풍경이 그렇다는 것입니다. 바다에 맞닿아 있어서 해풍을 맞는 것도 그렇고, 산세가 험하지 않으나 울창한 삼림도 그렇고, 굽이굽이 이어지는 능선도 일품입니다.

오며 가며 볼 수 있는 바위며, 이어지는 물줄기는 오가는 이들의 마음을 지치지도 않게 하면서 편하게도 해 줍니다. 거기다가 입구에서 산 밑까지 이어지는 길도 평지나 다름없어 등산이 아닌 산책으로도 훌륭합니다. 중간 중간에 문화재도 있어서 눈요기도 충분하며, 높지 않으나 정상에 오르면 풍광이 볼 만합니다.

전성기에는 선운사 소속의 암자가 89개나 있었으며, 승려 수만 해도 3,000명에 달했다고 하니 전국 제일의 사찰이었음을 짐작게 합니다. 이러한 선운사가 지금은 그 위세가 많이 축소되어 조용한 산사로 변하여 있습니다.

저는 작년 여름에 아내와 함께 찾았던 곳입니다. 그리고 다시 가을에 선운산엘 다녀왔습니다. 그 때는 늦가을인데 날씨가 따뜻하여 별다른 추위는 느끼지 못했고, 여기저기서 공사하는 모습을 보았습니다. 화단도 고치고, 집도 수리하고, 나무도 더 많이 심고, 여러 가지로 올 봄부터 손님을 맞을 준비를 하는 그런 분주한 모습이었습니다. 그것을 보면서 저는 제발 주차요금을 안 받으면 좋겠다는 생각을 하였습니다.

뭐니 뭐니 해도 선운산의 봄은 선운사의 동백꽃을 으뜸으로 칩니다. 비록 말을 못하여 고향의 이름조차 한 번도 불러보지 못하는 동백이지만, 육지에 살면서도 고향인 바다 건너를 바라보는 그런 식물입니다.

그래서 전국의 모든 동백군락지는 아직도 해안을 떠나지 못하고 있습니다. 혹시나 벽해가 상전되어 바닷속 땅이 솟아올라 온다면 육지가 될 것이고, 그 틈을 타서 떠나갈 미련을 버리지 못하고 있는지도 모릅니다. 조금 있으면 그런 동백이 꽃을 피울 것입니다.

여기 선운사의 봄 동백에서 빠지지 않고 등장하는 것은 미당 서정주의 선운사 동구라는 시입니다. 미당은 고창군 부안면 선운리 질마재 태생이며, 어릴 적에 고향을 떠나 줄포를 거쳐 서울에서 생활을 하였습니다. 선운리와 선운산은 지척간에 있는 지명이기는 하지만 서로의 연관성은 전혀 없는 동명이지이며, 시의 내용은 다음과 같습니다.

선운사 동구

선운사 골째기로
선운사 동백꽃을 보러 갔더니
동백꽃은 아직 일러 피지 않했고
막걸릿집 여자의
육자배기 가락에
작년 것만 시방도 남았습디다.
그것도 목이 쉬어 남았습디다.

이 짧은 시에 모든 설명을 할 수는 없겠으며, 그림을 그려낼 수는 없더라도 전부터 선운사의 동백꽃이 유명했다는 것은 짐작을 할 수 있습니다. 선운사의 뒤 언덕에서 500년이나 600년쯤 살았다는 동백나무가 3000그루나 모여 있다가, 일제히 피워대는 동백꽃은 가히 일품이라 하지 않을 수 없습니다.

또 하나 있습니다. 송창식이 부른 가요에서도 선운사가 등장합니다. 여기에서도 동백꽃이 거론되고 있으며, 지천으로 덮인 그 동백이 떨어지는 것이 안타깝고 서러워 마치 연인들이 이별하는 아픔에 비유하고 있습니다.

선운사

선운사에 가신 적이 있나요
바람불어 설움날에 말이에요
동백꽃을 보신 적이 있나요
눈물처럼 후두둑 지는 꽃 말이에요
나를 두고 가시려는 님아
선운사 동백꽃 숲으로 와요
떨어지는 꽃송이가
내맘처럼 하도 슬퍼서
당신은 그만
당신은 그만
못 떠나실 거예요
선운사에 가신 적이 있나요
눈물처럼 동백꽃지는 그곳 말이에요

정말 선운사의 봄은 동백으로부터 온다고 하여도 맞는 말 같습니다. 전국의 많은 곳에서 동백이 피어나지만 이곳 선운사의 동백만은 못한 가 봅니다. 이처럼 많은 사람들이 가까이서 반기고, 떨어지는 꽃조차 아까워하는 것을 보면 말입니다. 역시 동백은 봄의 선운사와 떨어질 수 없는 그런 사이라는 생각이 듭니다.

구불구불 200리도 더 되는 이 길을 따라 수도 없이 찾았습니다. 가을 단풍을 보러 갈 때도 들르는 곳입니다. 봄에 단체 소풍을 갈 때도 들르는 곳입니다. 여름에 변산에 들르면 여기까지 거쳐 가는 곳이기도 합니다. 풍천장어를 생각하면 들르는 곳이기도 합니다. 가족끼리 조용한 봄 등산을 계획할 때도 빠지지 않는 곳입니다. 모임에서도 멀지 않으면서 가깝지도 않고, 높지도 않으면서 등산도 하는 곳으로 이 곳을 선택하기도 합니다. 그러나 이 모든 것에 볼거리와 먹거리를 다 가지고 있어야 다시 찾아가고픈 곳이라는 생각이 듭니다. 선운산은 이처럼 여러 가지로 많은 자연 혜택을 다 받은 곳이라는 생각이 드는 곳입니다. 그러기에 선운사가 그토록 커다란 사찰이 될 수 있었던 것이라는 생각이 들기도 합니다.

여러분은 선운사에 가 보신 적이 있습니까. 거기서 선운사 뒤뜰의 동백꽃을 보신 적이 있습니까. 여름에는 시원한 나무그늘을 걸으면서 길을 따라 졸졸졸 흐르는 개울물을 보신 적이 있습니까. 단풍잎 하나가 물 위에 떨어져서 이리저리 흔들거리며 떠내려가는 모습을 보신 적이 있습니까. 한참을 쳐다보다가 호호 불어내고 그냥 손바닥으로 퍼서 마시고 싶은 충동을 느끼신 적이 있습니까. 잎도 없이 줄기만 있는 것이 대파와 같은 꽃무릇으로 온 천지를 덮어 놓은 듯한 모습을 보신 적이 있습니까. 담쟁이덩굴과 같이 바위벽에 붙어 올라가는 소나무를 보신 적이 있습니까.

선운산은 전북 고창군 아산면 삼인리에 있으며, 서해안 고속도로에서는 흥덕나들목으로 내리시면 됩니다. 여기서 선운사 방향으로 가시면 이정표가 잘 안내를 해 줄 것입니다. 만약 국도를 원하실 경우 고창군 흥덕면 소재지의 검문소를 통과하면 바로 서해안 고속도로의 흥덕 나들목과 만나게 되는데, 동행하여 국도 22

호선을 따라 선운사 방향으로 가시면 됩니다.

　선운산은 도립공원으로 남쪽보다도 서쪽이 더 잘 알려지긴 하였지만, 아늑하고 푸근하며, 정감이 가는 그런 곳입니다. 여기에 바로 선운사가 있습니다. 봄 동백이 훌륭하지만 가을의 경치도 참으로 좋은 곳입니다. 언제든지 가 보시면 우리 산하의 멋을 느끼실 것입니다.

2부

못 한다 안 된다 하지 말고

내가 진정 원하는 잠자리

비가 개이자 울 안에는 난데없는 잠자리 떼가 날아들었다. 이 잠자리들은 시도 때도 가리지 않는 듯하다. 내가 생각하기에는 비만 그치면 찾아오는 것 같다. 여름날 장마가 잠깐 뜸해진 사이에도 찾아오고, 가을을 재촉하는 비가 온 뒤에도 찾아온다. 어디 그 뿐인가. 한여름 뙤약볕 더위를 식히려는 듯 한 줄기 시원한 소나기가 지나가고 나니 고추잠자리가 무리를 지어 날아온다.

이 고추잠자리들은 나를 놀리기라도 하려는 듯 내 주위를 빙빙 돌면서 앉을 듯 말 듯한다. 여기 앉아 쉬어가도 되느냐고 나에게 물어라도 보는 것일까. 그러다가 다시 원을 그리며 돈다. 미처 대답을 하지 않으니 내가 허락하지 않은 것으로 간주하고 있었는지도 모를 일이다. 그 네들은 마치 고추 먹고 맴맴 달래 먹고 맴맴

하듯 돌고 또 돈다.

바라보고 있는 내가 나도 모르게 돈다. 세상의 모든 인생도 같이 돌아간다. 이 모든 것을 포용하고 있는 지구도 같이 돈다. 그러면 내 곁에는 벌써 가을이 얼굴을 내밀고 있다는 것을 느낀다.

물가에 가면 연약한 물잠자리와 화려하고 귀엽지만 작은 각시잠자리가 있다. 보리밭에 가면 누런 점박이 보리잠자리, 논에 나가면 새하얀 쌀잠자리, 들판에 나가면 얼룩배기 황소잠자리가 있다. 장독대에는 노란 된장잠자리, 고추밭에는 새빨간 고추잠자리, 그도 저도 아닌 대밭에는 보기에도 튼튼한 말잠자리도 있다. 요즘에는 귀한 꼬마잠자리까지 발견되었단다.

내 잠자리는 어떤 잠자리인가. 나의 잠자리는 몸을 눕히면 바로 피로가 풀리는 그런 곳이면 좋겠다. 나의 잠자리는 앉아만 있어도 평화로운 곳이면 좋겠다. 비좁거나 초옥이어도 상관은 없다. 그러나 우리 가족이 모여 앉아 같이 쉴 수 있는 마음 편한 곳이면 된다. 번쩍 번쩍까지는 하지 않아도 된다. 눈을 감으면 어차피 보이지 않을 테니까. 고상한 음악까지는 없어도 된다. 잠이 들면 어차피 들리지 않을 테니까. 세상에는 많고 많은 잠자리가 있지만 나는 이런 잠자리를 원한다. 이것이 바로 내가 원하는 나의 잠자리이다. 그러나 지금의 내 잠자리는 어떤가. 나의 잠자리는 마음이 편한 잠자리인가. 그리고 몸이 편한 잠자리인가.

나는 두 다리를 쭉 펴고 쉴 수 있는 잠자리를 원하지만, 왠지 그렇게 하지 못하는 것은 물리적 잠자리 때문이 아니다. 그 잠자리에 있는 사람의 내면이 편해야 진정 편안한 잠자리가 될 것이다. 그러면 나의 잠자리는 어디에 있는가. 삶은 세상만사에 찌들고, 근심에 둘러싸인 속세의 연속이다. 다시 말하면 인생은 번뇌와 고뇌의 한가운데에 들어서 있는 것이다. 이것은 우리가 인간 세상의 육체적 삶을 살아가고 있으니 어쩔 수 없는 현상일 것이다.

개천 둑을 걷다가 나를 따라다니는 물잠자리에 인생을 비교해 본다. 원래가 돌고 도는 것이 인생이라지만 아무려면 물잠자리와 나를 비교하다니 말도 안 되는 일이다. 그렇다면 윤기나고 탐스러운 쌀잠자리와 비교해 보면 어떨까. 이 역시 말도 안 된다. 아무리 웰빙을 생각한다 하지만 보리잠자리와도 비교할 수 없는 인생이다. 자연식이나 발효식품을 연상하고 비타민을 강조하여 남보다 우월하다는 인식을 하여도, 인생을 어찌 그깟 된장잠자리나 고추잠자리들과 비교를 할 수가 있단 말인가.

세상의 모든 잠자리들의 닐개를 모아서 이불을 만드는 것으로도 내 잠자리는 편안해 질 수 없을 것이다. 세상의 모든 잠자리들이 마음대로 오가는 곳 어디에 가는 것으로도 내 잠자리가 편안해지지는 않을 것이다. 그렇다면 내가 원하는 잠자리는 역시 내가 만드는 수밖에는 없을 것 같다. 그것은 오직 마음의 평화를 찾는 방법일 것이다. 그러기 위해 도를 닦고 해탈을 하여야 하는가, 아니면 종교에 귀의를 하여야 하는가. 어쩌면 겨우 비바람을 막고 있더라도 온 가족이 모여 앉아 오순도순 얘기하며, 추위와 더위를 견딜 만한 중에 가려운 데를 긁어주고 부족한 것을 채워주는 그런 가족이 있으면 족할 것이다. 그러면 나의 잠자리도 평안해지리라 믿는다.

　마당에는 아직도 많은 잠자리들이 난무하고 있다. 장마가 채 끝나기도 전에 정녕 가을이 오고 있다는 말인가. 셀 수도 없이 많은 잠자리들이 각기 자태를 뽐내며 돌고 또 돈다. 내가 보기에는 그놈이 그놈 같은데 그래도 자기들끼리는 경쟁적으로 나를 유혹하고 있다. 그러나 잠자리를 바라보고 있는 나에게는 그 가을 잠자리밖에 내 잠자리가 따로 있다.

물이 물길로 가고 있는가

수돗물이라고 하면 우리는 흔히 주방에서 밥하고 음식 만들 때 사용하는 그런 물을 생각하게 된다. 그러나 물길에는 위와 같은 상수도와 쓰고 나서 버려지는 하수도로부터 시작하여 농업용수로, 인공 관개수로, 우수로, 임시용 중수로, 공업용수로와, 특정 물질이 함유된 오폐수로에 이르기까지 여러 가지가 있다. 이런 수돗물은 물길을 따라 오는 물이라는 뜻을 가지고 있는데, 우리는 이런 물길 중에서도 거의 매일 접하는 상수도를 쉽게 떠올리는 것이다.

그런데 만약 이 물길에 물이 아닌 다른 것이 지나간다면 어떻게 될까. 완전히 다른 것은 아니더라도 물에 이물질이 섞여 간다면 어떻게 될까. 그 때는 아마도 이미 붙여진 이름 외에 다른 이름으로 고쳐져서 불려야 할 것이다. 그렇지 않으면 그 사실을 모르고 사용한 사람이 커다란 피해를 입거나 심각한 사태를 맞게 될 것이다.

간혹 가다가 우리가 마시는 수돗물에서 기름 냄새가 난다거나 녹물이 나온다는 얘기를 듣기도 한다. 어느 부분에서 잘못되었는지 알 수는 없으나, 이런 물을 그냥 마시게 된다면 우리 몸에 이로울 것은 없을 것이다. 어쩌다 한두 번의 적은 양이라면 몰라도 지속적으로 마시면 결국은 여러 증상들이 나타나게 될 것이다.

그래서 이것저것 따지기 싫어하는 현대인들은 수돗물이 그냥 받아 마시는 물이 아니라, 여러 가지로 정수를 시킨 후에 마셔야 하는 물이라고들 말하는 것이다. 이런 정도이니 비록 적은 양이라 하더라도 이물질이 들어 있으면 우리는 바로 알아차리게 되는 것이다. 여기서 우리는 물길에는 반드시 물이 가야 한다는 것을 알 수 있다.

적은 물도 이럴진대 하물며 큰 물은 어떠랴. 비가 자주 오면 장마가 되고, 많이 오면 폭우가 되어 우리를 위협한다. 그런 물들이 모여서 한꺼번에 닥쳐오면 홍수가 되기도 한다. 이런 물들은 우리가 방심하면 언제든지 덤벼들 위험요소를 가지고 있다. 잘 흘러가던 물이 제 길을 이탈하고 강둑을 넘어서 간다든지, 둑을 밀어내고 간다면 어떻게 될까.

얼마 전 지진으로 인한 쓰나미 해일이나, 지금 북미의 허리케인 카트리나로 인한 물난리, 금강산댐을 대비한 우리의 평화의댐 등은 모두 제 길로 가지 않고 멋대로 흘러가 버린 물로 인한 폐해라고 할 수 있다. 그러기에 모든 물은 정해진 길로, 정해진 방법대로 가야 하는 것이다.

그런데 이런 물이 우리 몸 안에 들어오면 어떻게 될까. 아침에 마신 물은 일정한 시간이 지나면 배설이 된다. 그 중에서 일부는 다른 용도로 쓰여졌다가 결국은 다시 물로 변환되기도 한다. 이처럼 우리 몸 안에서도 물이 지나가는 길은 정해져 있다. 이는 몸 속에 들어온 물이 우리를 지탱하고 있다는 말과 같을 것이다.

만약 몸 안에 들어온 물이 정해진 길이 아닌 다른 길로 가게 된다면 우리 몸은 금방 이상이 생긴다. 물이 많으면 부풀어 오르게 될 것이고, 반대로 적으면 소금에 절인 듯 쭈글쭈글해 질 것이다. 많이 흘러가게 되면 관의 압이 높아지게 될 것이고, 적으면 윤활이 적어 마찰이 커지게 될 것이다. 이런 현상이 계속되면 영양의 불균형이 생겨서 건강을 제대로 유지할 수 없게 될 것도 명확하다.

그러기에 우리는 물이 제대로 된 길을 찾아가도록 만들어 두어야 할 것이다.

이처럼 가벼이 여기는 물이 도리어 우리의 생명을 결정할 수도 있는 것이다. 우리는 이 한 방울의 물에서도 생활을 다스리는 지혜를 찾아야 할 것이다.

그러나 세상에서 정해진 길로 가야 하는 것이 어디 물뿐이던가. 사람으로 태어났으면 사람답게 사람의 길을 가는 것은 당연한 일이 아닐까. 그러나 사람의 도리를 다 하고 산다는 것이 현실적으로 어렵다면 그렇게 하려는 노력은 보여야 한다고 본다.

가끔은 정해진 길이 아닌 다른 길로 가는 사람을 만나게 될 때 그 사람들이 수돗물을 닮았으면 좋겠다는 생각을 해 본다. 그런 사람은 어쩌다가 마시도록 되어 있지 않은, 깨끗하지 않은 물을 마셨기 때문은 아닌지 모르겠다. 이런 경우 자기 길로 조용히 흘러가고 있는 물을 따라가면서 느껴보도록 하면 어떨까. 제 갈 길을 따라 흘러가는 물은 우리의 몸과 마음에 있는 상처까지도 치유할 수 있는 능력을 가졌다고 믿고 싶다

함라산에서 세상 보기

전북 익산시 함라면에 있는 함라산을 말한다. 이 산은 숭림사라는 천년고찰을 안고 있다. 내가 사는 익산 시내에서 황등면을 지나는 천안 방향의 23번 국도를 따라간다. 황등면에 닿으면 우측으로 우회하는 외곽순환도로로 가다가 농원에서 좌회전을 하면 된다. 이곳 농원은 황등 석재 농공단지가 있어 국내의 석가공을 선도하고 있다.

바로 그 옆에는 골프연습장도 있고, 공공근로자 아파트도 있어 어렵지 않게 찾을 수 있다. 다만 여기서 좌회전을 하려면 호남선 철도를 건너야 하므로 좌회전 대기 장소를 만들다 보니, 본의 아니게 가던 길을 유턴하여 와서 우회전을 하는 코스로 되어 있다.

그 길은 지방도로로 번호도 적혀있지 않는 작은 길이지만, 2차선 포장도로인데다가 왕래하는 차량도 적어 과속하기 쉬운 도로 중 하나이다. 죽촌리를 지나고 신성리와 구자리를 지나면 바로 함라면에 도착한다. 여기서 711번 지방도와 만나는 신호등 없는 사거리에서 우회전을 하여 함열 방향으로 나가다 보면, 얼마 가지 않아 좌측으로 숭림사를 알리는 삼거리가 나온다. 이 길도 함라면 소재지에서 만나 우회전하는 것이 정석이지만, 여기서도 우회도로를 만들어 놓았기 때문에 처음 만나는 사거리에서 우회전하면 된다.

전에도 숭림사를 가기 위하여 수도 없이 지나다닌 길이기는 하지만, 여기 숭림사 입구 삼거리부터는 함라산이라고 보아야 한다. 길고 긴 함라산의 허리를 자르는 재를 넘으면 숭림사가 있고, 예의 삼거리에서 좌회전을 하자마자 우측에는 바로 학교가 있다. 이 학교의 담장 옆에서는 함라산의 정기를 받은 지하수가 사시장철 넘쳐 난다. 비록 펌프를 이용한 방법이기는 하지만 그래도 많은 사람들은 이 물을 받아가려고 일부러 찾아오는 경우도 있는 정도이다. 그러나 어디에 좋고 어디에 나쁜지는 밝혀지지 않았다. 그냥 맑은 지하수를 찾는다고 생각하면 좋을 듯하다.

이 지하수의 맞은편에는 시 땅인지 아니면 개인 땅인지도 모를 정도인 약간의 공터가 보인다. 이곳이 바로 함라산을 등산하는 사람들의 주차장이 된다. 겉으로 보아서는 등산의 초입이라는 생각이 들지 않는 그런 공간이다. 하지만 그 바로 옆에는 산장의 식당들이 많이 있어 이 식당의 주차장을 사용하여도 된다. 물론 도의적으로는 안 된다고 생각하지만, 그래도 등산 후에 식사라도 할지 모르는 사람들에게 야박하게 할 수가 없어서 개방한 것이, 이제는 제대로 된 주차장을 찾은 듯한 인상이 풍긴다. 아니면 함라산 정기를 받은 식당 주인의 폭 넓은 배려가 아닌가도 생각된다. 아무튼 여기에 주차를 하고 길 같지 않은 길을 찾아서 오르면 바로 코앞에 서 있는 입간판을 만난다. 이것이 함라산의 정식 등산로이다.

함라산을 오르는 길은 짧지만 가파른 산길이다. 시멘트로 포장이 되어 있어 경사가 급한 것을 짐작게 한다. 이 포장도로를 지나면 너무나 경사가 급하여 포장도 할 수 없는 그런 길에 들어선다. 이 길은 그리 길지 않으나, 그래도 처음부터 급경사를 만나니 힘이 들어진다. 거기다가 잔뜩 찌푸렸던 날씨가 이제 한 방울씩 굵은 빗방울을 만들고 있다. 우산을 들고 올 것을 잘못했는가 보고 말을 건넨다. 그래도 아내는 아무 말도 안 하고 그냥 산을 향히여 기기만 힌다. 차 속에는 등신할 때 씨도 충분힐 깃 같은 대형 우산이 기다리고 있다. 그래서 우산을 들고 등산을 하느냐, 아니면 그냥 돌아가야 하느냐를 망설이게 되었다. 그 사이에 벌써 저만큼 앞서 있는 아내는 이 비가 그냥 지나가는 비라고 하면서 막무가내다.

할 수 없이 그냥 비를 맞으며 걸어간다. 이 길이 자갈길인데 자갈보다도 바위 부스러기가 더 많다. 이 바위 부스러기는 썩은 모래 같은 것이 아니라, 누룽지 같은 조각들이 떨어져 나오는 그런 바위들이다. 이런 길은 조심조심 또 조심이 최고다. 그러나 이 길도 끝이 나니 이제는 흙길이 나타나는가 싶더니 바로 정상이다.

한참을 힘들여 올라가는가 싶더니 바로 정상이라는 말에 표는 안 내지만 내심 실망이다. 하긴 산의 높이가 241m 이니 그도 그럴 만하다. 그러나 이 산의 산행은 이제부터다. 원래 함라산은 높이가 높지 않으나 그 길이가 길어 원족의 느낌을 주는 산이다.

함라산은 원래 익산시 웅포면 송천리 숭림사에서부터 시작하여, 길을 건너 함라산 정상에 오른다. 그러다가 다시 길을 건너 군산시 나포면 장상리의 망해산을 지나 서수면 취동리의 보천사에 이르기까지 장장 10km에 이르는 산이다. 산이 낮기는 하지만 그래도 이렇게 정상의 능선이 긴 것은 바로 금남정맥의 하나이기 때문이다. 이 금남정맥은 산이 높지 않으나 올라서는 능선이 길어 힘들이지 않고 산을 탈 수 있는 정도였다. 보통사람들도 이런 정맥을 모두 주파하는 것은 아니다. 대부분은 숭림사를 빼고 바로 함라산 정상에 오른 후, 군산시로 이어지는 길을 건너기 전에 되돌아와서 산행을 마치기 일쑤이다. 이 길이도 대략 5km나 되니 여간 힘든 일이 아니다. 나는 이번에 멀리까지 가지 못하고, 다만 정상에 올라 관망대 정자에 들러 잠시 쉬기로 했다. 정자에서 내려다보이는 풍경이 고요하기만 하다. 조용한 마을에다가 인적마저 드문 농촌의 모습이기 때문일 것이다.

다시 가다듬고 길을 재촉하다가 문득 돌아갈 일을 걱정한다. 그래서 그 자리에서 돌아서 내려왔다. 오늘은 시작부터 빗방울이 떨어지는 산행이었고, 처음에 자갈길을 걸으면서 웬일인지 정이 안 가는 그런 느낌을 받았기 때문이다. 만약 내가 다시 함라산을 찾는다면, 이번에는 비가 오지 않는 화창한 날에 마음을 단단히 먹고 올라갈 것이다. 그만큼 굴곡이 없고 평탄하며, 부드러운 흙 길로 이어져서 아무리 걸어도 무리가 가지 않기 때문이다. 처음 의 오름은 그리 힘들지 않아도, 정상의 능선으로 이어지는 산길 은 그야말로 산 속의 원족이라 생각된다.

　가까운 곳에 있어서 찾아가기 쉬운 산, 오르기에도 힘들지 않 는 산, 낮아도 오랫 동안 산행을 할 수 있는 산이 바로 이 함라산 이 아닌가 생각된다. 그렇다면 이렇게 좋은 함라산을 곁에 두고, 일부러 멀리까지 갈 필요가 없다는 생각이 들었다. 역시 크고 웅 장한 것도 좋지만, 언제나 즐길 수 있고 부담이 없는 이런 곳도 좋다고 본다.

　그리고 숭림사와 연계 짓는다면 아마도 더 멋있는 산행으로 연 결되어질 것으로 여겨진다.

여유로 아름다운 백련지

전라남도 무안군 일로읍 복용리에 가면 연꽃을 만날 수 있다. 그것도 우리가 쉽게 만나는 자홍색의 홍련이 아니고 멸종위기에 몰린 가시연꽃을 만날 수 있다. 그런데 우리나라에서 가시연꽃이 자라고 있는 곳은 몇 군데 되지 않고, 그 단위 수량도 대단히 적은 실정이다.

나는 가시연꽃이 자생하고 있다는 곳을 일부러 찾아가 본 적이 있었다. 그곳은 가시연꽃에 대한 자랑은 하고 있으면서도, 막상 처음 가 보는 사람을 도와줄 편리한 안내판 하나 없었다. 그 곳에서 본 가시연꽃도 겨우 몇 주로 얼핏 보면 있는지 없는지도 모를 정도였다. 그만큼 가시연꽃은 생명력이 약해서 번식이 잘 안 되고 있다는 얘기가 되기도 한다.

　복용리 회산연못에 가면 가시연꽃 외에 백련도 만날 수 있다. 이 백련 역시 귀한 연꽃인데 홍련이 자라는 것에 비하면, 면적을 비교하여 대략 5%의 규모에서만 볼 수 있다. 나는 이런 백련을 보기 위하여 일부러 다른 연못의 백련축제장을 찾아가 본 적도 있다. 그러나 이 백련 역시 축제기간임에도 불구하고 내 눈에는 꽃이 들어오지 않았다. 이파리와 줄기는 무성한데 정작 연꽃은 줄기 열 주당 한 송이 정도로 초라하기 그지없었다. 백련도 번식이 더디며 전체적으로 보급수가 적은 탓이리라 생각된다.

　그러나 백련이 홍련에 비해 초라한 것은 다른 이유가 더 크다. 원래 홍련은 개화시기가 되면 일시에 피고 일시에 지는 특성을 지니고 있어 그 화려함이 벚꽃에 비길 만하다. 온 연못을 붉게 물들이는 것은 그야말로 수채화를 연상시킨다. 그러다가 반짝하고 그 시기가 지나면 연못은 쥐죽은 듯 조용해지며, 뛰놀기 좋은 연잎은 개구리들만 살맛나게 해 준다. 반면, 백련은 일시에 피는 것이 아니라 7월부터 9월까지 차례로 피고 지는 특성이 있기 때문에 화려한 개화를 보기가 힘들다. 그래서 자세히 보아야 이파리 뒤에 숨어 있는 꽃 하나를 찾아낼 수 있는 정도이다. 따라서 오늘 못 본 사람은 내일 찾아와도 연꽃을 만날 수 있는, 남을 위한 기다림의 가르침이 있는 그런 꽃이다.

　나는 최근에 무안을 여러 차례 방문한 기억이 있는데, 한 번도 회산연꽃축제 기간에 맞추지 못했었다. 그러나 이번에 마음먹고 찾아간 때가 8월 말인데 마침 축제기간이었고, 그것도 아슬아슬하게 행사 마지막 날이었다. 그래도 다행이라고 즐거운 마음으로 행사장 입구를 찾아가는데 이리저리로 빙빙 돌아 한참 만에 찾을 수 있었다. 물론 안내판이야 무안 읍내부터 잘 되어 있어 걱정은 되지 않았지만, 그래도 눈앞에 보이는 목적지를 두고 산과 논을 돌아 들어가는 길은 멀고 지루하기만 하였다.

어렵게 도착한 회산방죽은 입장료가 없었다. 금액으로 치면 얼마 되지는 않겠지만, 그래도 입장료를 받는 것과 받지 않는 것은 관람객의 입장에서는 큰 차이가 느껴진다. 적은 금액의 입장료를 받지 않는 것이 마치 내 연못인 양 공짜 같은 기분으로 이어졌다. 이것이 바로 지자체의 상술이 아닌가 한다. 만약 예전처럼 관청 위주의 행사였다면 이런 발상은 하지 않았을 것이다. 이렇게 기분이 좋은 상태에서는 혹시 다른 면에서 약간의 미흡함이 있더라도 그냥 애교로 보아줄 수 있을 것이다. 그러자마자 정말로 바로 이어지는 것이 주차요금이었다. 고객의 편에서 보면 입장료 대신 주차요금을 받으니 그거나 저거나 마찬가지였다.

그래도 앞에서 기분이 좋아져 있었기 때문에 별다른 저항없이 주차요금을 내고 이리저리 헤매다가 겨우 주차를 하였다. 만약 다른 곳 같았으면 주차장이 좁은데 비싼 주차요금을 받으면서 주차장 확보가 안 되어 있다고 한 마디 하였을 법한 정도였었다. 그러나 주차된 차량의 수를 보면, 워낙 유명한 곳이라 사람들이 너무 많이 온 탓으로 그랬던 것을 바로 감지할 수 있었다. 회산방죽은 이렇게 유명한 곳이다. 연못의 면적이 10만여 평이라고 하니 다른 연꽃방죽에 비하면 훨씬 큰 규모이다. 이 연못은 약 60년 전에 연꽃을 심어 지금에 이른다고 한다. 이 규모의 백련 집합단지는 동양 최대의 연못이라고 하니 어찌 자랑하지 않을 수 있을까. 어찌 가꾸고 관리하지 않을 수 있을까. 게다가 이곳의 연꽃은 그 크기가 커서 더욱 유명한 곳이다.

때마침 축제의 파장이라 김이 새기는 했지만 그래도 그것이야 내 탓이니 누구를 원망할 수도 없다. 마지막 날인 만큼 볼거리는 없어도 먹거리는 있겠지만, 우리는 모든 유혹을 물리치고 구경만 하기로 결정하여 지갑을 차 안에 두고 가기로 하였다. 절약은 역시 안 쓰는 방법이 최고인 것을 은근히 실천하고 싶은 마음에서였다. 주차장을 벗어나기는 하였지만 인도가 연못의 둑에 붙어 있는 관계로 걷는 분위기는 좋았다. 장승도 있고 어린아이들을 달래줄 솜사탕이며 간단한 군것질거리가 있어 심심하지도 않았다. 간혹 가다가 움직이는 장난감이 있어 어린이들을 부른다. 방금 내린 비를 막아 주었던 우산도 있고, 비구름 뒤의 햇빛을 가리는 양산도 있다. 이런저런 유혹을 참아가며, 어떤 때는 그들을 피하여 도로 밖으로 나갔다가 들어오기도 하였다. 그래도 멀리 보이는 연꽃을 보고, 꽃이 역시 예쁘기는 한 지 화려하기는 한 지, 예전에 본 백련과 어느 곳이 더 많은 지도 비교를 해 볼 요량이었다.

본격적으로 백련이 보이기 시작하자 그곳은 역시 축제 행사장의 한 중심이었던 흔적을 느낄 수 있었다. 아무리 일주 도로를 돌아보아도 방죽의 중심에 있는 화려한 연꽃을 보기에는 무리가 따른다. 할 수 없이 연못을 가로지르는 백련교를 건너며 구경하고자 하나 이것이 문제였다. 초입에 두 사람이 지키고 있다. 처음에는 교량에서의 안전 문제상 구조대원이 줄을 세우고 있는 줄로 알았으나 다시 생각해 보니 그 이유는 간단했다. 입장료를 받겠다는 것이다. 아뿔싸, 그럼 그렇지. 이 넓은 연못에 입장료가 없다는 것이 이해가 안 되더니 이제야 알 것 같았다. 겉으로만 볼 사람은 괜찮지만 백련교를 지나 연꽃이 많은 곳을 보려면 돈을 내야 한다는 계산이다.

다른 곳에서도 백련축제를 무료로 본 적이 많이 있는데, 여기까지 와서 돈을 써 가면서 구경을 해야 한다니 억울한 것 같아 그냥 가기로 했다. 그러나 사실은 지갑을 차 안에 두고 왔으니 다른 방법도 없지 않는가. 거기다가 이 연못은 너무 커서 아무리 일주도로를 돌아봐도 백련을 시원하게 볼 수 있는 구조가 아니었다. 이제 와서 차까지 다시 갔다가 돌아올 수도 없는 형편이고 보니 어찌하는 게 옳은 판단인지 한참을 망설였다. 그러다가는 꾀 많은 여우가 생각이 났다. 여우는 시고 덜 익은 포도를 먹고 싶어 하지 않았다는 것을 기억해 낸 것이다. 그러고 나니 갈 곳이 한 군데 밖에 없어졌다. 이제는 정말 다른 대안이 없어 중간에 있는 원두막에 올라 벌러덩 누워버렸다. 다른 사람들은 꽃구경을 하거나 먹거리를 찾느라고 정신이 없는데, 나만 한가로이 그 사람들을 구경하고 있는 것이다. 모두들 바쁜 사람들 속에서 혼자만 여유가 있으니 그것 또한 어색한 노릇이다.

축제장 주변을 지나며 시끌벅적했을 축제를 머릿속으로 만들어 본다. 미처 다 치우지 못한 소품에서 그 때의 분위기를 되살릴 수 있을 것 같았다. 삼현육각의 나팔소리가 들리고, 창부타령도 빠지지 않았을 것이다. 화려하면서도 시원한 부채춤으로 더위를 식혀 주었을 것이고, 어린이를 위해서는 브레이크 댄스도 있었을 법하다. 그리고 첫날은 뭐니 뭐니 해도 축사와 함께 기념사가 있어, 더운 여름날 막바지에 빈축을 샀을 것도 훤하다. 그러나 첫날의 백미는 누가 어떻게 생각하든 글짓기 백일장이 아니었을까 생각된다. 그리고 주제어는 아마도 백련이거나 회산방죽이었을 거라고 짐작이 간다. 옛날 과거장 같았으면 필시 연이었으리라.

내 손에는 더 이상 필요없는 종이 쪽지가 한 장 들려 있다. 그리고 거기 어느 곳에도 이와 비슷한 문구가 단 한 줄도 없다. 내가 어쩔 수도 없으면서 괜히 서운해진다. 그러는 사이 어느새 해가 기울기 시작한다. 넓은 방죽에도 비껴가는 햇살이 역력하다. 햇빛에 반사되어 눈부시던 연잎은 이제야 푸른 제 색깔을 찾아가고 있다. 백련지는 이렇게 저물어 가고 있었다.

못 한다 안 된다 하지 말고

오랜만에 공설운동장을 찾았다. 아들 녀석은 올 여름방학 동안에 가 보자고 한 달 전부터 벼르고 벼르던 운동장이었다. 그 말은 익히 들어 기억하고 있었지만 이 뙤약볕에 가만히 앉아 있으려니 그것도 쉽지 않을 것 같아 선뜻 대답을 하지 못 하는 사이에 마침내 그 날이 오고 만 것이다.

2005년 8월 14일 일요일. 이 날도 예외없이 찜통더위가 기승을 부리고 있었다. 도대체가 식을 줄 모르는 더위가 계속되고 있는 것이다. 예년 같으면 8월 둘째 주부터는 여름이 여물어가고, 더위가 내년을 예약하는 단계로 접어들었었다. 그리하여 삼주부터는 아침저녁으로 제법 산들바람도 불고 확연히 달라진 기온을 실감할 수 있었다.

그런데 올해는 입추가 지난 지도 벌써 일주일이나 되었건만, 오늘이 말복이라는 것을 알려나주려는지 이름값을 톡톡히 하고 있는 듯하였다. 오늘 아침에도 해 뜨기 직전에 25℃를 웃돌았으니 종일 더울 것이라는 예측을 하기에 충분하였다. 이러한 날씨가 8월에 들어서도 벌써 열흘도 넘게 이어지고 있는 것이다.

이런 날 운동장에 앉아 경기를 관람하며 응원을 한다는 것은 가히 상상만으로도 벌써 지치고 숨이 턱턱 막혀 온다. 이런 연유로 선뜻 나서지 못하고 있었으나, 그래도 마음을 다잡고 짐을 챙겨 나섰다. 내가 응원을 하면서 더위를 걱정할 때, 그 상황에서 경기를 하는 선수들은 얼마나 더울까하는 생각에는 다른 말이 필요 없어졌다.

거기다가 운동장을 찾지 않을 수 없는 이유가 또 하나 있었다. 올해로 학창시절을 마무리하는 아들이다 보니 앞으로는 긴 시간을 같이 정하여 맞추기가 쉽지 않을 것을 염려한 때문이다.

이렇게 많은 사연과 이유를 달고 찾아간 우리들이건만, 운동장은 그 사실을 아는지 모르는지 그냥 남들과 똑같이 대해 줄 뿐이었다. 무더운 여름날 운동장에는 할아버지 할머니와 부모님까지 모시고 온 아이들로부터, 외국인 고객을 모시고 가장 한국적인 것을 보여 주려는 사람과, 그냥 운동에 미쳐 쫓아다니는 마니아에 이르기까지 많은 사람들이 모여 있었다.

그 많은 관람객들 속에 가족끼리의 추억 만들기를 목적한 우리도 끼어든 것이다. 어떻게 보면 세상은 변한 게 하나도 없는데 나만 변하였다는 누구의 말이 생각나는 시간이었다. 뒤집어보아 세상은 나를 위하여 아직까지 변화를 늦추고 있었다고 생각하면 그저 고마울 뿐이다.

어쨌든 우리가 필요로 하여 찾아가기는 하였지만 운동장 문화에 동참하기까지는 쉽지 않았다. 운동장에서 힘든 것은 경기를 관람하는 것이 아니라, 응원에 동참하는 것임을 깨달았던 것이다. 한참 신나는 경기를 재미있게 보아야 할 시간에 응원을 하여야 하는 것은 둘 중 어느 하나를 소홀히 할 수밖에 없었다.

옆을 둘러보니 다른 사람들은 경기도 관람하면서 응원도 열심인데 이 두 가지 모두를 즐기는 것 같아 보인다. 텔레비전에서 보았던 응원도우미가 나와서 응원을 이끌어 내는가 하면, 전혀 어울릴 것 같지 않은 남자 치어리더가 등장하여 경기장 분위기를 연출해 나가기도 한다.

우리 가족은 경기를 관람하면서 응원을 하려다 보니 계속하여 안절부절 할 뿐이었다. 거기다가 아내와 딸아이는 야구에 대한 일반규칙을 모르니 마음은 분주해지고, 재미는 없어지면서 이방인이 되어가는 것 같았다. 하긴 운동장까지 달려간 것이 300리 길이니 어쩌면 쉽게 적응하지 못하는 것도 당연한 일이었다.

그런데 야구 규칙을 잘 안다는 나도 이방인이기는 매한가지다. 내가 언제 이 응원가를 들어 보았어야 알 것이 아닌가. 거기다가 외쳐대는 응원가가 한 가지였다면 어떻게든 외워서 따라해 볼 것인데, 이것은 부르는 것마다 다른 응원가니 도대체 동참할 수가 없었다. 마치 이웃 도의 경계선을 넘어 왔으니 어느 정도 열성 팬인지 시험이라도 하려는 듯 계속하여 다른 노래와 다른 율동이

다. 우리는 이미 무기력한 상태에서 응원이라고는 어떻게 해 볼
엄두를 내지 못하였다.

그래도 남들 흉내는 내야 겉마저 이방인이 되지 않을 것이라고
앉았다 일어서며, 손을 내밀고 박수를 치며, 노래를 부르고 구호
도 중얼거려 보았다. 그러는 중에도 우리가 좋아하는 경기가 펼
쳐지면 어느새 함성이 터져 나오고 열정적이던 응원은 온데간데
없어진다.

이렇게 힘든 응원 중에도 기억에 남는 구호가 하나 있었다. 어
설픈 응원에다가 처음 듣는 응원가 속에서 우리 가족은 잘 어울
리지는 못했었지만 그래도 가슴에 와닿는 응원이 있었던 것이다.
앞에 선 응원의 리더가 목이 쉬어 분명하지는 않지만 그래도 커
다란 목소리로 관중들의 주의를 모으기 시작한다. "못 한다 안 된
다 하지 말고, 어떻게?"하면 그 말을 들은 사람들은 모두 손을 모
아 머리 위로 올리면서 하트 모양을 만드는 것이었다. 이 짧은 구
호는 참으로 많은 의미를 함축하고 있는 듯하였다.

오늘 내가 관전하는 이 경기는 기아와 롯데가 치르는 3연전으
로 기아의 홈 경기였다. 처음부터 어느 편을 응원하러 간 것은 아
니었는데, 지는 해를 비껴 등지고 그늘을 찾다 보니 1루 측의 홈
팀 응원석에 들어선 우리였었다. 그러나 다른 자리를 찾아나서고
어쩌고 하기도 전에 그때는 벌써 기아와 하나가 되어 있었다.

이 응원구호도 처음 들었을 적에는 그냥 잘해 보자는 뜻인 줄
알았다. 그러나 곰곰 생각해 보니 정말 일리있는 구호라는 생각
이 들었다. 한때 기아는 한국시리즈 우승을 9번이나 한 팀이다.

그래서 응원의 상징은 V10이다. 우리나라 야구 역사가 얼마 되지 않는 상태에서 이 기록은 가히 타의추종을 불허하는 것이다.

감나무가 해를 걸러 감이 열 듯 한 해 걸러 우승을 한 셈이다. 물론 그 때는 해태라는 팀으로서 운영되던 때였다고는 하지만 선수들은 변함없이 그 전통의 맥을 이어오고 있는 중이었다.

이런 팀이 최근 들어 급전직하하여 최하위를 면하지 못하고 있다. 이달 들어서도 7연패를 했던 팀이며, 개막 이후 바로 8연패를 했던 팀이기에 연고지 팬들은 실망과 야유와 비난을 쏟아내기에 충분하였다. 잘할 때는 잘하는 대로 좋아하지만, 조금만 못하면 실망을 하기 쉬운 것이 팬들이기 때문이다. 이렇게 징검다리식 우승을 하던 팀이 꼴찌를 하고 있는 데도, 굳이 꼴찌가 아니고 8등이라는 단어를 사용하는 것은 이 응원팀이 지피는 희망의 불씨였다. 그리고 그 작은 불씨에 장작을 모아 쌓는 것은 위와 같은 응원구호들이었다.

요즘 들어 경기를 못한다고 너무 나무라지 말 것이며, 이렇게 해서는 우승은커녕 이제 경기 자체가 안 된다고 원망하지 말 것이고, 그럴 때일수록 더욱 사랑하자는 뜻이니 이 얼마나 정겨운 구호인가. 정말 이러한 홈팀 팬들의 애정 어린 마음이 전달되었을까. 기아는 오늘 경기에서 승리를 하였다. 어제도 승리를 하였단다. 매 이닝마다 상대편에게 선제점수를 내 줄때에는 광주구장을 찾은 모든 관중들을 애태웠지만, 그래도 결국엔 응원에 보답해 준 기아의 선수들이었다.

사실 따지고 보면 승리를 하느냐 못하느냐는, 응원에 보답을 하기 위해서냐 아니냐와 아무 상관이 없을 것이다. 선수들이 가지게 되는 승리에 대한 염원과 승리로 인한 보상이 더 절실하기 때문일 것이다. 그렇지만 걱정해 주고 후원하는 마음이 전달되었고, 그 응원에 대한 보답을 받았다고 생각하면, 승리가 바로 나로 인한 것이라는 뿌듯함도 있을 것이다.

나도 오늘 내가 응원하여 이긴 팀을 만났으니 마음이 뿌듯하다. 그러나 그보다 더 큰 감동을 안고 돌아왔으니 바로 잘할 때의 칭찬이 문제가 아니라, 잘못할 때의 응원과 후원이 문제라는 것을 깨달은 것이다.

나는 마음 속으로 다시 한 번 외쳐 본다. 못 한다 안 된다 하지 말고.

어떻게?

정상에는 아직도 애국혼이

　내가 가는 오성산은 말이 좋아 오성산이지 무슨 뜻인지도 모르면서 그냥 경치 구경하러 가는 산이었다. 아니면 가까이에 있는 그냥 산책 겸 심심풀이로 가는 그런 산이었다. 그래서 나도 가벼운 마음으로 길을 나섰다. 늦은 7월 휴일, 점심을 먹고 오후에 나섰는데 오랜만에 비가 그치고 화창하게 갠 날이었다.

　아무리 가까운 곳이라지만 진입로가 지도에도 나와 있지 않을 정도의 작은 산이고, 주변의 사람들도 제대로 찾아가는 길을 누구 하나 알려주지 않은 산이었다. 그래서인지 지난 봄에도 길을 나섰다가, 산의 입구를 찾지 못하여 산 밑으로만 한 바퀴 돌고 간 적이 있는 산이다. 이번에는 지난번의 실수를 하지 않으려고 다짐하였다.

낯선 길을 가다 보면 어쩌다가 원하는 길을 몰라 빙빙 돌거나, 다른 길로 접어들어 엉뚱한 곳을 구경하고 갈 수도 있을 것이다. 그러나 그런 날에는 여지없이 아내의 핀잔이 이어지기 때문에 여간 신경이 쓰이는 것이 아니다. 이런 것들도 우리들에게는 오랜만에 나서는 드라이브려니 하고 오히려 천천히 여기저기 구경하는 것이 제격이라고 생각하는데, 여자들은 그것이 그렇지 않은가 보다. 그리하여 이번만은 실수를 되풀이하지 말자고 단단히 벼르고 별러서 길을 재촉하였다. 집에서 나와 23번 국도를 타고 김제 방향으로 내려가다가, 27번 국도를 만나면 익산시 오산면 쪽으로 방향을 바꾼다. 이 길은 군산으로 이어지는 길인데 오성산이 군산시 성산면에 있기 때문이다.

오산면을 지나면 바로 연결되는 곳이 군산시 임피면이며, 다시 군산시 서수면을 지난 후, 또 다시 임피면에 닿는다. 이 길이 짧은 구간이지만 구불구불하여 각각의 면계를 지나기 때문이다. 이제는 군산시 임피면에 들어와서 면소재지가 나오고 앞길을 가로막는 삼거리를 만난다. 이 삼거리 길에서 좌회전하여 시가지에 닿으면 이번에는 1시 방향과 10시 방향의 대야로 갈라지는 삼거리를 만난다. 그러면 여기서는 직진격인 1시 방향을 택하여 성산면이나 군장대학이 있는 곳으로 향한다.

사실은 이 군장대학이 성산면에 있고 대학 정문이 바로 등산의 시작이기 때문이다. 계속하여 달리다 보면 군장대학 정문의 맞은편 오른쪽에 서해안 고속도로 군산 나들목 또는 북군산 나들목이라고도 하는 곳에서 멈춘다. 이곳은 약간의 공터가 있는 것처럼 보이지만, 사실은 공터는 아니고 마을의 진입로가 여러 개 모이다 보니 저절로 여유 공간이 생긴 그런 곳이다. 여기 가까운 곳에는 많은 집들이 있는데 이 마을의 바로 뒤가 산언저리임을 알 수 있다. 겨우 차량 한 대가 마음 놓고 가기에도 부족하지만 그래도 쉽게 찻길을 찾아서 접어들 수 있다.

오성산의 높이가 겨우 227m 이므로 아무리 바다가 인접해 있는 것을 감안하더라도 낮기는 낮은 산이다. 그러나 인근에서는 이보다 높은 산이 없으니, 그나마 높아 보이는 것도 그 산이 있는 자기 위치 나름인가 보다.

산으로 가는 길이라는 팻말이 하나도 없어서 마음이야 불안하지만, 그래도 높아봤자 227m 아니던가. 그런데 올라가면 갈수록 이 산의 높이가 문제가 아니라, 올라가면서 행여나 내려오는 차량을 만날까 걱정이 되는 길이다. 길 양쪽에는 작은 소나무도 있고, 밤나무도 있다. 비록 산은 작지만 그래도 토끼나 오소리, 족제비들이 살고 있으며 숲도 제법 우거져 있는 산이다. 길이 꼬불꼬불하기는 하지만, 올라가면서 숲에 가린 상대방의 차량이 보이지 않을 정도이니 인근에서 보기 드문 숲이라는 생각이 든다. 만약 여기서 마주치는 차량을 만나면 어느 한 쪽은 후진을 하여야 하는 그런 상황이 벌어질 것이다.

꺾어진 길 앞이 안 보이니 사람이 사람을 만날까 불안하다는 생각을 하는 사이 벌써 정상에 닿아버렸다. 이미 내가 올라와 버린 길은 아스팔트로 포장된 1차선 길인데, 정상에 서 보니 보통의 시내 공원과 같은 느낌이 든다. 정상의 광장 북쪽에는 바람을 막아 주는 방풍림이 둘러 서 있고, 동쪽은 공중화장실, 서쪽은 작은 구릉이 버티어 있으며, 남쪽은 방금 올라온 바로 그 길이다. 그 길옆에는 작은 매점이 있어 오는 객을 맞고 있다. 그러나 이런 작은 산에 얼마나 많은 사람들이 오겠는가 싶어 아예 문을 닫아 놓았나 보다. 오늘의 주인공인 오성산이라는 이름부터가 의미가 있어 보이는데, 이 오성산에 대한 유래가 적혀 있는 안내판이 눈에 띈다.

때는 바야흐로 약 1,345년 전, 서기 660년 의자왕 20년의 일이다. 소정방이 13만의 대군으로 금강에 닿는다. 포구에서 많은 인명을 빼앗는 전투를 벌였으나, 소정방의 내심은 육로를 따라 사비성을 공격할 요량이었다. 그러나 갑자기 안개가 끼어 길을 분간할 수 없게 되자, 높은 산에 올라가서 지형을 살피려 하였다. 그리하여 인근에서 가장 높은 오성산에 올랐는데 여기서 마침 다섯 명의 노인을 만났다. 소정방은 노인들에게 길을 물어 사비성으로 가려 하였으나, 이 노인들은 백제를 침공한 소정방에게 길을 가르쳐주기는커녕 큰 소리로 꾸짖었다. 결국 다섯 노인은 목숨을 빼앗기기는 했지만, 나라를 아끼는 마음이 가히 충절이라 하겠다. 덧붙여 말을 하자면 칼을 들고 맞서지는 아니 하였더라도 그에 버금가는 훌륭한 일을 해낸 것이었다.

그래서 이곳 오성산에서는 매년 10월 4일에 오성문화제를 열어 그 숭고한 뜻을 기리고 있다. 이 산 정상 평평한 곳에는 다섯 기의 묘가 나란히 들어서 있다. 이 묘가 안치되어 있는 곳이 가장 높은 곳이니, 오성산이라는 이름은 이 다섯 노인의 어질고 충절

된 마음에서 비롯된 것이라고 보아야 할 것이다. 옛 성현의 죽음을 애도하면서 눈을 들어 보면 사방이 확 트인 곳이다. 앞에는 금강이 있고, 올라온 쪽으로는 마을과 넓은 들이 보인다. 금강으로 지는 해를 보고 있노라면 그야말로 낙조가 장관이다.

낮에는 금강 위에서 윈드서핑을 하는 사람도 있어 보는 이를 즐겁게 하기도 한다. 남쪽에는 날보자기를 타고 날아다니는 사람들이 눈에 뜨인다. 이곳 오성산이 비록 높지는 않지만 그래도 산이 가파르며, 흙으로 절벽을 이루는 곳이 있으니 바로 남쪽 벽이다. 여기는 큰 나무가 없어 시야도 확보되고, 모두가 눈 아래 있으니 거칠 것이 없는 그런 곳이다. 형형색색의 행글라이더가 날아다니는 모습은 아름다운 영화의 한 장면이다. 이들이 금강 위와 평야지대를 날아다니면, 고요한 아침의 태양이 널리 펼쳐지는 듯한 느낌이 든다. 이는 다른 비행기들처럼 빠르지도 않고, 필요에 따라서 자유자재로 방향을 바꾸며, 올라갔다 내려갔다 하는 모습은 마치 자기 영역을 순찰하는 늠름한 매와도 같다.

드디어 인간이 새처럼 날아다닌다는 것에 대한 소원을 이룬 그런 날이다. 보고만 있어도 가슴이 후련하고 마음이 평화롭기만 하다. 이들이 즐겨 찾는 장소로는 미륵산도 빼놓을 수 없다. 이 산 역시 경사가 가파르고, 높이가 비교적 낮은 관계로 위험하지 않아서 이들에게는 안성맞춤이다. 사람이 그냥 등산을 하기에는 힘이 들더라도, 이 날보자기 대원들에게는 아주 좋은 지상 조건이 되는 것이다.

오성산은 산세가 작고 높이도 낮은 관계로 잘 알려져 있지 않지만, 이 날보자기가 날아다니는 것을 보면서 사람들은 오성산을 떠올리게 된다. 등산을 두 발이 아닌 비록 차로하는 것이라서 산에 대한 맛은 제대로 알지 못했다 치더라도 오성산이 가지고 있는 의미는 충분히 알아볼 수 있는 그런 산이다.

이 산의 등산로는 대략 3코스로 나뉘어져 있다. 내려오는 길은 다른 길을 택하였는데 산을 거의 다 내려 왔는가 싶었는데 본의 아니게 다시 올라가지 않을 수 없었다. 산은 제법 우거져 있었지만 며칠 전 많은 비가 내린 탓으로 커다란 나무가 쓰러져 도로를 가로지르고 있었던 것이다. 이 나무는 죽어서도 사람들이 그리운지, 떡하니 길을 가로막고 더 많은 대화를 하자고 버틴다. 혹시 나를 만나기 위하여 일부러 길을 막은 것은 아닌지 모르겠다. 그렇다면 내가 왔을 때 일어나서 얼른 길을 열어주고 무슨 말을 하여야 하지 않는가. 그런데 이 나무는 아무 말이 없다. 오늘따라 우리 말고는 등산한 사람들이 아무도 없는 데도 말이다.

오늘 내가 찾은 곳은 작은 오성산이 아니라 낮아도 아름다운 산, 올라서면 사방이 훤히 트인 곳, 시내 가까이 있는 휴식처였다. 그리고 눈앞에 펼쳐지는 백제인의 기상이 아니었던가 생각된다.

누가 조롱박을 조롱하였나

　나는 조롱박을 찾으러 여기저기 돌아다닌 적이 있다. 전에 내가 보았던 기억이 있는 곳은 다 찾아내어 돌아다녔었다. 그러나 어디서 보았었는지 쉽게 생각이 나지 않았고, 어렴풋한 기억으로 찾아가 보면 그 곳에도 내가 찾던 조롱박은 없었다.

　고즈넉한 산사의 입구에 있는 약수를 떠 마시던 그 바가지가 추억의 표주박이었고, 그 표주박은 대체로 조롱박이었다. 표주박과 조롱박이 같은 것은 아니지만 그래도 물을 떠 마시기 좋게 해놓은 바가지가 표주바이며, 조롱바은 조롱 모양이 바을 타서 만들었으니 샘물을 떠서 마시기에는 이 또한 안성맞춤이다.

　내가 이 조롱박을 찾아나선 이유는 메말라가는 상황을 운치있는 자연으로 돌려주며, 잊혀져가는 옛 정취를 일깨우기 위해서였다. 시렁을 만들어 놓고 그 위에 박을 얹어 조롱박이 축축 처진다면 얼마나 멋이 있을까, 생각하면 없던 정도 솟아날 것 같았다.

얼마 동안을 찾아다니다가 결국 포기를 하고, 화원에서 조롱박 씨를 구하기로 하였다. 그러나 가던 날이 장날이라고 요즘은 조롱박 씨도 나오지 않는다고 한다. 할 수 없이 수세미 씨를 사다가 심어 놓는데 그쳤다. 수세미가 싹이 나고 떡잎이 나오는가 싶더니, 벌써 본 잎이 나와서 나를 기쁘게 한다. 이런 수세미를 보고 있노라니 갑자기 어디서 본 듯한 조롱박 기억이 번쩍 떠오른다. 거기는 약 100리도 더 떨어진 그런 사찰입구였다. 그러나 가만히 있을 수가 없어 당장 달려가서 확인을 하여야만 직성이 풀릴 것 같았다.

물어물어 사찰을 찾아가기는 하였으나 그 어디에서 보았는지 기억도 희미하고, 아무리 둘러보아도 조롱박은 보이지 않는다. 이번에도 허탕을 치는구나 생각하니 마음이 허전하다. 그냥 돌아가기가 서운하여 만나는 사람들을 붙잡고 물어 보았지만, 그 누구도 아는 사람이 없었다. 전에 있었음 직한 곳에 이르러 사방을 둘러보다가 염치불구하고 인근의 가게 문을 차례차례 열고 들어갔다. 몇 집째 물어본 결과 전에는 누군가가 심기는 하였으나 지금은 그 사람도 심지 않는다는 정도의 답을 어렵게 얻을 수 있었다. 잘 아는 사람만 찾으면 되지 지금은 심지 않으면 어떠랴 하는 심정에 길 잃은 자식을 우연히 만난 듯 기뻤다.

이제는 그 사람이 조롱박 장사를 하지 않고, 집에서 농사일에만 전념을 한다고 하더라도 직접 만나 보면 무슨 해결책이 나올 것 같은 기대감에 설레었다. 그래도 혹시나 남아 있을지도 모르는 조롱박 씨앗 몇 개라도 얻을 수 있을 것이고, 정 안 되면 어떤 방법으로 구할지 알 수는 있을 것으로 생각되었다. 시골길이라서 달랑 이름 석자들고 나섰어도 찾기는 쉬웠지만 마침 모두 논밭에 나가고 아무도 없었다. 그 정도는 이미 예상을 했던 것이니 하릴 없이 마냥 기다리는 데도 지루한 줄도 몰랐다. 도시 같았으면 대문에 명함을 꽂아 두고 전화를 부탁한다고 하면 가능할 일이지만 시골은 그렇게 해서 통할 일이 아니었다.

얼마 후에 돌아온 그 분은 경계의 눈초리를 늦추지 않는다. 어느 시골이나 마찬가지이지만 대문이 활짝 열려져 있고, 현관문도 잠기지 않은 채로 닫아져만 있었으니 그럴 만도 했겠다. 마음을 닫고 있는 그 분에게는 아무리 설명을 하고 사정을 해 보아도 통하지 않았다. 조롱박은 씨앗도 없고 이제는 그런 것을 심지도 않는다고 막무가내다.

하긴 처음부터 쉽게 이루어지는 일이 얼마나 있었던가. 마당을 한 바퀴 돌고 와서 다시 부탁하고, 텃밭을 둘러보고 와서 다시 부탁하니 겨우 못이기는 체 한 마디 하셨다. 나누어 줄 씨앗은 없고, 자기네 밭에 심을 것 뿐이니 내년 봄에 싹이 나는 것을 보고 남으면 한두 포기는 줄 수도 있겠다고 하셨다. 알지도 못 한다고 딱 잡아뗄 때 보다야 그래도 이 정도면 조롱바을 언은 것이나 다름없었다. 고맙다고 연신 인사를 하고 돌아서서 주말에 다시 찾아갔었다. 정말로 내년 봄에는 다만 몇 포기라도 나누어 주면 좋겠다는 통사정에, 정성이 통하였는지 아니면 나의 모습이 애처롭

게 보였는지 걱정하지 말고 내년 봄을 기다려 보잔다. 내가 고맙다고 거듭 인사를 하면서 다시 찾아오마고 하니 이제는 귀찮다는 듯이 오지 말라고 하신다. 대신 때가 되면 자기가 기별을 할테니 연락처를 달라고 하였다. 이쯤 되면 일의 성공을 보장받았으니 속으로는 쾌재를 불렀다. 물론 그렇다고 내년 봄까지 조용히 기다릴 내가 아니었다. 중간 중간에 잊어버리지 말라고 편지를 보냈고, 계속하여 나의 존재를 알려 드렸다.

그리고 봄이 되었다. 학수고대하던 연락이 없어 마음이 급해진 가운데 짬을 내어 다시 찾아본 농가는 조용하기만 하였다. 주인도 없는 집을 여기저기 둘러보는데 텃밭에서 박이 자라는 것이 보인다. 부드러운 잎이며, 대나무 받침을 타고 올라가는 것하며, 보송보송한 솜털이 영락없는 박이었다. 누가 알려주지 않아도 바로 이거로구나 하고 잔뜩 기대를 하고 있는데 결과는 신통치 않았다. 한참 만에 돌아온 주인은 나에게 돌아올 조롱박이 없다는 일성이다. 많은 포기의 박들이 자라고 있었지만 그것은 나의 차지가 아니란다. 왜 그러냐고 묻는 말에 돌아온 대답은 할 말을 잊게 만들었다. 다른 때 같았으면 심은 것들을 여기저기 나누어 주고도 약간의 여유가 있었다고 하였다. 그런데 올해는 원래 씨앗도 적었지만 심었던 것도 모두 싹이 나지 않았고, 싹이 난 것들도 제대로 자라지 않아 예년보다 턱없이 부족하다고 하였다.

오랫동안 기다리던 바람이 일순에 무너지는 심정이란 너무 허망하였다. 내가 맡겨 놓았던 것도 아니지만 뭔가 한 쪽이 빈 것도 같고, 꼭 속은 것 같은 기분도 들었다. 아무리 서운하다 하여도 자기네 심을 것도 모자란다는데 남이 와서 달라고 한들 무슨 소용이 있으랴 싶었다. 달리 무슨 할 말이 더 있을까마는 잘 알겠노라는 뒷말을 남기고 돌아설 수밖에 없었다. 토종 조롱박을 구하는 일이 생각보다 어렵게 여겨졌다. 그렇다고 이깟 일로 전국에 소문을 내어 씨를 구하기도 그렇다는 생각이 들었으나, 다른 방법도 없는 기다림의 상태가 계속되었다. 그러던 어느 날 인근 지자체에서 조롱박을 심어 시민의 휴식공간을 장식했다는 기사를 보았다. 눈이 번쩍 뜨이는 내용이 아닐 수 없었다.

지금까지 씨를 구하기 위해 많은 노력을 하였지만 나 혼자만으로는 성과가 없었으니, 지자체에 전화를 걸어 담당자를 바꾸고, 염치없지만 조롱박 씨를 나누어 달라고 사정을 하기로 하였다. 그러나 답은 의외로 시원시원하였다. 자기도 과외로 하는 일이라서 직접 씨앗을 받아서 주기는 어려우니, 나보고 직접 와서 씨앗을 받아 가라고 하였다. 이 말은 내년에 싹을 틔워 주겠다는 말보다 더 기분이 좋아지고 작은 소망 하나를 이룬 듯하였다.

대답이 끝나기 무섭게 주말을 이용하여 방문을 하였다. 야외로 소풍을 나가는 겸해서 일부러 그 곳으로 방향을 잡고 일석이조를 노리기로 한 것이다. 그러나 그 곳에 도착해 보니 벌써 부지런한 사람들이 다녀간 뒤였다. 내가 보기에는 채 여물지 않은 상태였으니 주렁주렁 달려 있어야 하는 박들인데, 시렁이 듬성듬성 할 뿐이다. 그러나 아직 남아 있는 박도 있어 자기마다의 독특한 모양을 하고 있었다. 마디를 만들지 못하고 길게 늘어진 놈, 호리병처럼 허리가 잘록한 놈, 장구 모양으로 펑퍼짐한 놈, 다만 혹이 하나 붙어 있는 것처럼 둥근 놈, 눈사람 모양으로 두 개의 박이 붙어 있는 놈, 자리를 잘못 잡아 철사로 몸을 자해하는 놈 등 모양도 가지가지다.

나는 그 중의 각기 다른 모양을 한 박들을 골라 예닐곱 개를 챙겼다. 이 박들이 많은 씨앗을 만들고, 하나의 씨앗이 많은 줄기를 뻗으면 내가 만든 시렁이 꽉 찰 것으로 기대되는 순간이었다. 한편으로는 아직 완전히 여물지 않은 상태에서 수확한 박이라서 좀더 말려서 타야 할지 아니면, 박을 타서 말려야 할지 행복한 고민이 되기도 하였다. 어렵게 구한 박 씨라서 싹을 틔우는 것은 또 다른 전문가에게 맡겨 놓았다. 드디어 봄이 되어 만물이 소생하는 시기가 되니 박도 정성스레 심어졌다. 그 후 일일이 여삼추 같은 긴 기다림에 비하여 생각만큼의 많은 싹이 나지는 않았으나, 적은 수의 새싹이 움을 트는 것만 해도 고마울 따름이었다. 이제는 내가 뭔가를 이룬 것 같은 뿌듯함도 들었다.

이 싹 하나가 무럭무럭 자라서 많은 가지를 뻗고 넓은 그늘을 만들면, 시렁 밑에서 더위를 쫓을 수도 있을 것이라 생각되었다. 거기에 앉아 쳐다보는 박의 품평회는 그야말로 운치가 있을 것 같았다. 각 가지마다 많은 수의 박을 맺으면 직원들에게 하나씩 들려 보낼 수 있으리라는 부푼 꿈도 가져보았다. 크지도 않으면서 모양도 예뻐서 장식용으로는 안성맞춤이라는 생각에 시렁 밑에는 벌써 박들이 주렁주렁하고 바람에 물결치는 그림이 그려진다.

혹시 생활에 지쳐 미처 박을 타고 색칠을 하지 못한 사람이 차량의 좌석 뒤에 얹어서만 다녀도 내 기분이 흡족할 듯하였다. 이런 것만으로도 우리라는 소속감이 충만할 듯하였다. 이렇게 부푼 기대 속에 여름을 지낸 후 나는 직원들에게 조롱박을 고루 나누어 줄 수 있게 되었다. 생각보다 많은 수확을 한 탓이다. 그러나 박이 싫다고 하는 사람에게는 수세미를 나누어 주었으니 모두에게 풍성한 가을의 기쁨을 나누어 준 것이었다. 거두는 기쁨을 분배해 준 것이다.

사랑은 받는 것보다 줄 때가 더 즐겁다고 하지 않았던가. 선물을 받는 것도 좋지만 줄 때는 더 좋다는 감정을 실감하였다. 자기가 가지고 있는 것을 누구에게 나누어 줄 수 있다는 것은 즐겁기만 한 것이다. 그러나 다음 해에 조롱박은 심어지지 않았다. 누군가가 나서서 자기의 노력으로 심어야 하는데 그런 환경이 형성되지 않았기 때문이었다. 내가 어렵게 구하고 겨우 씨앗을 보존하였으나, 다른 사람들은 아무 관심이 없는 것 같아 서운한 생각이 들었다.

그런 짧은 동안에 고향을 떠난 조롱박은 혼탁한 세상에서 살고 싶지 않다고, 포근한 고향으로 보내 달라고 졸라대고 있었는지도 모르겠다. 조롱박은 그냥 심심풀이로 심는 관상용 박이 아니라고 말했었는지도 모르겠다. 그렇다고 내가 계속하여 정성으로 가꿀 수도 없었으니 하물며 누구를 시킬 수는 더더욱 없었다. 그러니 누구를 탓하고 말 수도 없는 노릇이었다. 다만 옆에서 쳐다보고 있으려니 그간 들여 온 나의 노고가 한순간에 시들어 진 것 같아 아쉬울 따름이었다.

누가 알아 달라는 것도 아니지만 예전에 그 박 씨 하나를 구하
기까지 숱하게 많은 노력이 있었다는 사실을 아는 사람은 아무도
없다. 그냥 내가 좋아서 한 일이었기에 아무에게도 말하지 않은
연유다. 그것은 내가 조롱박을 좋아하고, 자연을 좋아하고, 우리
것을 좋아하고, 고향의 냄새를 좋아하기 때문이었으리라. 요사이
비록 내가 심은 조롱박은 아니지만 그래도 여기저기 쉼터에서 만
날 수 있으니 그나마 위안이 되고 있다. 거기에는 초가지붕이 들
어 있고 흥부표 박도 올려져 있어, 순박하고 풍요로운 우리네 심
성을 읽을 수 있다.

물통 원위치

얼마 전 아내가 물어 왔다.

"우리가 이렇게 절약하면 한 달에 1톤은 절약할까?"

갑작스런 질문에 나는 당황하긴 했으나 그냥 생각나는 대로 대답하였다.

"1톤? 1톤이라고 해봐야 겨우 100원이야. 아마 모르긴 몰라도 한 달에 3톤은 절약하고 있을 거야."

"그럼 한 달에 300원 버는 셈인가?"

"아마 그럴거야. 요즘 수도료를 톤당 100원으로 계산한다면."

"손님이라도 오면 모든 통들을 감추고, 한바탕 난리를 피워도 겨우 300원이야?"

"그럼 얼마나 될 줄 알았어?"

"하긴 내가 300원 벌려고 그랬나? 깨끗한 물 그냥 버리기가 아까워서 쓴 것이지."

예전에 시골에서 보면 텃논 옆에 우물을 팠던 기억이 있다. 이 우물은 깊지도 않고 물이 풍부하지도 않았지만 여러 집이 퍼 날라 사용했던 것이다. 이 물은 비록 모랫가루가 있고 탁하기는 하였지만 우리에게는 고마운 물이었다. 우물 옆으로는 흘러나는 물이 고랑을 이룬 뒤 미나리꽝마저 풍성하게 해 주었다. 쓰고 남는 물을 먹고사는 미나리도 뒤질세라 수질을 정화시켜 보답하는 것이었다. 자연은 이렇게 치우치지 않는 상생상존으로 묶여져 있다.

우리 집에는 자주 쓰는 물통 7개가 있다. 각각 그 용도를 보면 음료로 쓰는 알칼리수와 그에 맞게 분리된 산성수를 받는 것, 설거지 후 헹궈내는 물을 받는 것, 헹군 물을 모으는 것, 이 물을 옮겨다 화장실에서 보관하는 것, 세면대 안에서 물을 받아쓰는 작은 통과 큰 통이다. 이 물통들은 매일 매일 그것도 아주 요긴하게 쓰이고 있다.

주방에서 버려지는 헹군 물을 모으고, 세면대에서도 손을 씻고 나면 모았다가 허드렛물로 쓴다. 세탁기를 돌릴 때 헹구는 물도 바로 버리지 않고 다시 쓰는 것이다.

그런데 사람들은 이 통들을 보면 뭐하는 거냐고들 묻는다. 어떤 경우는 더 이상 궁상떨지 말라고 핀잔을 하기도 한다. 자기들이 볼 때에는 이상하리만치 많은 통들이 여기저기 널려 있기 때문이리라. 그래서 손님이라도 온다는 연락이 있으면 "통 원위치"

하면서 치우는 것이 일이 되어 버렸다. 만약 사전 약속이 없는 방문이 이루어지기라도 한다면 그날은 한바탕 전쟁이다. 이 통들은 어떤 용도이며 어떤 효과가 있는지 설명하는 일이 쉽지 않기 때문이다. 더 나아가 그들을 설득시키고 나와 같이 해 보라고 권하는 것은 왜 그리도 어려운지 아직도 그 이유를 모르겠다.

그러나 우리는 그 후에도 계속하여 궁상을 떨고 있다. 버려지는 물이 자동으로 분리수거되어 모여지고, 재활용되는 그런 장치가 되어 있지 않은 상황에서는 우리가 일일이 분류해 주어야 할 것은 당연하다 하겠다. 그러나 그 일이 여간 귀찮은 일이 아님은 모든 사람들이 동감하고 있는 바와 같다. 아마도 다른 사람들이 나와 같은 행동을 하지 않는 이유는 그래서 일 것이라고 생각된다.

우리가 물을 사서 먹게 된 연유는 맑은 물이 부족하기 때문이란다. 그러나 그 원인은 필요 이상으로 버려지고 더럽혀지는 물이 많기 때문임을 알아야 한다. 우리나라처럼 많은 비가 연중 고루 내리는 나라도 드물다. 그럼에도 불구하고 이 물을 제대로 활용하지 못하고 있음은 반성해야 할 일이다.

우리 집의 물통들은 각기 다른 위치에서 자기 역할을 다하고 있다. 현재의 개수대나 세면대는 소비하는 목적으로는 너무나 많은 물을 사용하게 만들어져 있다. 그 중 필요한 만큼으로 줄여서 사용해도 충분할 경우가 많다. 우리는 이렇게 작은 노력으로도 많은 물을 절약할 수가 있는 것이다.

비록 하루 종일은 아니더라도 한 달 동안 틈틈이 일해서 겨우

300원을 번다면 어느 누가 이런 고생을 하겠는가. 그렇다면 이것은 돈 보다도, 그냥 그렇게 해야 되는 것이기 때문에 당연히 하는 거라고 밖에는 답할 수가 없다. 그런 중에도 우리 집에서는 누가 뭐라고 하든 말든 계속하여 지켜야할 하나의 생활로 자리잡아 가고 있다.

3부

비 맞는 강천산

가을 산의 대화

　가을 산을 걷다가 잠시 길가 좌우를 살펴보았다. 소나무가 있고 바위도 있고, 개울도 있다. 그 사이 사이에는 크고 작은 수목과 들풀이 빈자리를 메우고 있다. 이들은 내가 이 산을 알기 전부터 터를 잡고 살아왔을 것이다. 아마도 훨씬 전부터 대를 물려 살아온 것들도 있을 것이다. 그렇다면 내가 이 산을 알고 있다고 말하는 것도 숲이 보기에는 우스운 얘기로밖에 들리지 않을 것이다. 아니 어쩌면 하루살이들의 대화로서 알아듣지도 못하는 소음 공해쯤으로 느끼고 있을지도 모를 일이다.

　이것이 바로 우리 인간은 자연 속에서 겸허해져야 하는 이유라고 생각된다. 숲 속에서　한참을 생각하다 보면 자연 앞에서 인간은 하나의 작은 점에 지나지 않는다는 것을 깨닫게 된다. 또한 그

수명은 찰나에 더도 아니다.

산을 정복하겠다고 세계의 높은 봉우리들을 올라본 많은 사람들은 말한다. 인간이 아무리 노력해도 만약 산이 거부를 하게 되면 산에 오르는 것은 도저히 불가능한 일이라고 말이다. 그래서 전문 산악인들은 산을 정복했다는 표현을 쓰지 않는다고 한다. 다만 봉우리에 올랐을 뿐이라는 뜻으로 등정했다는 말을 한다. 이는 산으로부터 눈 밖에 나지 않고, 다음 등산 때에도 나를 거부하지 말아 달라는 간절한 소망의 표현일 것이다. 높은 산에 등산하기를 싫어하는 나로서는 적당한 핑곗거리가 있어 마음이 편한 문구이다.

이러한 높은 산들에 관해서라면 셀파를 빼놓을 수 없을 것이다. 이들은 특정 부분의 노력만 기울이면 그 어느 전문 산악인들보다도 더 높고 더 거친 산들을 쉽게 오른다. 그러나 이들은 산에 대한 두려움과 경외감 때문에, 누가 산을 험담이라도 할라치면 경계한다. 그들은 산을 무서워한다. 산에서 나서 산을 바라보며 자란 그들이, 그 변덕스러운 공포의 산 품 안에서 산에 의지하며 살아간다. 이러한 것들을 연결지어 보면 역시 우리는 산을 정복하는 것이 아니라, 산이 베푸는 덕을 얻는다고 하는 말이 맞을 것이다. 다시 말하면 산이 잠시 한눈팔고 졸리는 눈을 비비는 사이에 슬그머니 금줄을 넘어서 버린 이방인처럼, 무임승차에 대한 노여움이 잦아들기를 바랄 뿐이다. 바로 산에서 인간의 존재를 느끼는 순간이다. 그렇다면 자연 속의 인간은 어떠할까 상상이 간다.

지난 봄에 낮은 산에 오르면서 취나물을 뽑았던 적이 있다. 아내의 개인지도를 받아가며 잎은 어떻고, 줄기는 어떻고 열심히 외우면서 취나물을 찾았다. 이렇게 힘들게 뽑았건만 몇 개 되지도 않는 것들을 보고 지나던 손이 한 마디 던졌다. 그 첫마디는 이것이 취가 아니라는 것이었다. 달랑 몇 뿌리 들고 있는 것으로 보아 전문 산채꾼이 아닌 것은 확실하고, 그나마 그냥 잡풀임을 알 수 있었다는 것이다. 그 동안 들인 공을 아내로부터 보상받고 싶어 새로운 스승을 모시고 싶었다. 그러나 그 사람은 자신의 무지를 탓하지 않고 오히려 스승을 배반한 것을 벌하려는 듯, 취에 대한 전문 강의 대신 일반적인 자연 교육만을 늘어놓았다.

취란 것이 원래 우리 인간을 위하여 태어난 것이 아니고, 병충해로부터 자신을 보호하고 자손을 잘 번식시키기 위하여 씁쓸한 맛을 띠고 있어 면역성이 강하다고 했다. 그러니 우리 인간은 취 대하기를 마치 텃밭의 배추 대하듯 하면 아니 되며, 줄기만 뚝 따서 다음 해에 번식할 뿌리를 남겨두어야 한다는 것이다. 그러고 보니 나 같이 취를 알아보지 못하는 사람들이 많았던 탓인지, 이제는 취를 쉽게 찾을 수조차 없는 정도가 되어 버렸다는 아쉬움이 들었다. 한 수 배워 아내에게 큰소리쳐 주고 싶었던 마음이 사라지고, 들고 있는 잡풀의 물기가 마르기 전에 어서 심어 주어야겠다는 생각에 행동이 바빠졌다. 벌써 탈진상태가 되어버린 풀들이 다시 소생할 수 있을지 걱정이 되면서도, 그래도 지금 심어 주는 것조차 하지 않는다면 나의 마음이 편하지 않을 것 같았다. 후끈 달아올랐던 얼굴도 땀이 식으면서 그제서야 가라앉는 것을 느낄 수 있었다.

이제 가을이 되어 다시 찾은 이 산은 지금도 나를 반갑게 맞이하고 있다. 다람쥐도 왔다갔다 분주하고, 나무들은 이제 좀 쉬어야겠다고 무거운 옷들을 벗어 놓았다. 그리고는 추운 겨울날 얼어 죽지 않으려는 듯 벗어 놓은 옷들을 자기 발부리에 모으기 시작했다. 가을 숲 속에 들어서니 마치 지난 봄에 심어 준 풀들이 보답이라도 하는 듯 모든 것이 풍성하다.

자신에게 베푼 호의를 알아차리고 객을 대접할 줄 아는 산을 우리 인간들은 한시도 편히 내버려두지 않는다. 자신이 혼자서 살아가기 위한 노력인 줄도 모른 채, 여름날 땀을 식히는 그늘을 만들어 주려고 잎이 무성한 줄 안다. 예쁜 색도화지를 만들어 연애편지 쓰라고 단풍드는지 알고 있다. 그리고도 고마운 줄을 모르고 밭을 일구기 위하여 등산객을 시켜 산불까지 내게 한다. 이 얼마나 이기적이고 배타적인 행동인가.

산은 자기 혼자서 살아가기 위한 준비가 다 되어 있다. 자연은 상처 난 곳까지도 혼자서 치료할 수 있는 능력도 갖추고 있다. 그런데 인간은 거기에 더하여 아는 척하고 그들을 치료해 준다고 하면서 그들의 질서를 무너뜨렸다. 그러고도 모자라 스스로를 잘했다고 칭찬하며 만족했다. 순전히 내 입장에서만 말이다. 지금 내가 한 이 말조차 나무가 생각할 때 다른 나라 말로 들리는 건 아닌지 모르겠다. 산이 생각할 때 혹시나 소음이 되지나 않았는지 모르겠다. 오고가며 나의 흔적을 남기는 것보다 자연 속에서 나는 어떤가를 생각하면서, 산에게 베푸는 것이 아니라 산으로부터 도움받고 오는 것이 마땅한 일일 것이다.

　이번 가을 산행은 자연과 마음의 대화를 나눈 것 같아 기분이 좋았다. 어쩌면 내년 봄에는 진짜 취를 딸 수 있을 것이라는 기대감과 함께 말이다. 그럼에도 불구하고 자연은 그냥 있는 그대로 두고 보는 게 도와주는 것임을 새삼 느껴 본다.

세속에 흔들리지 않는 만덕산

10월 24일 일요일. 만덕산을 향했다. 만덕산행은 전북 완주군 소양면 월상리에서 시작된다. 바로 옆 마을인 소양면 신촌리에서도 등산이 가능한데, 산복도로와 같은 산기슭을 한 계단 오르면 그 곳이 월상리이므로 이곳에서 오르는 것이 더 편리하다고 말할 수 있다. 또는 반대편인 완주군 상관면 마치리에서도 등산이 가능하다.

만덕산은 해발 762m의 그다지 높지 않은 산이며, 산의 무릎에는 곰티재가 있어 여기까지 차량으로 이동하면 산행이 쉬워진다. 일반적인 만덕산의 산행은 여기서 시작된다고 보아야 할 것 같다. 몇 년 전 어느 해 여름 시원한 물줄기를 따라 거슬러 올라왔다가 이 곳 신촌리 두목마을 버스종점까지 왔던 적이 있다. 이곳

은 10여 가구가 살고 있으며, 마을 모정 앞 공터가 종점인데 비포
장 자갈밭이 이제는 시멘트로 포장이 되어 있었다.

　개울가 경사진 언덕에 임자 없는 자두나무가 있어 따 먹었던
기억도 난다. 그만큼 사람도 적고, 길손이 먹으면 얼마나 먹겠느
냐고 탓하지 않던 마을이었다. 그러나 이 곳이 만덕산의 등산 초
입인줄은 몰랐었다. 다시 2, 3년 만에 와 본 마을인데 역시 등산
객들에게 별 관심이 없다. 길을 물어봐도 그냥 저리로 가라고 가
리킬 뿐이다. 아마도 조용한 마을이 외지인 때문에 시끄러워지는
것을 못마땅하게 생각하는 듯하다.

　만덕산. 아마도 만 가지의 덕을 가지고 있는 산이라는 이름이
려니 생각이 든다. 아니면 만 가지 덕을 쌓은 사람만이 오를 수
있는 산이라는 뜻일 것이다. 그러면 나는 산을 오르기 전에는 전
자이기를 바라며, 산에 오른 후에는 후자이기를 바라는 마음이
다.

　일명 부처산이라는 이름을 가진 만덕산은 26번 도로를 따라 전
주에서 진안쪽으로 가다 보면 완주군 소양면에 이르고, 이 소재
지에서 4km를 더 가면 순두부 마을이 나온다. 이곳에서 1시 방향
길로 접어들어 진안으로 가는 옛길 모래재 구길을 택한다. 길가
풍경을 감상하면서 약 1km를 지나갈 즈음 다시 소로길 25번 도
로를 따라 우측으로 접어든다.

　신촌리 두목마을에서는 약간 큰 길이 나타나더라도 좌회전하
지 말고 만덕사라는 팻말이 보일 때까지 계속 직진하여 그 길을
따라 들어선다. 월상리로 가는 길은 기도원과 학생 수련원을 지

나면서는 비포장으로 이어진다. 지금은 익산 장수간 고속도로 건설 현장의 만덕교와 만덕터널 공사구간에 접하여 그 중간쯤에 만덕산을 알리는 간판이 있다.

만덕교의 교각은 마치 쌍둥이 빌딩을 옮겨다 놓은 듯 산 중턱까지 걸쳐 있다. 산허리를 뭉개지 않고 친환경적으로 공사를 하다 보니 교량이 많고 터널이 많은 것이 특징인 도로가 된다고 한다. 이곳 역시 교량을 지나서 바로 터널로 연결되고, 산의 형태를 최대한 보존하려 노력하는 모습이 엿보인다.

만덕산 등산로는 입구에서부터 콘크리트로 포장된 도로를 만난다. 길의 경사가 심하다 보니 도로가 유실되는 것을 방지하기 위하여 포장한 것으로 생각된다. 그러나 마을초입부터 여기까지 만덕산을 알리는 간판은 하나도 없다. 다만 신촌리와 상월리를 아는 사람만이 찾아올 수 있고, 만덕산 미륵사라는 간판이 딱 한 군데 있을 뿐이다. 그리고 등산을 시작하는 곰티재 도로변에 산불방지와 입산금지 안내 간판이 또 하나 있는 정도이다. 만덕산을 찾는 등산객에게는 좀 서운한 마음이 들기도 했을 법하다.

가파른 도로를 힘겹게 오르면 바로 나타나는 바위절벽은 그만큼 큰 계곡을 만들고 이름만큼이나 후덕한 경치를 보여준다. 포장도로에서 본격적인 등산이 시작하는 등산로 표시도 누군가 함석조각에 임시로 만들어 놓은 간이 안내판으로 대신한다. 아마도 잘 닦여진 도로를 따라가다 보면 미륵사에 닿게 되고, 그러면 거기 절에서 등산로를 물어보게 될 것이다. 그러다 보면 조용한 산사에서 도를 닦아야 되는 스님들에게 커다란 짐이 되어 아마도 절에서 써 놓지 않았을까 짐작이 가는 부분이다. 그래서 또 한 번 실망의 기분이 든다.

아쉬운 마음도 잠시뿐 산의 규모나 높이에 걸맞지 않게 우거진 숲과 계곡은 그 기분을 상쇄하고도 남는다. 그리고는 이어서 찾아오는 자갈길과 돌밭은 등산을 하는 것인지 지압을 하는 것인지 분간하기 어려운 정도로 어지럽다. 이러한 비탈 자갈길은 정상에 이를 때까지 끊임없이 이어진다. 만약 발 밑이 평평한 흙길이라면 옆의 풍경을 감상하기에 더 없이 좋은 등산 코스일 것으로 여겨진다.

그러나 어려운 산길을 맞아 단 한시도 발걸음을 가벼이 할 수가 없으니 절로 고개를 숙일 수밖에 없다. 어디 그뿐이랴. 오만 방자하여 고개가 뻣뻣한 사람은 오지 말라는 듯한 걸림목이 여기저기 널려져 있다. 죽어서 부러진 나뭇가지가 길을 턱하니 걸치고 있으니 할 수 없이 고개를 숙이고 그 밑으로 지나갈 수밖에 없도록 만든다. 이러한 곳이 무려 7군데나 있으니, 덕이 가득 찬 사람만이 올라올 수 있어 만덕산이라는 이름이 붙여진 것이라고 생각된다.

이렇게 울창한 숲이라면 밑에서부터 주의 경고판을 붙이고, 때로는 길 안내 표지판을 세워 놓았으면 좋았겠다는 아쉬움이 있다. 혹시 겨울에 이곳으로 산을 오르려면 위험하지 않도록 등산 장비를 모두 갖추어야겠다는 생각이 든다. 아니 어쩌면 만덕을 쌓지 못한 사람은 등산을 하지 말아야 하지 않을까 하는 생각마저 든다. 산비탈에 놓여진 자갈길을 가는 것만도 미끄러지기 십상인데, 만약 그 위에 낙엽이 덮이고, 자갈에 눈이라도 내려앉으면 그야말로 위험한 조건을 모두 갖춘 것이니 등산을 아예 금하는 편이 나을 듯하다. 그래서 11월부터는 입산금지라는 안내판이 여벌로 붙어 있는 것이 아님을 알 것 같다.

이 만덕산의 정상에 오르면 그 꼭대기에는 말안장과 같이 동서로 늘어선 길고 좁은 능선이 있다. 이 말 잔등에 앉아 곰티재를 굽어보고 적을 맞아 싸웠을 임진란의 의병들을 떠올려 본다.

정상의 등산로는 좌우 양쪽으로 커다란 바위가 버티고 서 있는 사이를 통하여 지나간다. 산의 정상과 남쪽 기슭은 흙이 있으나 북쪽은 등산로를 포함한 전 경사면에 걸쳐 흙이 없는 자갈밭이다. 그러나 산 위에서 내려다보는 풍경은 완만한 남쪽에 비해 급경사진 북쪽이 더 아름답다. 바위도 있고 나무도 있으며, 계곡과 봉우리가 있다. 멀리 보이는 크고 작은 봉우리들을 세다 보니 너무 많아 다 세지 못하고, 그냥 모두 합쳐 만 개일 거라는 생각이 든다.

아마도 그래서 만덕산이라는 이름이 붙여졌을 것이라는 또 다른 생각을 해 본다. 한 봉우리에 덕이 한 개씩이니 만 개의 봉우리는 만덕산인 것이다. 그렇다고 유별나게 크거나 빼어난 봉우리도 없다. 보이는 봉우리마다 잔잔한 운해를 두르고 있어 다도해를 연상시킨다.

이 산을 찾는 사람들은 화려한 등산객들이 아니다. 만 가지 덕을 쌓기 위하여 하나하나 노력하는 그런 사람들이다. 이 산에서 단 한 개의 덕만 쌓으면 이제 만 가지의 덕을 쌓는 그런 사람들이다. 그러니 이 부처산에서 만나는 모든 사람들은 성인군자나 다름없는 사람들이다. 그런 사람들 속에 나도 들어 있으니 이제부터는 나도 언행을 삼가 조심하여야겠다. 어떻게 생각해 보니 모든 사람들이 나를 바라보면서 부러워하는 것 같아 마음이 우쭐해진다. 그러면 안 되는데. 이렇게 자만하고 교만해지다가는 만 가지 덕에서 하나가 부족해지지나 않을지 불안한 마음도 든다.

이 산의 정상에서 만나는 사람들은 그냥 산이 있어 산을 찾는 등산객들이다. 그들은 요즘 한창인 단풍축제로 혼잡해진 유명산을 찾기보다는 호젓한 산길을 택한 사람들이다. 찾는 사람도 적으니 별도의 주차장도 필요 없어 길가 여유로운 곳에 그냥 세워두고 가면 그만이다. 산이 높지 않아 수시로 오르내리니 주차할 자리도 바꿀 수 있어서 넓은 공간을 필요로 하지 않는다. 산의 입구에도 그 흔한 매점 하나가 없다. 산의 정상에도 사람들을 불러 모아 집회를 할 그럴 여유 공간도 없다. 그냥 혼자서 조용히 왔다가 인생사 덕을 쌓고 조용히 내려가면 되는 산이다.

그래도 만나는 사람마다 반갑게 격려하는 인사는 잊지 않는다. 만덕산은 그렇게 덕으로 가득 찬 사람들이 찾아오는 산이다. 덕으로 세워진 산을 찾아오는 사람들은 덕행을 일상으로 알고 왔다가 그렇게 행동하고 돌아서서 가는 산이다.

감나무와 인생

문짝도 없이 문설주만 있는 대문을 들어서는데 마당이 어수선하다. 바야흐로 부지깽이도 들에 나서 거든다는 농사철이니 그럴 만하다. 거기다가 요즈음 농촌은 인구 감소 현상이 벌어지고 있으니 일손 부족한 것은 누구나 다 아는 사실이다.

문기둥 옆에 있는 대추나무는 그대로이고, 반대쪽 기둥을 지나 열 발짝쯤 더 가면 감나무도 있다. 뒤뜰에는 지붕보다도 한참이나 높게 솟아오른 밤나무도 그대로다. 혹시나 밤송이가 앞마당에 나뒹굴면 다니는 사람들이 밤 가시에 찔릴까봐 집 뒤에 심었다고 했었다.

언제부터 심어져 있었는지 모르는 대추나무도 대문간에 자리한 연유로 아이들의 연이 수도 없이 걸리곤 했었다. 아이들에게는 대추나무 연 걸리듯 한다는 말이 실감나기도 했었다. 그러나 정작 먹으려 하면 대추나 밤은 아이들보다는 어른들에게 적합한 그런 실과였었다. 그래서 어린 시절에는 아이들이 먹기 좋은 과일을 언제든지 따 먹고 싶은 생각이 간절했었다. 그것은 그런 나무가 있는 집 아이들 앞에 줄 서게 만드는 이유가 되기도 하였다.

어쩌다 그 집에 가서 하나씩 얻어 먹는 맛은 참으로 꿀맛이었다. 그러나 그것도 한두 번이고, 아무리 잘해 주더라도 내가 먹고 싶을 때 먹을 수 있는 것은 아니라서 늘 아쉬운 면이 있었다. 그래서 직접 따 먹고 싶은 생각에 보기만 해도 아까운 과실들을 먹지도 못하고 땅 속에 묻어두곤 했었다.

그러나 심은 것마다 다 싹이 나는 것도 아니고, 어쩌다 싹이 나더라도 모두 잘 자라는 것은 아니다. 하지만 그보다 더 슬픈 것은 그렇게 심은 것이 똘배가 되고, 똘사과가 되며 똘복숭아, 똘감이 된다는 것이었다. 먹지도 못하고 심은 것들인데, 싹이 났어도 다시 먹을 수 있는 열매를 생산하지 못한다는 것이 아까워서 이해가 되지 않았던 바로 그 시절이었다.

그런 중에 시장에서 감나무를 사다가 심은 것이 바로 이 단감나무다. 용돈을 모아 나무를 사고, 구덩이를 파고, 거름도 듬뿍 주었다. 이파리가 몇 개나 붙어 있는지, 꽃은 언제 피는지 애태우며 물도 주고, 강아지가 접근하지 못하도록 판자로 막아도 주었다. 그리고는 부모님을 따라 대처에 나갔던 것이다.

이 감이 뉘감인지 생각하면 바로 내 감이라는 생각이 든다. 그러한 감나무에서 감을 툭 따서 바지춤에 쓱쓱 문질러 한 입 베어

묻다. 아직 맛이 다 들지는 않았지만 그래도 먹기는 충분하다. 감은 역시 단감이 최고라는 생각이 든다. 옛날처럼 때맞춰 구하지 않아도 내가 필요할 때 언제든지 먹을 수 있으니 말이다. 감 몇 개를 더 따서 양쪽 호주머니에 닥치는 대로 몰아넣고 방으로 향한다.

사람 소리는 나지 않지만 잘 들어 보면 연장소리는 바쁜 듯 했다. 현관문을 열고 들어서니 할머니 할아버지는 안 계시고 낯모르는 사람들만 가득하다. 유추컨대 도시에 나간 손자손녀가 온다고 대대적인 집수리를 하는 중으로 보인다. 도시에 사는 손자들이 시골에 오면 가장 불편해 하는 곳을 고치고 있는 것이다. 벌써 몇날 며칠 째 작업 중인 듯했다. 도시 같으면 겨우 3일이면 될 정도의 일을 그보다 훨씬 더 오래 걸린다는 생각이 들었다.

내가 감을 맛있게 먹는 모습을 보고 있던 인부들이 감이 익었느냐고 한 마디씩 해댔다. 눈치를 보아하니 저 감이 대봉으로 아직 덜 익었으니 손도 대지 말라는 할아버지 분부가 있으셨는데, 내가 맛있게 먹는 것으로 보아 완전히 속았다는 표정이었다. 이제서야 사태를 파악하고 아직 덜 익어 맛이 떫다는 둥 풋내가 나는 정도라는 둥 핑계를 대보지만 이미 엎질러진 물이다.

때마침 할아버지께서 돌아오셨다. 연로하신 데다 날씨까지 더워 새참으로 막걸리를 드시려던 참이었다. 대문간을 지나시면서 떨어진 감나무 이파리들과 작업자들의 태도를 보아 뭔가 심상치 않음을 아셨다. 아니나 다를까 감나무를 앞뒤로 자세히 살펴보시던 할아버지께서 화를 많이 내셨다. 덜 익었으니 따 먹지 말라던 감들이 많이 없어져서 손이 닿는 곳 한 쪽이 휑해졌기 때문에 쉽게 알 수 있는 상황이었다.

감나무를 애지중지 가꾸던 손자녀석이 몇 년 만에 추석 성묘하러 온다던 참이었기에 실망이 더 크신 것 같다. 인부들은 아무 말도 못하고 화나신 할아버지 눈치를 살핀다. 그리고는 마치 누군가가 따 먹으라고 했다는 듯한 핑계라도 대고 싶은지 거실 쪽을 가리켰다.

거실에 누가 와 있는지는 아직 모르지만 할아버지는 인부들에게 새참을 안 주실 심산이었다. 그러나 단감을 따 먹는 것이 새참을 먹는 것보다 더 든든하며 비용으로 계산해도 더 나간다고 생각하신 것 같았다. 그래서 할아버지께서는 화가 나신 어투로 내일 새참까지도 먹지 말라고 단단히 이르셨다.

그리고 문을 여는 순간 치솟던 울화가 모두 녹아 내렸다. 조금 전 모든 일이 손자를 생각했기에 일어났던 것인데, 그 주인공이 눈앞에 찾아왔기 때문이다. 예정보다 일주일 정도나 일찍 왔으므로 아직 공사도 안 끝난 상태이고, 손님맞이 준비가 안 되어 있어 어수선한 자체가 미안한 마음이다.

방금 전까지 감을 먹고 있는 모습을 보신 할아버지는 잠시 망설이셨다. 이 감이 덜 익어서 아직은 먹을 시기가 안 되었다고 생각하시는 것 같았다. 그러나 저러나 이 감들이 내가 심은 나무에서 열린 것들이고, 내가 따다가 내가 먹는데 조금 덜 익었다고 별 대수랴 싶은 생각이 든다.

그런데 밖에서 일하던 인부들은 내가 따 먹은 감이니 자기도 따 먹을 권리가 있다는 듯한 행동은 어딘지 서운한 생각이 든다. 같은 감나무를 두고 주위에 둘러싼 사람들과 환경이 같다고 하더라도, 각자의 여건에 따라 감을 따는 조건은 다른 것이다.

감나무가 존재하는 위치와 목적에 따라 달라진다는 뜻이다. 아마 우리의 일상생활도 이렇게 복잡한 얽힘 속에서 이어져 가고 있을 것이다. 누가 내 감나무에 손을 댈 수 있는가. 자기중심적 판단으로 남의 감나무에 손을 대는 것은 감나무 주인을 무시하는 것이다. 인간사 세상살이에서 남의 인생에 손을 대는 것을 잘한 일이라고 말하지 않는다. 개개인은 각자의 다른 인격과 인생목적을 가진 고유 객체이기 때문이다. 그런 때는 감나무 밑에서 감 떨어지기만을 기다릴 수밖에 다른 방법은 없다.

내 소유의 감나무에 손을 댄다는 것, 그것은 바로 내 인생을 손대는 것과 같다. 남의 인생을 논할 때는 최소한 그 사람의 동의를 구해야 한다. 그리고 보통의 경우는 승낙을 받아야만 한다. 그래야 각자가 자기 자신에 대한 대체의 인생 설계를 다시 세울 수 있다는 판단이다.

남의 인생은 감나무에서 감 하나를 따듯이 그렇게 쉽게 결정지을 일이 아니다. 과거와 현재, 그리고 미래의 계획을 감안하여 심사숙고한 후 판단하여야 할 일이다.

단풍 줄을 서다

굳이 멀리 있고 유명한 산은 아니더라도 가까운 곳의 우리 산하를 둘러보기로 한 후 대둔산을 향했다.

익히 알고 있는 대둔산은 전북과 충남의 경계선에 있으며, 해발 878m로 그다지 높지 않은 산인데, 그 모습은 바위와 나무가 어우러져 경관이 빼어나다. 그래서 흔히들 남한의 소금강이라고 부르기도 한다. 1977년에 전북도립공원으로 지정되었고, 1983년에는 국민관광지로 지정되었다.

이 산은 산세가 계룡산과 비슷하지만 대명당 자리를 계룡산에 넘겨준 탓에 한이 든 산이라고 불려지기 시작하였다고 한다. 그래서 원래 이름은 한듬산이고 이것을 한자어로 표기하여 대둔산이 되었다는 전설도 있다.

봉우리 근처에 바위가 많이 있는데, 암석으로 되어 있는 최고 봉 마천대에는 개척탑이 있다.

대둔산을 주 경로인 전북 완주군 운주면 산북리에서 오르면 전국에서 가장 길고 가파른 케이블카도 있으며, 임금바위와 입석대를 이어주는 길이 50m의 금강구름다리와, 다시 삼선암을 이어주는 수직형 철제 삼선계단이 유명하다.

또한 충남쪽에서 오를라 치면 숲이 무성하고 중후한데 화랑폭포, 금강폭포, 비선폭포, 화랑석문, 196계단 등이 등산객을 유혹한다.

대둔산은 산 전체가 크지는 않지만 봄부터 겨울까지 철따라 각기 다른 멋을 지니고 있다. 그 중 가을 단풍은 다른 산에 비해 자랑하기에 충분하다. 그래서 단풍은 대둔산의 사계절 경치 중 단연 으뜸이다.

나는 이 산을 가끔씩 찾아본다. 그 때마다 계절에 상관없이, 시간에 상관없이 찾아와도 좋은 그런 산이라는 것을 느끼곤 한다. 우리가 자주 오르는 산의 남쪽은 대체로 물이 귀한 편이고, 자갈길도 있으나 바위가 많아서 미끄러지기도 쉽고, 철제 계단을 올라가야 하는 등 만만치 않은 산행길이다.

이 산에서는 해마다 10월 하순이 되면 단풍철에 맞추어 대둔산 축제를 연다. 올해 2004년은 벌써 그 아홉 번째다. 올해는 야간 이른 시기에 대둔산을 찾아왔지만, 작년에는 때마침 축제기간 중에 방문하여 풍성한 잔치를 맛보기도 하였었다.

올해는 아직 단풍이 들지 않았다고들 말하는데 그래도 길은 벌써 울긋불긋 움직이는 단풍뿐이다. 누가 먼저랄 것도 없이 형형 색색의 헝겊을 길마다 떨어뜨려 놓아 가을 맞을 준비를 이미 끝낸 상태다. 약삭빠른 사람들은 주차장이 비좁을 것을 예상하고 저 멀리 길가 공터에서부터 걸어가는 사람도 있다. 어떤 얌체족은 자기만 생각하여 도로를 차지하고 일렬주차를 하기도 한다. 그렇게 해서 생긴 노상주차 행렬이 족히 오리도 넘어 보인다.

우리 민족은 명절을 기다렸다가 고향을 찾는 것뿐만 아니라 가을의 산야를 기다리는 마음도 대단한 것 같다.

우리도 길 옆 공터 간이주차장에 도착하였으나 보이는 곳마다 벌써 차량들로 가득하다. 어렵사리 자리를 잡고 사방을 둘러보니 움직이는 단풍은 꼬리에 꼬리를 물고 늘어서 있다.

이는 보이지 않는 선에 묶여 이어졌다고 생각하니 갑자기 벌거벗은 임금님이 생각난다. 혹시 다른 사람들의 눈에는 그 아름다운 선이 다 보이는 것은 아닐까. 정말로 나만 못 보고 있는 것은 아닌가 하는 걱정도 든다.

그러자 예전에 내가 얼마나 많은 잘못을 하였었는지, 또 누구에게는 얼마나 많이 서운하게 하였는지 반성도 해 보았다. 이런저런 생각에 잠기다 보니 차분히 가라앉은 마음이 가벼워짐을 느낄 수 있었다. 그 순간 내가 보고 느낄 수 있는 것은 움직이는 것들이 아니고 차량과 차량을 이어주며, 사람과 사람을 이어주는 선이니 바로 자연에 대한 그리움이라는 것을 알게 되었다.

차량의 번쩍번쩍하는 색상뿐이 아니라 사람마다의 모습 또한 장관이다. 산을 오르는 것이 힘이 들어 거금을 주고 탄 케이블카도, 그것을 기다리는 곳도 형형색색으로 이미 단풍이 물들었다.

원래 산을 올라가는 중에는 길을 잃어버리지 않는다고 한다. 그런데다가 자연에 대한 그리움이라는 선으로 이어져 있는 오늘은 그 말이 더욱 실감나는 순간이었다. 평소보다 10배도 더 많아 보이는 사람들이 모인 것으로 추정되는데, 각자 모두가 한 마디씩 해대니 정신이 하나도 없다. 이런 때를 위하여 만들어낸 말이 아마도 북새통이 아닌가 생각된다.

매표소나 상가 등 가는 곳마다 인파에 밀려 내 마음대로 서 있기조차 힘들다. 그런 중에도 한껏 폼을 내고 담배를 피워대는 사람이 있으니, 멋있기는커녕 산행 꼴불견 베스트에 꼽힐 일이다. 이 사람도 아마 무례라는 보이지 않는 선에 묶여 헤어나지 못하고 있는 사람일 것이다.

많은 사람들이 모두 한 방향으로 가고 있으니 위험한 지역을 만나거나, 계단이라도 오르게 되면 뒤따라오던 행렬은 원인도 모른 체 기다릴 수밖에 없다. 산 정상에서부터 아래 입구까지 단풍색으로 보이는 선을 그어 놓았는데, 점점이 박힌 단풍주머니에서 역한 냄새가 풍긴다.

요즘 알뜰 여행객이 늘어나면서 너나 할 것 없이 음식을 준비해 가지고 다닌다. 이는 바람직한 현상이라고 본다. 하지만 각자에게는 요긴한 단풍보따리라고 하더라도 촘촘히 늘어 서 있는 인파 속에서는 남에게 피해가 될 수도 있다. 내가 필요하여 맛있게 먹을 때에는 몰랐었지만, 식사시간이 아닌 때 남에게 풍기는 반찬 냄새는 또 하나의 고역이 될 수 있다는 것을 오늘에야 안 것이다.

등산로 입구에서 어느 정도까지는 길도 넓고, 좌우로 제법 넓은 공터도 있다. 그러므로 출발하면서부터는 가파른 경사면이나 깊은 계곡에 눌려 위축되는 그런 일은 없다. 그런데 만약 이 공간에 조각 작품을 몇 점이라도 갖다 놓고, 작지만 인공 연못과 시원한 나무 그늘을 포함한 아기자기한 화단을 조성해 주었으면 더욱 좋았을 것이라는 아쉬움이 남는다. 그러면 많은 사람들이 오며가며 잠시 잠깐 앉아 쉬기도 하고, 특히나 몸이 불편하여 멀리 가지 못하는 사람들에게는 아주 좋은 대화의 장소를 제공할 것으로 생각되었다.

각 산의 등산로마다 이런 휴식공간이 만들어진다면 관광객은 산에도 가고 놀이공원에도 가는 일거양득의 효과를 누릴 수 있을 것이다. 이쯤 되면 자연을 그리워하는 보이지 않는 선이 더욱 많이 보급될 것이고, 가족과 함께하는 관광문화도 더욱 건전해질 것으로 기대된다. 따라서 우리의 대둔산에도 새로운 명소가 탄생하고 모르긴 몰라도 관광객이 2배로 증가할 것도 상상해 본다.

등산로의 입구를 지나 본격적인 산행이 시작되는 낮은 지역에서는 이정표를 찾아보기가 어려웠다. 물론 높은 곳 갈림길에는 안내표시가 되어 있다고 하더라도 산행초기에 마음을 다잡는 의미에서 본다면 여러 종류의 안내판이 있었더라면 좋았겠다는 생각이 들었다.

등산로가 외줄기 길이라고 하더라도 대둔산을 처음 찾은 사람들, 오늘은 중간의 어디까지만 산행하기로 작정한 사람들에게는 낮은 곳, 출발점이라 하더라도 산에 대한 궁금증이 많이 있다는 것을 알아주었으면 좋겠다. 내가 자주 갔었던 산임에도 불구하고 평소 불편하게 느꼈던 점을 생각해 보니, 처음 오는 사람들에게는 꼭 필요하고 편리한 길잡이가 될 것이라는 생각이 든다.

계속하여 오르는 중에도 산행 예절이나, 공중질서의 안내마저 보이지 않았다. 한참 만에 마지막 휴게소라는 안내표지를 만나지만, 이것은 인근 상가에서 음료수며 음식을 사 먹고 가라는 호객용으로 붙인 것에 지나지 않는다. 이쯤되면 보이지 않는 선으로 묶여 있던 사람이라 하더라도 관리사무소 쪽에 한 마디 불평쯤 늘어놓아 볼 만하다.

이렇게 많은 사람들이 모인 장소에서는 주변 경관을 구경할 여유가 없다. 할 수 있는 것이라고는 다만 앞사람의 배낭끈을 잡고, 그냥 줄줄이 따라가기에 바쁘다. 중간에서 따라가던 어린이나 노약자가 길에서 쉬고 있어도 그냥 밀어붙일 것 같은 지경이다. 바위에 기어오르려고 내미는 두 손을 자칫 밟고 갈 수도 있다. 힘이 들어 잠시 허리를 펼라치면 뒤따라오던 사람들도 모두 서서 허리를 펴지 않을 수 없다.

잠깐 쉬는 사이 사방을 둘러보니 작년 여름에 왔을 때 만났던 다람쥐나 청설모는 어디론가 숨어 버렸다. 바위 틈에서도 나무 위에서도 이들을 찾을 수가 없다. 도토리나 알밤이 여기저기 나뒹굴어도 주워갈 엄두기 나지 않는 모양이다. 이미도 굴 속 깊은 곳에서 동그란 눈만 이리저리 굴리고 있는가 보다. 혹시 전쟁이라도 난 것은 아닌지 걱정하며 양식을 많이 모아 놓지 못한 것을 후회하고 있지나 않은지 모르겠다.

사람마다 이고 지고, 줄서서 앞만 보고 가는 모습이 흡사 사진 속 1·4 후퇴 때의 모습이다. 굴 속 다람쥐는 그 때의 가슴 아픈 과거를 회상하고 있지나 않는지 모르겠다. 겁 많은 토끼는 아무 소리도 지르지 못한 체 오줌을 저리고 눈물마저 흘렸을 것이다. 만약 그 때와 다른 점이 있다면 흑백과 컬러시대의 차이, 그뿐이다.

먼지를 뒤집어쓰고 꾀죄죄한 모습으로, 땀을 뻘뻘 흘리면서도 계속하여 걸어가야만 하는 모습이 똑같다. 앉아서 쉬고 싶어도 사람들 발길에 채여 쉬지 못하는 모양도 똑같다. 혹시나 손이라도 놓치면 길을 잃어버릴까봐 꼭 붙어다니는 것도 똑같다. 밥이 있어도 먹을 여유가 없는 것은, 두 손에 움켜 쥔 주먹밥으로 걸으면서 배를 채우던 모습과 똑같다.

저 산만 넘으면 목적지가 보이고 편히 쉴 수 있다는 희망도 그 때나 지금이나 똑같다. 정말 산에 가는 길은 전쟁이나 다름없다. 누가 시킨다고 되는 일이 아니고, 자신이 나도 모르게 그냥 가야 한다는 일념 하나로 행하는 것이 똑같다.

내가 원하던 목적지에 다다랐다고 하더라도 정작 나에게 주어지는 가시적인 그 어느 것도 없다. 그렇다고 도중에서 멈춘다면 적에게 지고, 자신과의 싸움에서 지고 마는 것이다.

평안과 휴식은 지금의 이 일이 힘들어도 끝까지 참고 이겨낸 후에야 누릴 수 있는 특권이다. 오늘 하루의 짧은 대둔산행은 그렇게 많은 것을 가르쳐 주었다.

대는 아직도 푸르다

　1번 국도를 따라 여산을 지날 때면 생각나는 곳이 있다. 그런데 이곳은 먼 곳도 아니니 다시 찾아가 봐야지 하면서도 그냥 지나친 적이 한두 번이 아니다. 내가 살고 있는 곳에서 가까이에 있는 우리 고장의 대표 문인 생가가 바로 그 곳이다. 현대 시조의 기둥인 가람 이병기 선생에 대하여 우리가 잘 안다고 자부하고 있는데, 다시 확인해 보면 1891년에 태어나 1968에 돌아가실 때까지 우리글과 우리말을 보존하고 아름답게 꽃 피우는 데 노력하신 분이다.

　선생 이전인 조선시대의 시조는 시적인 재능이 있어야 하면서도 한학을 알지 못하면 시를 읊지 못했다. 그러나 시적 감각이 있으면 굳이 정형화된 틀을 빌리지 않고도 누구나 쉽게 시를 쓸 수 있도록, 선생께서 우리글과 우리말로 길을 터 주신 것이다. 그러니 가람은 당시 갇힌 울타리 속에 있던 시조를 마을 어귀까지 끌어내어, 누구나 오며 가며 볼 수 있도록 만들어 주셨다고 할 수 있을 것이다.

가람 이병기 선생의 생가 팻말에 가까워지면 나는 곁에 있는 일행에게 꼭 한 마디 던지곤 했었다. 여기서 꼬불꼬불이면 바로 저 곳이 생가라고. 그리고는 또 눈치를 보아 싫어하는 것 같지 않으면 나의 일방적인 대화는 계속 이어졌다. 그 집에 가면 들어서자마자 연못이 있고, 그 옆에 백일홍이 있는데 그 크기로 보아 족히 100년은 넘었고, 안채는 사랑채보다 높은데 마당도 2층이라고 설명했었다. 그런 후 눈치를 보아 10분만 투자하면 가서 보고 오는 데 충분하니 한 번 가 보자고도 했었다.

이제와 생각해 보니 내가 이렇게 시키지도 않은 일에 열심이었던 것은, 아마도 나는 선생을 흠모하고 있었던 것 같다. 사실 따지고 보면 한글 세대인 나는 당연히 선생께 고마움을 표해야 할 것이다. 그 분이 겪은 한글사랑으로 인한 고통은 우리가 지금 더듬어보아도 숭고할 뿐이다.

처음 찾아 본 선생의 생가는 아담한 모습으로, 시골 정취가 그대로 남아 있는 상태였었다. 많이 가꾸지 않아도 그냥 있는 그대로 정감이 가는 고향집 같은 느낌이었다. 그리고 그 뒤에 찾았을 때는 1973년에 지방기념물 제6호로 지정된 이 생가가 문학적 명소로 거듭나고 있는 듯했다. 주변을 청소하기도하고, 선생을 기리는 기념비도 세우고, 일정구역을 함부로 대해서는 안 될 것 같은 분위기도 풍겼다.

그래도 이 정도라면 한국문학의 거목에 대한 배려가 어딘지 모르게 부족하다는 생각이 들었다. 그만큼 선생께서 우리 문단에 끼친 영향이 크다고 보면 맞을 것이다. 1920년대까지도 우리가 움집을 짓고 살았다는 역사적 사실을 알려주는 일기라든지, 한중록, 인현왕후전, 대한계년사, 금강경삼가해, 계축일기, 어우야담, 요로원야화기, 가루지기타령 등을 발굴하는 등, 그의 국문학 사랑은 누가 감히 침범할 수 없는 경지에 이르고 있다.

지방자치제가 되면서 늦었지만 그래도 이러한 자랑스러운 사실에 대하여 좀 더 세세한 부분까지 찾아내 이 고장 최고의 문학인에 대한 예를 갖추기 시작했다. 동상을 제작하여 세웠고 방문객을 위한 주차장도 만들었다. 소형 승용차 한 대만 들어와도 비켜 갈 수 없는 외길은 변함이 없지만, 그래도 차를 돌려 주차할 수 있는 공간이 생긴 것만 해도 고맙기 그지없다. 이 정도 되면 복잡한 피서지 대신 언제든지 도시락 들고 찾아와 부담없이 쉬다가 갈 수 있을 것 같은 생각이 든다. 전에는 대충 둘러보고 왔었지만 오늘은 관심 있게 살펴보았다. 그래서 처음으로 구석구석을 들쳐보고, 전에 느꼈던 것만으로도 자랑스럽고, 보는 것만으로도 즐겁던 상황에서 어떻게 살았을까, 어떻게 했을까를 생각하며 곳곳을 돌아다녀 보았다.

익산시 여산면 원수리 진사동 573번지는 언덕배기에 500여 평도 넘는 넓은 터를 가진 집이다. 동향으로 앉은 이 집에 살면 아침 햇살을 받고 바로 잠에서 깨어날 것만 같다. 세상의 모든 범사는 안채에 근접하지 못하도록 사랑채가 가로막아 보호하고 있다. 그리고 보니 일반적인 칭호로 보면 4칸이지만 칸막이에 의한 사랑채의 규모가 모두 6칸으로 되어 있다. 이는 안채가 건넌방과 2칸 장방, 그리고 마루와 부엌을 합쳐 4칸인 것에 비해 결코 뒤지지 않는 크기이다. 고방채(庫房棟)가 별도로 있고 승운정(勝薑亭)이라 붙여진 모정도 가지고 있어 전체적인 짜임새를 볼 때 전통적인 선비의 생활상을 엿볼 수 있다. 이 모정은 대의를 걱정하다가 근심에 쌓이면, 자연을 감상하면서 고뇌를 식히던 장소가 되었음직하다. 반면에 큰 길에서 700m나 떨어진 이곳까지 바쁜 걸음을 재촉한 길손에게 땀을 식히며, 자신이 방금 지나온 길을 바라보면서 삶을 생각하는 그런 곳이었으리라 생각된다. 그리고는 옷매무새를 가다듬은 후 주인을 찾을 수 있도록 망중한의 여유를 주던 곳에 틀림없으니 객에 대한 배려도 의미롭다. 손님을 맞는 주인 역시 무례를 면할 수 있는 준비를 하며 객을 대접하였으리라 생각하니 담도 대문도 없는 이 집이, 아무나 찾아올 수는 있으나 누구도 쉽게 범하지 못하는 그런 곳이었으리라는 생각이 든다.

사랑채에는 수우재(守愚齋)라고 쓰여진 현판이 걸려 있고, 그 중 한 칸에는 진수당(鎭壽堂)이라는 방이 있다. 다시 생각해 보면 선생이 태어나신 곳도 이 곳이고, 마지막 숨을 거두신 곳도 이 곳이다. 그 사이 38년 간은 이 집을 떠나 타향에서 생활한 것으로 보여지는데, 말년에 다시 이 곳 수우재로 돌아온 것은 아마도 명칭과 관계가 있는 것이 아닌가 생각이 든다. 세상의 모든 근심 걱정을 이 곳에 모아 조용히 간직하고 있는 집이기 때문이다. 다시 말하면 다른 곳, 다른 국민들에게는 모든 근심 걱정이 없어지기를 바라는 마음에서, 바로 수우재라는 현판을 걸었다는 생각에 닿자 다시 한 번 선생에 대하여 고맙게 생각된다.

공부방이었다고 생각되는 진수당 역시 생명을 안정시키는 방이니 변환기 격동의 삶을 뒤로하고 기나긴 10년 간의 투병생활이 그 방에서 있었지 않았나 하는 생각이 들어 안타깝기마저 하다. 가람(伽藍)은 불가의 건축물을 일컫는 말인데 가람(嘉藍)이 어디서 연유되었는지 모르지만 역시 선생다운 면모를 보여주기에 충분하다.

수우재와 승운정에서 보이는 바로 앞에 작은 연못을 파서 물을 가두고, 그 곁에 선유목 배롱나무를 심었으니, 그 곳을 바라보면 시상(詩想)이 절로 생겨나지 않았을까. 보통 선비의 집 안에는 잘 심지 않았던 나무인데, 그 크기를 보니 밑둥 직경이 40cm나 되어 예전부터 심어져 온 것이 확실하고 보면, 어릴 적부터 시선(詩仙)들과 시(詩)동무하며 지냈던 것도 확실하다. 연못의 반대쪽에는 동백이 있는데, 이것 역시 밑둥 굵기가 한 자도 넘으며, 그 긴 세월 동안 수우재의 주인을 기다리는 망주목(望主木)이 되어 배롱나무와 마주보고 서 있다.

이렇게 가신 님을 그리워하는 것은 일상의 손때 묻은 것만이 아니고 후세의 생면부지 지자체 사람도 마찬가지이가 보다. 발 빠른 지자체에서는 이 생가를 관광명소화하고, 그를 기념하자고 대대적인 투자를 하고 있는 것이다. 동상의 위엄을 갖추기 위하여 입석대도 세웠다. 그러고 보니 살아계신 선생을 본 듯하여 정겹다.

반면 그 과정에서 안타깝게도 주변의 흙들은 파헤쳐지고, 보도 블럭이 입석대를 둘러싸고 있어 거기에 새겨진 글씨를 도저히 읽어 볼 수가 없다. 입구에 서 있던 커다란 기념비는 주차장 건너편 언덕 위로 이동하여 새로운 좌대를 얻어 둥지를 틀었다. 주차장에는 공사용 자재가 널려 있고, 멍석 위에서는 나락들이 옷을 말리느라고 햇볕을 한없이 부르고 있다. 그러나 햇님은 간청에 못이긴 척 나타나, 여름내 지겹도록 비를 맞아 누렇게 염색된 옷과 빨간 고추잠자리 사이로 숨바꼭질하고 있다. 좁은 국토에서 남는 땅 놀리면 뭐하나 싶어, 그것도 잘한 것이라는 생각이 들지만 보기에는 싫지 않다. 어차피 세상살이가 다 그런 변화 속에서 발전하는 것이라고 생각하면 이해가 간다.

전에는 골목길 입구에만 외로이 서 있던 간판이 이제는 몇 킬로미터 앞에서부터 예고하고 있으니 많은 발전을 한 것이다. 없던 마당도 만들고, 포장까지 해 주었으니 얼마나 기분이 좋은가. 거기다가 폼나는 청동 입상까지 세우니 이제 틀이 잡힌 유적지가 되었다. 그러나 본래에 없던 것들을 갖추고 준비한다는 핑계를 대다 보니 주변이 항상 어지럽혀 있고, 그칠 줄 모르는 년차 공사는 언제 끝날지 짐작이 안 간다. 지금 추진 중인 공사도 빨리 마무리하여 이 곳을 찾는 이들이 차분한 마음으로 가람을 회상할 수 있었으면 좋겠다. 이것은 빨리빨리 문화와는 다른 것이다.

1년 중 공사 중인 날이 더 많고, 그나마 일하는 날보다 쉬는 날이 더 많으면 선생을 만나기가 쉽지 않을 듯하다. 선생은 승운정에서 예를 다듬은 그런 객들만 맞이하신 분이기 때문이다. 혹시나 공사기간 동안 또 다른 먼 여행길을 떠나지는 않으셨는지 모르겠다. 그렇다면 우리는 선생을 다시 모시기는 한동안 어려울 것이다.

우리가 겉에 보이는 것에만 신경을 쓰는 사이에 안채와 사랑채는 그 기능을 잃어가고 있다. 방 안쪽 덧문 미닫이는 떨어져나가 방바닥에 뒹구니 소음이 그대로 들어와 글을 읽을 수가 없을 것 같고, 천장에는 흑백지도를 붙여 놓았으니 자나 깨나 눈에 보이는 것은 세계 여행의 유혹이었으리라. 거기다가 누구인지 모르지만 당시 쓰다 남은 먹물을 연못에 버렸으니 그 연못 물이 시커멓게 변하는 것은 당연하다 하겠다. 이것은 모두 우리 생활의 대변(對辯)인 듯하다.

그런데 예나 지금이나 변하지 않은 것이 있다면 집 전체를 감싸고 있는 뒤 켠의 대밭뿐이다. 그리고 하나 더 그 속에는 가람의 마음이 있다.

이제는 선생을 찾으러 어디에 머리를 두어야 할지 모르겠다. 가까이 있을 때 잘 모시지 못하고 자랑만 하던 것이 후회스럽다. 정말 멀리 가셨다면 나는 선생을 찾기 위하여 얼마나 많은 수고를 하여야 할지 벌써 걱정이 앞선다. 혹시 그 분도 나를 사랑하셨다면 가까이 어디에서 쉬고 계실 것 같아 막연한 기대를 해 본다.

그렇다면 빨리 승운정을 다듬고, 선유목에 가위질도 하여 주인 맞을 준비를 하여야 할 것이다. 그리고는 거기 앉아 먹을 갈아야겠다. 붓이 칼보다 강하듯이, 보이는 것보다 보이지 않는 것을 더 중하게 생각하면서 말이다.

속세일랑 접어두고 산에서 살라하네

다른 산들은 먼저 산 이름을 말하고 그 안에 있는 절 이름을 말하는 것이 보통이다. 그러나 이 곳 수덕사는 사람들에게 그 이름이 널리 알려져 있기 때문에 산보다도 절 이름이 먼저 생각나는 것도 무리는 아니라고 본다. 충청남도 예산군 덕산면 사천리 20번지에 위치한 수덕사는 서해안고속도로 홍성 나들목에서, 덕산 예산 쪽으로 21번 도로를 타고 가다가 6번 도로로 나가면 약 7km의 거리에 있다.

이 절은 서기 599년 지명스님이 창건하였다는데 현존하는 백제의 유일한 사찰이다. 수덕사는 대한불교 조계종 소속으로 충남 일대 60여 개의 사찰을 거느리고 있는 절이다. 대웅전은 1308년 고려 충렬왕 때 건축되었고, 백제의 건축 곡선을 보여주는 유일한 건물이며 국보 제 49호로 지정되어 있다. 그리고 대웅전 삼존 불과 수덕사 괘불, 그리고 거문고와 수덕사 범종은 보물로 지정되어 있다.

수덕사는 일주문을 거쳐 금강문, 사천왕문을 차례로 지나면 황하정루에 다다른다. 경내는 여기부터 본격적으로 시작된다. 경내를 지나면서 불자는 불공을 드리고 여타 사람들은 관람을 하면서 배우기도 한다. 수덕사는 23개의 볼거리를 제공하고 있는데, 백련당을 지나면서는 저절로 뒷산 중턱에 펼쳐지는 가람을 올려다보게 된다. 정혜사 관음전까지는 가파르기도 하지만 자갈길이고, 길 폭도 좁아 주의를 하여야 하는 길이다. 백련당이 나오면 그 뒤로 오솔길이 보인다.

이 길은 뒤에 있는 덕숭산으로 올라가는 등산로가 되기도 한다. 여기에서의 팻말은 정상이라는 글자가 보일 뿐이다. 예비지식이 없이 찾아온 탓에 얼마나 높은 산인지, 얼마나 험한 산인지 알 수가 없다. 쓰여진 팻말에는 그냥 정상이라는 글자만 보이므로 얼마 가지 않으면 바로 산꼭대기에 닿을 것이라는 막연한 기대감으로 올라가 본다.

이 길을 선택한 사람들은 수덕사를 관람하다가 발길 닿는 대로, 경내 주위를 가벼운 산책이나 해 보자고 나선 사람들이 대부분일 것이다. 그러다가 정상이라는 팻말을 보고는 아! 이게 바로 정상으로 이어지는 길이구나 하면서 접어들기 쉬운 길이다. 그리하여 가벼운 마음으로 오르다 보면 어느 정도 갈 때까지는 나무와 나무 사이로 가벼운 산행을 즐길 수 있다. 이 덕숭산은 등산로

가 단조로워 초행자라도 길을 잃어버릴 염려는 안 해도 좋을 듯
하였다. 아내는 이 덕숭산 등산을 마다않고 앞서서 잘도 올라간
다.

　나는 처음부터 이 산행을 하고 싶은 마음이 전혀 없었다. 이 절
에 올 때부터 비구니들이 수양하는 절로 유명한 수덕사이니 경내
를 관람하고 바로 내려갈 심산이었다. 그러나 지금은 여승보다도
남승이 더 많은 절이 되어있었다.

　한편 아내는 나와는 한 마디 상의도 없이 처음부터 목적이 산
행을 하러 온 사람같이 막무가내다. 그렇다고 아내가 산행을 잘
하는 것은 아니다. 건강에 좋다고 하니까 그냥 자신을 위해서 하
는 고행인 것이다. 그런 사람들이다 보니 아내나 나나 산행에서
는 항상 남보다 뒤쳐지고, 남들보다 두세 배는 많이 쉬어야 하는
정도이다.

　산을 올리가는데 내려오는 사람들이 가끔씩 눈에 띈다. 그런데
내려오는 사람들의 행세로 보아하니, 이들이 산의 정상까지 갔다
가 오는 사람들 같지는 않아 보였다. 아마도 우리처럼 정상이라
는 단어에 현혹되어 산을 가볍게 보고 시작했다가 중간에서 되돌
아 내려오는 것처럼 보인다. 정말로 내가 보기에도 산에 대한 안
내가 전혀 없으니 정상에 대한 기대나 희망이 안 보이는 그런 산
길이었다. 그런데 이 산은 다른 산에 비하여 바위가 훨씬 적은,
그야말로 흙길이라고 해도 좋을 그런 정도의 길이었다.

　하지만 여기서 되돌아가야 하는지, 아니면 조금만 더 갔다가
돌아가야 하는지를 생각하여도 도대체가 반환점으로 삼을 만한

특색있는 부분이 나타나지 않는다. 그러나 지금이 아니면 평생 이 산을 찾을 수 있겠는지를 생각하니, 두 번 다시 이런 기회가 없을 것처럼 보인다. 그렇다면 무슨 말이 더 필요하겠는가. 아내 는 어서 가자고 계속하여 재촉한다. 이쯤 되면 나도 더 이상 다른 방법이 있을 수 없다. 오로지 산의 정상만을 향하여 걷고 또 걸을 뿐이다.

하기 싫은 산행을 하니 기분이 좋을 것도 없다. 그냥 아무런 말 도 없이 묵묵히 걷기만 한다. 오후에 그것도 다른 데를 한 군데 들렀다가 온 것이기 때문에 시간상으로는 이미 많이 늦은 산행이 었다. 산에 깊이 빠져들수록 돌아가는 것이 걱정이 되었다.

많은 갈등 속에서도 정상에 올랐다. 덕숭산의 정상이라고 다른 산에 비하면 초라하기 짝이 없다. 무슨 안테나가 있는 것도 아니 고, 그렇다고 인공으로 쌓은 돌탑이나 기념물도 없다. 커다란 바 위가 있어 무엇을 상징하는 것도 없다. 산꼭대기에는 달랑 이정 표 하나가 있을 뿐이다.

정상에 올라도 누구와 만나 이야기를 하거나, 수덕사에 대해 이런저런 질문도 할 수도 없고, 어느 방향으로 가면 어디에 도착 하는지를 물어볼 사람도 없다. 그냥 짐작하건대 올라올 때에는 절에서 보아 왼쪽으로 올라왔으니 내려갈 때는 오른 쪽으로 내려 가면 될 것도 같았다. 따지고 보니 이 산은 절을 관람하는 사람의 수에 비해 그야말로 가물에 콩 나듯 하는 인원만이 등산을 하는 것 같았다. 산의 정상에서 한참을 기다려도 누구 하나 같이 내려 갈 만한 사람이 없는 실정이다. 지금 내가 내려가는 길이 맞는 길인지 아닌지도 모르면서 그냥 짐작으로 내려갈 뿐이다.

힘들다는 생각으로 산행을 마치고 내려와서 올려다보는 덕숭산은 평화로운 산이었다. 1973년 가야산과 묶어 덕산 도립공원으로 지정된 지역이다. 덕숭산은 그리 높지 않은 495m 로 그냥 적당한 등산이었다는 생각이 드는 산이다.

일정을 마치고 다시 수덕사 입구로 돌아와 보니, 들어갈 때는 몰랐었는데 공적 사적비 하나가 세워져 있었다. 글귀를 보니 事積積라 씌어져 있다. 얼른 생각하기에 사적비라는 글자는 역사와 관련된 기념물임에 틀림없으니 史積碑가 맞을 법도 하였다. 이것이 틀렸다고 관리인에게 말해 줄까 말까를 망설이다가 그냥 집으로 돌아왔다.

낮에 보았던 기념비석에 쓰여진 글자가 틀렸다는 확신을 하면서도 혹시나 하고 자전을 찾아보았다. 그런데 이게 웬일인가. 사적비는 事史碑가 맞는 것이 아닌가. 사용하는 사람의 의도에 따라 다르겠지만 일반적인 사용은 비석에 새겨진 글자가 맞았던 것이다. 그렇다면 내가 전에 보았던 대천해수욕장에 있는 史積碑라는 글자가 틀렸다는 것이 확인된 셈이다. 하지만 이것도 史積이라는 의미로 보면 맞는 글자가 될 것이다. 따라서 어느 글자가 맞고 틀리는 것인지는 쉽게 따질 일이 아닌 것 같다.

하긴 글자 하나가 틀렸다고 해서 무슨 변고가 일어날 그런 내용이 아니니 그냥 넘어가는 것이 더 좋을 듯하다. 오늘 산행을 마치고 나오면서 무슨 큰 발견이라도 한 듯이, 수덕사 관리인에게 글자를 바로잡으라고 말했었더라면 오히려 혼란만 초래했을 일이었다. 무슨 일이든지 신중을 하고, 혹시 무슨 다른 이유에서 일부러 그랬는지를 확인한 다음 잘잘못을 따져야 할 것을 배운 하루였다.

고추 밭에 누운 여자

아버지는 나귀 타고 장에 가시고, 할머니는 건넌 마을 아저씨 댁에, 고추 먹고 맴맴 달래 먹고 맴맴…

어린 시절 즐겨 불렀던 동요 중 하나이다. 장에 가시는 아버지께서 왜 나귀를 타고 가셨을까 생각해 볼 여유도 없이 불렀던 동요이다. 한편 할머니께서는 건넌 마을 아저씨 댁에 가실 이유는 충분히 있다고 본다. 그런데 옛 시골장이라는 것이 지금처럼 매일 매일 서는 것도 아닌데, 산 넘고 물 건너가야 하는 5일장을 꼭 골라 피해서 아저씨 댁에 가셔야 했던 이유는 잘 모르겠다.

그런데 거기에 왜 아이들이 고추를 먹고 맴맴, 달래를 먹고 맴맴거려야 했을까 하는 가사에 있어서는 더욱 의문이 선다. 때는 아마도 초여름 농번기 방학이었던 것으로 추정된다. 아버지 어머니 모두 집을 비운 사이에 어린 아이들이 집 안팎에서 놀다가 마땅히 할 일이 없어지자, 마루에 있던 저녁 반찬용 풋고추도 먹어 보고 토방에 멍석 깔고 널어놓은 달래도 먹어 보았을 것으로 생각된다.

달래는 구분하기 쉽게 나무달래와 풀달래로 나눌 수 있고 나무달래는 진달래, 철쭉, 영산홍 등으로 나눈다. 그러면 위에서 아이들이 맴맴하던 달래는 진달래와 같은 나무달래가 아닌 풀달래로 생각된다. 또한 이 풀달래는 우리가 흔히 애기하는 달래와 산달래로 나눌 수 있다. 달래나 산달래 그리고 유사종인 산부추, 참산부추, 두메부추, 한라부추, 산파 등 모두 여러해살이풀로 파의 무리이다.

이것들은 땅 속에 있는 줄기에서 가을에 잎이 나고 월동하여 우리 식탁에는 봄나물로 찾아오고, 늦봄부터 초여름에 꽃이 핀다. 그 뒤 6월 하순이 되면 휴면기에 들어가는데 뿌리만 남고 땅 위의 줄기는 말라 없어져 버려 그 자취를 찾을 수 없다. 일반적으로 달래는 잎과 뿌리를 모두 식용으로 사용하므로 보통 4월경 늦어도 5월까지는 거두어들여야 한다.

시장에 가신 아버지께서 행여나 맛있는 군것질거리라도 사 오실까 학수고대하며 기다렸지만 머나 먼 장길이요, 오랜만의 나들이 길은 처음부터 쉽게 끝날 수 없었을 것이다. 기다리다 지친 아이들이 허기진 배를 채우려 택한 것이 먹기에 탐스러워 보이는 윤기 나는 풋고추이며, 한 입에 넣어도 부담스럽지 않은 달래였을 것은 뻔한 이치다. 거기다가 지척에 있으면서 숨겨 놓을 것도 없이 드러내 놓고 있었으니, 말없이 한 움큼 집어 먹었을 것을 짐작게 한다. 혹시나 누가 다 먹어 치워 내가 먹을 것조차 없지는 않을까 걱정하고 다투지나 않았는지도 모르겠다. 그 때 먹었던 달래는 파 냄새가 나고 매운 맛이 있어, 식용이나 약용으로 쓸 만큼 영양이 풍부한 것은 물론이고 맛과 향도 독특하였음은 다 아는 사실이다.

그렇다고 하더라도 이 달래를 먹은 아이들이 맴맴했다는 것은 잘 모르겠다. 여름은 성장의 계절이다. 다람쥐처럼 열매를 저장하는 동물을 제외하면 개미와 같은 여름형 동물들도 있다. 한참 더운 여름날 뜨거운 햇볕도 마다하지 않고, 열심히 노력하는 경우도 있는데 참나무 수액을 먹고 사는 풍뎅이도 그렇다. 이 풍뎅이의 더듬이를 떼어내고 목을 비틀어 놓으면 제정신이 아니며, 게다가 방향감각을 잃어 제자리 돌기를 하게 된다. 우리는 이것을 맴맴 돈다고 말한다.

매미가 맴맴 울면서 몸을 돌린다고 하여도 맴맴 돈다고 말하지는 않는다. 마치 매미가 맴맴 우는 소리처럼 다른 말이 들리지 않을 정도로 시끄럽고, 매워서 펄쩍펄쩍 뛰는 아이들 모습, 또한 주위를 전혀 아랑곳하지 않고 제멋대로인 것을 상상하여 빗댄 말이라고 생각된다. 혹시 고추나 달래가 너무 매워서 맵고도 맵다는 말을 줄여서 나타낸 의태어는 아닐까도 생각해 본다.

이 노래를 듣는 어른들은 또 다른 생각에 빠질 수도 있다. 그 때 고추나 달래를 먹었던 아이들이 제대로 씻고 먹었을까 아니면 그냥 먹었을까이다. 물론 답은 그냥 먹었다이고, 요즘 같은 식탁

먹거리 문화에서는 이해가 가지 않는 대목이다. 그러나 그 당시 아이들이 먹었던 고추나 달래는 유기농산물이고, 최소한 친환경적 농산물이었기 때문이다. 지금처럼 물리적이거나 화학적인 가공을 하지 않아도 우리 몸에 충분히 좋은 친인간적 산물들만이 존재하였었다.

현재도 이 친인간적 먹거리를 생산하기 위하여 노력하는 농부들이 많이 있다. 그러나 요즈음은 농산물도 농부가 아닌 도시 사람들의 손에 의하여 유통되는 세상이다. 그래서 일부러 옛날 동요 속 고추나 달래를 가꾸던 농부의 마음으로 생산한 농산물이라고 하더라도 우리 식탁에 오르기까지는 많은 변화를 거치게 되어 있다.

제주도에서 채 익지도 않은 새파란 감귤을 사들고 좋다고 돌아오던 수학여행도 있었다. 나무에서 딸 때는 새파란 무공해 바나나도 아내가 시장을 볼 때에 농약 코팅 속에서 노랗게 익어 있다는 사실에는 익숙해졌다. 맛이 떨어지지만 값이 싼 덕분에 잘 팔리는 수입품은 그나마 국적 표기가 되어 있어 밉지는 않다. 수입산 채소 먹거리가 국산으로 둔갑하여 팔릴 때는 돈과 신용, 그리고 우리의 건강까지도 해치는 물건으로 변 해 버린 뒤다.

식당에서 본 고춧가루는 빨갛고 탐스러워 보였는데 막상 먹어 보아도 맵지가 않은 것은 자주 경험한 일이다. 어떤 경우는 고춧가루에 물들인 톱밥을 섞은 경우도 있다고 한다. 그러니 맵지 않은 것은 당연한 일이다. 그러다 보니 아주 매운 종자의 수입 고춧가루를 조금씩 섞어서 쓰기도 한단다. 그리하여 맵지도 않고 빛

깔도 고운 고춧가루가 탄생하는 것이다. 그러면 어제 먹었던 그 고춧가루가 수입산은 아니었는지 걱정이 하나 더 늘어나는 순간이다. 그렇다면 그것이 수입산이라고 인정은 하더라도 사람이 먹기에 합당하였느냐 하는 것에 초점을 두어야 하는 정도가 되고 말았다.

전에 들은 바에 의하면 고추나무는 3년 간 계속하여 수확할 수 있다고 했다. 성장과 생식에 필요한 조건을 맞추어 주면 계속해서 고추가 열리며, 나무의 키도 자라고 줄기의 굵기도 커진다고 했다. 그러나 이렇게 모든 조건을 갖추어 주는 것은 고추 수확의 수익성에 비하여 비경제적이므로 농부들이 실제로 적용하지는 않고 있다.

내가 아는 어느 분도 고추농사를 짓고 있다. 그 사람은 이른 봄이면 밭을 정리하고 비닐하우스를 만들며 상토를 준비한다. 그리고는 봄이 오면 벌써 파종한 육묘를 판매한다. 이것이 고추농사의 전반전이다. 그리고는 자신도 남과 같이 고추를 본심기하고 가꾼다. 이 작물도 연작 피해가 있어 몇 년 후에는 다른 토양에 심어야 하니 자신의 밭에만 심는 것은 한계가 있다. 그렇지만 고추 따기를 연간 대여섯 번 하는 동안에 가물거나 장마로 인한 피해를 막는 것이 연작 피해보다도 더 큰 과제이다.

적당히 익은 고추를 제때 따는 것도 일이며 따낸 고추를 잘 말리는 것 또한 일이다. 태양 볕에 3일 정도 바싹 말려야 하지만 일기가 그렇게 호락호락한 것도 아니고, 널었다가 거두어들이기를 반복할 그럴 시간도 여의치 않다. 이미 토양에서 병들고, 환경에 지쳐 버린 고추를 되돌려 제대로 수확하기란 쉽지가 않은 것이다.

말리는 동안에 행여 비라도 온다면 멀쩡하던 고추가 갑자기 썩어들어 가기는 순식간이다. 그러면 어쩔 수 없이 불에 살짝 쪄서 다시 태양볕에 말려야 하는데 이것 또한 많은 일손을 차지한다. 그런데 농촌에는 고추씨를 사러 다니는 사람도 있고, 말린 고추를 사러 다니는 사람도 있다. 이들이 바로 앞에서 말한 도시민 농산물 유통가이다. 예전부터 죽은 돼지나 소를 골라서 사 간다는 얘기를 들은 적이 있는데, 요즈음에는 병든 고추를 사러 다니는 사람도 있다고 한다.

이들의 등장과 더불어 병들고 물러터진 고추쓰레기들을 내다 파는 농가들이 늘어났다. 이제는 거의 모든 농가들이 그러하며, 조금이라도 썩지 않고 병들지 않게 하기 위해 많은 농약을 사용하게도 되었다.

그러나 앞의 농가는 이러했다. 사람이 먹는 고추를 꼭 그렇게 많은 농약으로 지어야 하느냐고 하면서 자신은 친환경 농법만을 고집했다. 그러니 남들보다 수확이 적은 것은 당연한 것이다. 거기다가 자신이 지은 건조용 비닐하우스에서 고추를 말리니 그것이 바로 태양초였다. 이 태양초는 불고추에 비하여 훨씬 더 많은 일손을 필요로 한다. 또 고추꼭지를 모두 잘라내고 젖은 수건으로 고추를 하나하나 닦아내어 깨끗하게 만드니 위생적이다. 고추씨나 고추꼭지가 하나도 없이 순전히 고추만을 빻으니 곱디고운 고춧가루가 될 수밖에 없었다. 일은 여기서 끝나지 않는다.

농사가 마무리 될 때쯤이면 으레 나타나는 썩은 고추를 사러 다니는 사람들 때문에 온 동네가 소란해진다. 사람이 먹는 음식을 만들면서 어떻게 병들고 썩은 고추를 사다가 만드느냐고 따지기 때문이다. 그래도 동네사람들은 옆집 사람 눈치를 보아가며 그간 모아두었던 못 쓰는 고추를 알게 모르게 내다 팔곤 했다.

위의 농부도 그간 열심히 모아둔 못 쓰는 고추를 가지고 밖으로 나갔다. 그리고는 그 고추를 여러 사람이 보라고 동네 회관 마당 앞에서 모두 태웠다. 만약 이 못 쓰는 고추를 두엄자리에 버리더라도 저 사람들이 주워가면 큰일 날 일이므로 아예 없애버려야 한다는 생각이었다.

뜨거운 여름날 뙤약볕에서 군불을 때고 있으니 참으로 더울 수밖에 없었다. 더위에 지친 그녀가 잠시 쉬려고 자신의 건조용 비닐하우스에서 들어갔다. 그리고는 정신을 잃었다. 한참 후 고추 위에 누워 있는 그 여자를 보고 주위 사람들이 한 마디씩 해댔다. 꼭 그렇게까지 해야 하느냐고.

그러나 사람들이 먹을 음식을 만드는데 이 정도야 당연히 해야 하는 것 아니냐고 대답하는 그녀는 유기농 농사꾼이거나 친환경적 농사꾼임에 틀림없다. 그게 무슨 말인지 잘 모르더라도 아마 친인간적 농사꾼인 것만은 확실하다. 비록 고추 위에서 정신을 잃고 누워 버린 여자로 소문나기는 하였지만 말이다.

보약은 꿀맛이다

금산 5일 장날이 2일과 7일이다. 나도 이 날 금산 장날에 가 보고 싶은 생각에 잠길 때가 가끔씩 있다. 그런 때는 대개가 가을이며 다른 곡식과 더불어 인삼을 거두어들이는 계절인 것이다. 이렇게 다른 가을걷이와 함께 많은 인삼을 수확하는 금산은 예로부터 인삼의 고장으로 알려져 있다. 따라서 가을철의 수삼 장날은 아마도 전국에서 내로라하는 인삼장수가 여기에 다 모여든 것 같다.

또 인삼을 파는 사람만큼이나 많은 손님들이, ㄱ 인삼을 구경하러 또는 사러 전국에서 모여드는 곳이다. 수삼 상설시장에 가 보면 경상도 사투리와 전라도 사투리, 그리고 토박이인 충청도 사람들의 말소리가 뒤섞여 들려오곤 한다. 그러면 여기가 행정구

역상 어느 곳인지를 분간하기 어려운, 잠시 혼란상태에 빠지고 만다. 이처럼 번창한 수삼시장은 아마도 세계 어디에서도 찾아볼 수 없을 것이다. 우리나라에 유명한 인삼 시장이 몇 개 있기는 하지만 그래도 다 금산만 못하다. 예로부터 유명한 곳은 개성, 풍기가 금산과 더불어 3대 시장이었으며, 최근에는 진안 등에서도 대단위로 재배하고 있다.

비록 다른 고장에서 금산보다도 더 많은 인삼을 생산한다고 하더라도 금산이 유명한 이유는 또 하나 있다. 금산에서는 전국의 각지에서 생산된 인삼이 모두 이곳에 모여서 거래가 되는 듯한 인상을 받는다. 그것은 금산 주변에서 생산되는 인삼의 양보다도 훨씬 더 많은 양의 인삼이 이곳 수삼 경매시장에서 거래된다는 것이다. 그러니 전국의 모든 인삼이 이곳 수삼시장을 거쳐 간다고 생각하면 가히 틀리지 않는다. 그 얘기는 생산은 다른 곳에서 하더라도 판매는 이곳 금산에서 한다는 말이 된다. 그렇다면 토양이 좋고 우리 몸에 좋은 성분이 많아서 금산인삼이 다른 지역의 인삼보다도 우리 몸에 더 좋다는 말은 통하지 않게 된다는 해석이다.

수확의 계절 가을하고도 휴일에, 금산 장날을 맞춰서 시장에 들르고, 거기다가 수삼을 살 수 있다는 것은 사실 큰 의미가 있다고 보아야 할 것이다. 가을과 겨울을 합쳐서 이런 날은 한두 번이고, 그 중 나에게 허락되는 날은 그 두 번 중 아마도 한 번의 기회 정도뿐이기 때문이다. 따라서 올해에도 여러 가지 문제를 접어두고 금산 장날에 휴일을 택하여 둘러보았다. 집에서 직접 다녀오기에도 멀지 않으니 참으로 일거양득이라 할 만한 길이다. 그래 봐야 아이들은 따라나서지 않으니 어차피 아내와 둘이서 가는 수밖에는 없다.

금산의 행정구역은 충청남도 금산군 금산읍이다. 1963년 1월 1일 전라북도에서 충청남도로 편입된 지역이다. 금산군은 전체 면적의 71%가 산악으로 되어 있어 약 3,000개의 산봉우리를 가지고 있다. 그래서 금산을 어느 특정 산의 이름으로 착각할 만도 하다.

다른 일반 상품보다도 특히 인삼이 유명한 금산장은 풍성하다. 그러나 상설시장보다는 수삼시장이 있는 곳, 그리고 수삼시장 인근의 도로변 등이 복잡하고 혼잡스러운 것은 여느 시장과 다른 특색이다. 수삼시장은 재래식 경매와 판매를 하고 있는 수삼시장이 있고, 바로 옆에는 현대식 약재시장이 있다. 또 조금 떨어진 곳에는 예식장과 식당을 구비한 고층건물도 있어 다른 도시와 별반 다를 게 없지만, 여기저기 약재를 파는 상가건물이 경쟁적으로 자리하고 모든 공터는 틈만 나면 약재더미로 그득하다. 물론 이 약재는 한의사나 한약사보다는 한약업사들이 파는 물건이며, 이는 전부터 일하던 사람들이 자리를 지키고 있는 것이다.

사람들 사이로 비집고 다니는 맛, 여기저기 구경하며 다니는 맛, 이것저것 만져보고 말썽피우는 장돌뱅이 맛, 그러나 무엇보다도 더 귀중한 맛은 뭐니 뭐니 해도 군것질하는 맛이다. 만약 아이들과 같이 왔더라면 좋아하는 것을 하나씩 사서 들리고 시장을 누비며 먹는 맛이라니, 정말 말만 들어도 군침이 돈다.

그러다 보니 집에 있는 아이들은 밥이나 잘 챙겨 먹었는지 걱정도 된다. 혹시나 때는 이때다 하고 인스턴트식품을 먹지는 않는지, 아예 이도저도 귀찮아서 굶지나 않는지 많은 생각이 교차한다. 오기 싫어하더라도 억지로 데려올 걸 하는 생각이 굴뚝 같다. 그래서 그 좋아하는 군것질 거리를 한두 개 정도 사서 손에 쥐어주었으면 좋았을 것이라는 후회도 든다.

우리 아이들은 금산을 아주 높은 산 이름으로 알고 있는 모양이다. 등산이라면 질색을 하며 절대로 동행하지 않겠다고 하는 아이들이니 말이다. 그런데 금산 장에 와 보면 볼 것도 많다. 물론 인삼은 말할 것도 없고 그와 유사한 더덕도 있다. 혹시 형태적 유사품 더덕보다는 효능적 유사품 마가 더 어울릴지도 모르겠다.

수삼을 한 채 사서 상자에 넣고 위아래로 이끼를 펴면 그럴 듯한 선물용 인삼이 된다. 적당한 크기의 인삼을 상자 가득 담고 이끼를 펼치는 심정은 행복과 건강을 듬뿍 담는 그런 마음이다. 누구든지 이 상자를 열어 보는 그 순간 불끈 힘이 솟아 원기를 회복할 것만 같다. 사람 모양을 한 인삼이기에 그 숫자만큼 많은 사람의 기를 받아 건강해지는 것은 아닌지 모르겠다. 포장을 하는 사람의 손끝에도 벌써 생기가 전해지고 있다.

시장에는 그와 함께 약재로 달여 먹을 수 있는 대추며, 황기, 두충, 오가피도 있다. 어디 그뿐이랴. 인근의 한약재 상가에는 각양각색의 전문적인 약재가 가득 차 있다. 그리고 국산과 수입산이 뒤섞여 있다. 이곳에서의 약재는 전문 자격증을 가진 위의 한약업사가 조제해 준다. 한약업사는 너무 많은 사람을 상대하다 보니 이제는 가게의 문을 열고 들어오는 사람의 얼굴만 보더라도 어디가 어떤 상태인지를 안다고 하니 정말 믿거나 말거나다. 지금까지 자기 집에 와서 증상을 얘기하고 상의해 간 사람들이 모두들 자기가 약재도사로 가는 길을 안내해 준 스승이란다.

그리고 어디를 가도 빼놓을 수 없는 것이 있으니 그 유명한 감초다. 여기에서도 감초는 빠지지 않고 자리잡고 앉았다. 그런데 수삼시장에서 삼을 사려면 여간 힘든 일이 아니다. 원래가 인삼이 귀한 것이라고는 하더라도 여기서 만큼은 흔한 것이 인삼이니 인삼 대하기를 마치 무 대하듯 한다. 그렇다고 대체로 한 포대에 400만 원씩 하는 무 포대를 다른 데서는 본 적이 없다. 어차피 수삼시장 판매코너의 가게 주인들은 자신이 직접 재배하여 가져온 것들만은 아니다. 여기저기에서 모여든 인삼을 놓고 여기 금산에서 경매를 하여 생산자 가격과 도매가격을 결정하게 된다. 그리고 여기 각 점포에서 소매를 하는 것이다.

시장에 들러서 우선 판매장을 한 바퀴 횡하고 돌아보면 그때는 오늘 형성된 가격이 어느 정도의 시세인지 알 수가 있다. 오늘의 시세를 알고 나면 그때는 아까 보아둔 그 인삼을 지목하여 살 수가 있다. 그렇지만 이렇게 해서 산 인삼이라 하더라도 옆의 인삼이 더 좋아 보이고 자꾸만 비교가 된다. 그리하여 내가 산 것은 다른 사람보다 비싸게 산 것 같은 생각으로 마음이 언짢아지기 십상이다.

이런 때는 방금 산 인삼을 가지고 재빨리 시장 밖으로 나가야 된다. 그래서 내가 산 인삼이 다른 인삼과 상호 비교되지 않도록 하면 되는 것이다. 각자가 산 인삼도 따로 떨어져 있으면 모두가 훌륭한데, 같이 있으면 혹시나 하면서 비교해 보는 그러한 심성을 가진 것이 우리 인간의 마음이다.

밥보다 더 좋은 보약은 없고 삼시 세 때 밥이 최고의 보약이라는 말이 있기는 하지만, 그래도 별도로 값비싼 보약을 먹으면 부족한 영양소를 고루 보충하는 것 같은 생각이 들어 우리의 마음을 평안하게 해 준다. 이것은 약이 주는 또 다른 심리적 치료의 효능이 아닐까.

우리는 인삼시장이 내려다보이는 언덕에 올라 점심을 먹었다. 집에서 준비해 간 도시락인데, 반찬이라고 해 보아야 이동하기 좋은 밑반찬 몇 개가 고작이다. 때 지난 점심식사를 맛있게 먹으면서 이 밥이 보약인지, 저 수삼이 보약인지 비교해 본다. 내 몸이 영양분을 필요로 할 때에 맞춰 맛있게 먹어 주는 밥이 보약이 될 것이니, 어떻게 생각하면 영양을 골고루 갖춘 음식을 보약이라고 부르는 것도 맞는 말인 것 같다. 이런 꿀맛이 보약이 아니라면 꼭 입에 써야만 보약이라는 말인가?

행여 입에 쓴 약이라 하더라도, 거기다가 감초를 넣으면 그 쓴맛이 없어지니 먹을 만해 지는 것이다. 그러면 입맛에 꼭 써야만 보약이라는 말은 맞지 않는 말이 되고 만다. 그래서 매일매일 제때에 먹는 밥이 보약이 되기를 바라는 마음이 다시 한 번 동하게 된다.

모릅니다 나무를 아시나요

"그게 무엇이지요?"

"나무 열매입니다."

대답치고는 너무나 당연한 정답이다. 누가 그것을 몰라서 물었나. 그러나 애써 참으며 다시 물어 보았다.

"그러면 그것으로 무엇을 하지요?"

"예, 이것으로 차를 끓이는 것입니다."

"그럼 그것을 끓여 먹나요?" 이제는 내가 말도 안 되는 질문을 해 본다. 차를 끓여 마시는 것은 우리 인간만이 만들어내는 기호 식품인 것이다. 그러니 그것을 마시기 위하여 끓이는 것이 당연할진대 그냥 또 물어 본다.

"모릅니다."

"예? 몰라요?"

"예, 그냥 시켜서 하는 거예요."

"누가 시켜요."

"스님이요."

웬 20대 처자들 몇이서 비를 맞으며 열심히 열매를 줍고 있었다. 나는 한참 동안 생각하다가 말꼬리를 잇기 위하여, 일부러 몇 알을 주워주면서 다시 물어 보았다.

"이 열매 이름은 무엇인가요?"

"모릅니다. 고맙습니다."

잔디밭 가운데에 아름드리나무가 몇 그루 서 있고 나무 밑에는 봄비에 떨어진 벚꽃 잎만큼이나 많은 열매들이 떨어져 있었다.

"그럼 이 나무 이름은 무엇이지요?"

"모릅니다."

열매 이름을 모르니 나무 이름을 모르는 것도 이상할 것이 없다.

막상 집을 나서자마자 굵지도 않은 가랑비가 내리기 시작하더니, 백양사에 닿을 때까지 그치지도 않고 더 거세어지지도 않는 그냥 그런 상태다. 우산을 받자니 거추장스러운 정도이고, 비를 맞자니 가랑비에 옷 젖는다고 오늘 날씨가 딱 그 말이다.

정읍시내에서 담양으로 향하는 29번 국도를 따라가다가, 792번 도로와 만나면 이 도로를 따라 직진해야 내장산으로 갈 수 있다. 만약 29번 국도를 따라 좌회전을 하여 간다면 내장산 국립공원지구를 구경도 못해 보고 담양이나 순창 방면으로 가게 되는 것이다.

내장산 북부관리사무소에서 내장산 남부관리사무소로 가는 길은 792번 도로인데 길이 험한 반면 주변 경관은 일품이다. 꼬불꼬불한 길로 산을 휘감아 돌고 있지만, 깎아지른 절벽은 교각으로 다리를 만들어 지탱한 곳도 있으니 산 속에서의 교량이라고나 하여야 할 것 같다. 정상을 넘어 한참을 가다가 평지에 이르러 우측으로 뻗은 738번 도로를 따라 들어가면 전남 장성군 북하면 약수리에 닿는다. 이곳에서 약수천을 따라 다시 거슬러 올라가면 바로 백양사로 가는 외길이다.

예전에는 약수리의 시가지에 있는 로타리를 돌아 한곳으로 들고나던 길이었지만, 찾는 사람이 많아지면서 새로운 길을 만들어 놓고 가는 길과 오는 길을 구분지어 놓았다. 이제는 로타리를 만나기 전에 개울 앞에서 우측을 향해 백양사로 들어가는 전용도로를 따라가면 수월해진다. 이정표도 잘 되어 있어 찾아가는 길은 어려움도 없다.

백양사 역쪽에서 온다면 1번 도로를 따라 장성호를 거친 후 화룡리에서 894번 도로를 따라 북하면 소재지인 약수리에서 좌회전하면 된다. 여기서 말로는 좌회전이지만 도로 형태로는 그냥 직진하는 코스이다. 소재지 건물 사이로 조금만 가면 로타리를 만나는데 로타리의 좌측은 백양사에서 나오는 도로이고, 로타리를 지나서 바로 내를 건너면 백양사에 들어가는 전용도로가 왼쪽으로 나 있다.

아직도 녹음이 푸르른 가운데 가을을 재촉하는 비가 내리고 있지만, 단풍으로 가는 길목에 서 있는 초록이 마지막 안간힘을 쓰고 있는 듯하다.

빗속에 안개로 뒤덮인 내장산을 넘어 백양사에 닿았다. 이 백양사도 내장산 국립공원지역에 속해 있고, 주변 경관이 좋기로 소문난 곳이기도 하다. 지난 겨울에 눈 덮인 백양사를 찾았다가, 오늘 1년도 채 안된 가을에 다시 찾은 것이다.

글씨도 선명하게 백양사를 알리는 간판이 나타난다. 그와 함께 백양사 주차장이라는 팻말도 보인다. 그런 가운데 내 머릿속은 복잡해진다. 만약 여기다가 주차를 하게 되면 아마 모르긴 몰라도 빗속을 잊어버리고 걸어야 할 것 같은 생각이 들어 걱정이 된다. 그러나 정해진 주차장을 놓아두고 그냥 지나면, 나중에 문화인이 아니라는 비난을 받을 것도 같아 순간 망설여지기도 하였다.

잠깐 망설이는 사이 나는 벌써 문제의 주차장을 지나가고 있었다. 인적도 드문 이 빗속에서 한참을 걸어가라는 얘기는 어딘지 걸맞지 않는 것 같아 스스로를 위로해 본다. 그러는 사이 벌써 매표소에 당도했지만 아무도 제재하는 사람이 없다. 혹시나 철지난 비수기라서 입장을 그냥 허락하는 것은 아닌가 하는 생각이 들었다. 하지만 명색이 국립공원이라 무료 입장은 있을 수 없다고 하면서 의아스럽게 생각하였지만 우선 지나치고 본다. 이 매표소에서 백양사까지 도보로 30여 분이나 걸리는 거리이기 때문이다. 날씨 탓인지 아니면 피서철이 지난 탓인지 생각보다 적은 인파로 주위는 조용하다 못해 이상한 적막감마저 돈다.

그러자마자 또 다시 나타난 주차장이 우리를 맞는다. 나는 네

가 백양사에서 한 일을 알고 있다는 듯 쳐다보는 주차장을 곁에
두고 그냥 모른 체 지나쳐 버렸다. 큰 비는 아니지만 그래도 비가
오고 있으니 차로 갈 수 있는 곳까지 가 보자는 심산이었다. 이번
에는 정말로 차가 더 이상 들어가지 못하도록 하는 곳까지 와버
렸다. 여기에서는 입장료도 받고 있으며, 넓은 주차장을 만들어
놓고 차량도 통제하고 있었다. 그러면 그렇지. 여기가 어딘데 입
장료를 받지 않을 턱이 있나. 세 번째 주차장에 이르러서는 당연
히 할 일을 가지고 매표원에게 인심이라도 쓰는 척하며 차에서
내렸다. 잠시 허리도 펼 겸하여 피로를 푸는 척 해 본다.

어디에서 오셨는지 단체관광 어르신들이 우산을 들고 몰려다
니신다. 역시 이 분들의 행동도 복소리도 우리들과 별반 다를 게
없다. 여느 단체 손님들처럼 쫓고 쫓기며, 웃고 소리 지르고, 이
름을 부르고 농을 하며 야단법석이시다. 몸은 늙었으나 마음은
이팔청춘이라는 말이 이런 때 쓰는 말인가 보다.

고개를 들어 나무를 올려다본다. 우뚝 솟아 있는 모습이 흡사
은행나무와 닮았다. 그러나 은행나무와는 완전히 다르다. 가장
구별하기 쉬운 이파리부터가 다르다. 그리고 열매가 다르다. 은
행은 벌써 냄새가 고약하여 옆에 가기도 싫어진다. 하지만 이것
은 전혀 그렇지가 않았다. 그냥 잘 익은 매실이 땅에 떨어진 것과
같이 그렇게 굴러다닐 뿐이었다.

아무리 생각을 해 보아도 모르는 것이 갑자기 알아지는 것도
아니어서 그냥 자리를 떠났다. 아름드리나무의 반대편에 가 보니
세상에 이런 일이 다 있나, 그곳에는 이 나무의 이름표가 반듯하

게 붙어 있었다.

비자나무. 그랬다. 이 나무는 비자나무였던 것이다. 그런데 아까 그 처자들은 바로 옆에 팻말이 붙어있는데도 왜 이름을 알지 못했을까. 아무리 관심이 없다손 치더라도 스님이 심부름을 시킬 때에는 분명히 비자나무 열매를 주워오라고 했든지, 아니면 비자 열매를 주워오라고 했을 터인데 말이다. 그도 저도 아니면 열매를 줍다 보면 나무의 앞뒤로 왔다 갔다 하면서 팻말도 보았을법한데 너무나 관심이 없는 것이 이상했다.

알고 보니 백양사 인근은 비자나무숲으로 음명하며 우리나라 천연기념물에 속했다. 이렇게 유명한 비자나무를 모르고, 그냥 열매만 주워가는 사람들이 있다는 것이 이해가 안 된다. 절로 인하여 살아가는 사람들이 절에 딸린 비자나무를 모른다면 그것은 말도 안 되는 일이었다. 따지기로 하면 그것은 나도 마찬가지라는 생각이 들었다. 그간 수차례 방문을 하였지만 전에는 이 나무에 대해 전혀 신경을 쓰지 않고 있었다. 그러다가 열매가 떨어지는 오늘에야 비로소 무슨 큰 발견이라도 한 것처럼 행동을 하는 것도 이해가 되지 않는다.

무관심했던 사람들에 대한 자연의 노여움인지 빗방울이 굵어지고 이제는 우산 없이 돌아다니기 어렵게 되어 버렸다. 지팡이 삼아 들고 다니던 커다란 우산을 사용할 때가 된 것이다.

백양사에서 백학봉을 오르기로 하고 백양계곡을 따라 산길을 택했다. 비가 와서 그런지 우리 말고는 돌아다니는 사람들이 없다. 이 길이 맞는 것인지 틀린 것인지도 모른 채 그냥 산길을 택하여 걸어간다. 한 손에 우산을 들고 가기에는 가파른 산길이기도 하거니와, 외줄기 흙길에 비마저 오니 미끄럽기까지 하여 여간 힘든 것이 아니었다. 이제나 다 왔는지 저제나 다 왔는지 마음은 조급하기만 하다. 결국 목적지에 당도하기 전 포기하고 말았다. 애당초 등산할 준비도 안 되어 있었거니와, 비가 오는데 아무런 대책도 없이 나선 것이며, 처음부터 어설픈 상태로 시작한 것이 잘못이었다.

포기한 것은 아쉽지만 끝내 버릴 것이라면 빨리 버린 것에 대한 후련함도 든다. 다시 정문을 통과하여 돌아나왔다. 그러나 어딘지 모르게 산행을 포기한 것에 대한 서운함은 남아 있어 그냥 가기에는 부족함이 따른다.

내려오는 길에 우측 야영장을 지나 토종 꿀벌단지를 찾았다. 물론 벌꿀을 사기 위함은 아니며 그냥 둘러보기 위한 목적에서였다. 여기저기 한봉의 벌통들이 보인다. 고깔을 쓴 통나무는 여지없이 한봉의 보금자리였다. 골짜기에 모여 사는 사람들의 한두 채가 아니고 모든 집들이 각각 한두 통씩은 가지고 있는 듯했다. 이 한봉의 벌꿀 한 상자가 30만 원 이상씩 한다니 감히 사고 싶다고 말도 꺼내기 조심스럽다.

조금 더 올라가니 이제는 비자 열매를 털기에 바쁘다. 마을길과 하천에 걸쳐 멍석을 깔아 놓았는데, 예전처럼 짚으로 만든 무거운 멍석이 아니라 파란색 비닐을 펴 놓았다. 그리고는 긴 대나무로 잘 익은 비자를 털어내면 되는 것이다. 이런 일은 오늘 다하지 못 하면 내일 다시 털면 된다. 그래서 이대로 놓았다가 내일

또 잘 익은 것을 골라 털어내면 된다. 이 비자나무가 누구네 나무
냐고 따질 필요도 없다. 그냥 산에 있으니 산사람이 털면 그만이
다. 여기까지는 산 주인인 정부도 어쩔 수가 없는 모양이다.

이 모양이 마치 구례에서 산수유를 터는 것과 같다. 아니면 산
비탈에 심은 대추를 털어내는 것과 흡사하다. 땅에 떨어지면 흙
과 섞이고, 돌 틈이나 나무 사이에 떨어져도 줍기 힘든 정도로 작
은 열매이니 이렇게 멍석을 대고 터는 것이다. 여름 피서철도 아
니니 이 길을 다닐 사람이 자기들 말고는 없을 것이라 생각했겠
지만, 내가 지금 이 길을 지나가야만 하니 어쩌겠는가. 멍석을 밟
고 가기는 가야겠는데 미안하여 조심스럽고, 비자를 피하여 가려
니 낭떠러지 좁은 길에 자신이 없다.

이 청류동 계곡을 따라 한참을 올라갔다. 어느새 비는 멈췄지
만 도로는 아직도 젖어 있으며 그늘지고 이끼마저 끼어 있는 것
에서는 미끄럽기가 매한가지이다. 그래도 다행인 것은 4륜 구동
지프차라서 마음 속으로는 믿는 구석이 있었다. 이번에도 갈 수
있는 데까지 가 보기로 하였다. 도중에 차라도 만나면 영락없이
후진해야 할 그런 길이다. 그러나 이런 길에서 후진을 한다는 것
은 거의 운전을 포기하는 것과 다름없다.

구불구불한 산길을 돌고 돌아 올라보니 차로는 더 이상 갈 수
없는 그런 막다른 곳에 다다른다. 내년 여름에 피서차 찾아온다
면 정말로 멋있을 그런 곳이라는 생각이 들었다.

오늘은 차로 갈 수 있는 곳 끝까지 모두 가 보았으니 별 후회는
없다. 백양사에서 백학봉으로 가는 등산을 다하지 못한 아쉬움이

있었지만 청류동에서는 미련이 없다. 오늘은 특별히 천연기념물 비자나무숲도 보았고 그런대로 좋았다는 생각이 든다. 그러나 백양사는 벌써 몇 번째 찾은 곳이지만 아직도 갈 때마다 더 살펴봐야 할 곳이 많이 있다는 것이 신기하기만 하다.

비 맞는 강천산

9월 6일 일요일. 강천산에 다녀왔습니다. 아침 9시까지 황등 면사무소 앞 광장에 모이라는 엽서가 도착한 지도 벌써 한 달이 되어갑니다. 황등초등학교 제38회 동창회에서 추진하는 가을 모임입니다. 며칠 전부터 일기예보에 의하면 많은 양의 비가 예상되어 마음을 무겁게 했습니다. 그런 중에도 혹시 내일은 비가 개일지 모른다고 기다려 보자는 마음이 강하게 작용하였습니다. 그러다 보니 하루하루가 지나가고 벌써 약속한 그 날이 되었습니다.

아침 6시. 창문을 열고 밖을 보니 세상이 아직 희미한 상태라 잘 보이지 않았습니다. 비가 오려는 것인지 개인 것인지도 확실하지 않습니다. 아침 일찍 예배를 보고 나서 아침밥을 먹고 할인점에 가서 시장도 보았습니다. 혹시 낮 동안 비가 올지도 모르기 때문이었습니다. 그리고 오늘이 바로 강천산에 가기로 한 날이기 때문에 더욱 서둘러야 했습니다. 이것저것 챙기다 보니 약속한 9시까지 집결장소에 가기도 빠듯하였습니다.

약속 장소에서 만나는 사람마다 수인사를 나누고 안정을 찾으려는 순간 요즘 식후에 먹고 있는 약을 가져오지 않은 것을 알았습니다. 점심 한 끼 분이야 거른다고 하더라도, 아침 약부터 거르면 혹시나 병이 도지지나 않을까 은근히 걱정이 앞섰습니다. 몇 달을 고생해 가며 치료해 온 병이 단 하루의 방심으로 원위치된다면 너무나 아깝다는 생각이 들었습니다. 할 수 없이 일행에게 얘기하고 약을 가지러 집까지 왔습니다. 그리고 일행이 탄 버스는 중간 경유지에서 만나기로 약속하고 말입니다.

출발부터가 쉽지 않은 산행이었습니다. 월드컵경기장 옆을 지나갈 때에는 인라인스케이트경기 참가자들을 만나서 한참을 지체하였습니다. 모악산을 지나자 가랑비가 오기 시작하더니 옥정호에 도착하니 장대비가 쏟아졌습니다. 출발하기 전에도 말들이 많았었는데, 여기에서도 의견들이 분분합니다. 그냥 이대로 돌아가자는 사람도 있습니다. 그러나 아무리 많은 비가 오더라도 기왕 여기까지 왔으니 강천산 문패라고 쳐다보고 가야 될 것 아니냐는 의견도 있습니다.

일행은 점심으로 산채비빔밥을 사 먹기로 하였고, 오가며 먹을 간식을 덤으로 준비해 온 게 있었습니다. 그러나 비도 오고하여 점심시간을 놓쳐버린 일행은 때 지난 시간에 간식거리로 끼니를 해결하였습니다. 하얀 찰밥에 김과 김치, 그리고 안주용 홍어회가 전부인 간식을 버스 안에서 모두 먹어버린 것입니다. 차 안에서 먹는 간식은 산채비빔밥보다도 더 맛이 좋았습니다. 마침 시간도 많이 지났었지만, 이처럼 비가 오는 날에는 아무리 손님이라도 식당으로 들어가는 것이 눈치가 보인다는 의견도 있었습니다. 그러나 한편으로는 여기까지 오는 도중에 이렇게 많은 숫자가 식사를 할 만한 적당한 식당을 찾는데 실패한 원인이 더 큽니다.

아무튼 말들도 많았지만 여기까지 왔으니, 일단 강천산에 가서 일기를 보고 생각해 보자는 제안이 지배적이었습니다. 그러나 막상 강천산 입구에 도착하여도 비는 그치지 않고 계속하여 내리고 있었습니다. 생각해 보니 빗줄기는 더 굵어진 것 같습니다.

강천사 주차장에까지 오니 다시 생각이 달라졌습니다. 이제는 다른 생각을 할 겨를도 없이 무조건 산에 올라야 한다는 의견으로 통일되어 있었습니다. 매표소를 지나서 우측에 보이는 산이 강천산이고, 마주보이는 산이 산성산, 왼편에 보이는 산이 광덕산입니다. 물론 이 산들은 각기 크고 작은 봉우리들을 몇 개씩 거느리고 있습니다. 원래는 위의 산들을 총칭하여 광덕산으로 통하던 산이었는데, 강천사가 점차 알려지면서 주봉이던 강천봉이 독립된 산으로 불려지게 될 만큼 유명세를 치르고 있습니다. 그와 반대로 다른 산들은 알려지고 있지 않은 상태입니다.

이 강천산은 또 다른 이름으로 용천산이라고 하는데, 마치 용이 승천하는 형상만큼이나 복잡한 계곡을 지니고 있다고 해서 붙여진 이름입니다. 전라북도 순창군 팔덕면에서 전라남도 담양군과 경계를 가르고 있는 강천산은, 1981년 1월 7일 우리나라 최초의 군립공원으로 지정되었을 정도로 여러 가지 볼거리를 품고 있습니다. 입구의 2km 가로수는 우리나라 8대 아름다운 길에 선정되기도 하였고, 한때는 500여 명의 승려가 수도하던 거대한 사찰 강천사가 있어 많은 유적도 지니고 있습니다.

높이 583m의 높지 않은 산인데도 8km 정도의 긴 계곡을 따라 사시장철 물이 흘러내리며, 15개나 되는 계곡에서 모인 물은 이끼도 끼지 않는 맑고 차가운 물로 사랑받고 있습니다. 따라서 많은 사람들이 강천산을 호남의 소금강이라고 부르기도 합니다. 버스에서 내리자마자 산을 좋아하는 친구들은 아무 말 없이 앞장서서 산을 향하고 있습니다. 버스에서 내리기 전의 말과는 사뭇 다릅니다. 산에는 그다지 관심이 없는 친구들은 누군가가 말려주기를 바라며 주춤주춤 망설입니다. 맑은 날씨라 하더라도 마지못해 따라갈 정도일 것인데, 오늘처럼 비 오는 날까지 산행을 하여야 하는 것은 부담이 따르는 모양입니다.

나도 평소에 산을 좋아하지는 않았지만 그래도 낮은 산은 곧잘 따라다녔습니다. 그렇지만 산에 가다가도 만약 비가 오면 바로 돌아서서 내려오는 정도였습니다. 그런데 오늘은 싫은 내색도 못한 체 마지못해 따라가고 있습니다. 처음부터 비가 내리고 있으니 누가 뭐래도 분위기만 맞춰주다가 잠시 후 바로 되돌아서 와야겠다고 굳게 마음먹었습니다.

그러나 주최 측에서는 일회용 비옷을 사서 무조건 하나씩 분배하였습니다. 얼떨결에 비옷까지 받고 보니 산행을 안 할 수도 없는 처지가 되고 말았습니다. 얇은 비닐로 된 옷은 비를 피할 수 있어 좋았지만 수분 증발이 안 되니 금세 땀이 나기 시작하였습니다. 글자 그대로 움직이는 비닐하우스에서 작업하는 격이었습니다.

머리에서 발끝까지 온통 땀으로 젖었습니다. 비를 맞은 것과 다른 것은 그래도 찬 공기를 쐬지 않아 그나마 체온이 유지되는 것이었습니다. 산에서 비를 맞으면 기온은 낮지 않은 초가을이라 하더라도, 체온이 뚝 떨어져서 자칫 위험할 수도 있을 것입니다.

그런데 막상 산행을 시작하니 우중의 강천산은 우리뿐이 아니라는 것을 알았습니다. 집에서부터 우산을 준비해 온 사람들도 있었습니다. 어떤 이들은 집에서 입는 비옷을 준비해 온 사람도 많았습니다. 그러고 보니 산행이라는 것은 비가 온다든지 눈이 와도 그들을 막을 수는 없다는 생각이 들었습니다. 강천산은 순창군의 군립공원입니다. 나는 이 산에 몇 차례 다녀간 적이 있습니다. 물론 그 때는 날씨 화창한 어느 날 오후였었습니다. 그러나 오늘 이렇게 비 내리는 강천산에 와 보니, 그 때와는 사뭇 다른 풍경이 아름다웠습니다. 첫째는 사람 수가 적어서 혼잡하지 않아 좋았습니다. 둘째는 입장객이 적으니 사람 대접받는 것 같아 좋았습니다. 그리고 들떠 있던 기분이 비에 젖어 차분히 가라앉는 듯한 감정도 좋았습니다.

여기저기서 콸콸 흐르는 물소리는 마음을 시원하게 해 주었습니다. 아마도 비가 와서 물이 불어난 탓도 있을 것입니다. 걸어가는 길 양쪽에서 폭포가 다투어 나타납니다. 강천산은 고이고이

숨겨두었던 물을 모아서 비 오는 날에만 내려 보내나 봅니다. 어쩌면 이런 날은 한 사람의 방문객도 없을 줄 알았는데, 그래도 잊지 않고 찾아준 사람들에게 고맙다는 뜻으로 물을 내리는지도 모릅니다.

입구부터 우리를 주눅들게 하는 병풍바위의 폭포는 높이가 자그마치 30m도 넘습니다. 이 폭포는 사람이 만들어 놓은 인공폭포입니다. 그러나 속았다는 기분보다는 순전히 나를 위하여 만들었다고 생각하니 오히려 고맙기마저 합니다. 송음암의 폭포 역시 자연으로 흐르던 물의 방향을 바꿔 만든 인공이라고 하지만 그래도 기분이 좋기는 마찬가지입니다. 걸음을 옮길 때마다 크고 작은 폭포가 수도 없이 나타나서, 저마다 개성 있는 멋을 뽐내는 것 같습니다. 그 폭포 쇼 속으로 걸어가면서 하나하나 평가하기란 쉬운 일이 아닙니다. 그래도 보이는 것마다 나름대로 심사를 거쳐 평을 합니다.

강천사 앞을 지나 홍화정 옆길로 올라가면 구름다리 쪽으로 향합니다. 높이 50m의 구름다리 아래로 보이는 강천산은 골짜기마다 구름공장을 가지고 있나 봅니다. 여기저기에는 각자 모양이 다른 구름들이 모여 있습니다. 그렇다고 좋은 경치를 마음 놓고 감상할 수도 없습니다. 구름다리는 외줄이기 때문입니다. 길이 75m, 폭 1m의 구름다리는 건너편에서 기다리는 사람들을 위하여 빨리 지나가야 합니다. 그래서 처음 만나는 사람이라도 길을 양보해 준 대가로 모두들 정겹게 인사하며 지나갑니다. 이런 사람들만 있다면 우리 사회는 금세 밝아질 것입니다.

이 구름다리를 건너면 바로 이어지는 것은 바위 언덕 길입니다. 그러나 울퉁불퉁한 바윗길보다도 더 좋은 것은 양쪽이 모두 낭떠러지 절벽이라는 것입니다. 이 언덕은 가파르기도 하지만 바위 사이사이에 난 소나무들이 꿋꿋하게 자라고 있습니다. 몸집은 크지도 않고 작지도 않지만 거센 언덕 바람을 모두 맞으면서 이렇게 몇십 년을 버텨 온 것입니다.

강천산을 찾는 데는 계절의 구분이 없습니다. 봄에는 진달래, 여름에는 시원한 물, 그리고 가을에는 빨간 애기단풍이 우리를 맞이합니다. 특히 눈 덮인 산하는 그야말로 한 폭의 동양화입니다. 그러는 순간에 산을 좋아하는 사람들은 벌써 시야에서 벗어났습니다. 우리 비호산 그룹은 강천산 등산로 중에서 가장 짧은 코스를 선택하였고, 덕분에 가장 빨리 하산하였습니다. 그러는 중에도 벌써 두 시간이나 지나갔습니다. 반면 애호산 그룹은 아직도 가장 높은 봉우리 쪽에서 부지런히 움직이고 있는 모습이 보입니다. 애호산 그룹은 이 산이 강천산이 아니어도 상관없었을 것입니다. 비가 오든 안 오든 상관하지 않았을 것입니다.

그저 산이 있으면 좋았고, 산이 거기 있으면 오를 뿐입니다. 그러나 비록 비호산 그룹이라 하더라도 오늘 강천산에 온 하루만큼은 모두 애호산 그룹으로 바뀌어졌습니다. 누가 시켜서가 아니라 자기 자신 스스로 변했습니다. 어느 날 갑자기 산을 사랑하는 사람들이 된 것입니다. 비 오는 오늘 강천산에 오길 잘했다는 생각이 들었습니다. 비 오는 날임에도 불구하고 산행을 하자고 고집을 부리던 추진위원들에게도 고맙다는 생각이 들었습니다. 비 오는 강천산은 아름다웠습니다. 비 맞는 강천산은 더욱 아름다웠습니다. 어느 날 강천산에 가자고 하면 그 날이 비 오는 날이라고 해도 또 따라나설 것 같습니다.

내장산 서래봉

10월 31일 일요일. 오늘은 내장산을 찾았다. 가을에 생각나는 것 중에는 단풍도 중요한 위치를 차지한다. 그리고 가을의 단풍은 역시 정읍 내장산을 빼놓을 수 없다. 그러나 내장산을 가을 단풍철에 찾는다는 것은 대단한 결심이 필요하다. 그만큼 많은 인파가 모여든다는 표현이 더 구체적일 것이다.

내장산의 단풍은 대체로 10월 말부터 11월 초까지가 절정을 이룬다. 마침 오늘은 그 10월의 마지막 날 31일이고 휴일인지라 내장산 단풍구경으로는 아주 좋은 날이었다. 게다가 날씨도 화창하고 낮 기온은 20도까지 오른다니 야외활동하기에도 부담이 없을 듯했다. 집에서 나선 것은 아침 9시 10분. 부지런히 달려가니 내장산 입구 도로에 10시 30분에 도착하였다. 평상시는 여기부터 내장산 관리사무소까지 가는데 약 10분이면 족하다.

그러나 때가 때인 만큼 각오는 하였었지만, 그래도 밀리는 차들로 인하여 마음이 불안해지고 있다. 그런 중에도 앞 차와의 간격을 넓게 띄우고 가는 차가 있을 때, 뒤에서 따라가면 괜시리 짜증이 난다. 만약 그 사이로 누가 끼어들기라도 하면, 그 사람 때문에 빨리 갈 수 없는 것 같아서 슬그머니 화도 나기 시작한다. 그렇게 밀고 밀리면서 도착한 곳은 서쪽 주차장이다. 이 때 시각은 12시를 알린 뒤다. 가는 길은 주차요금을 아끼려는 실속파들이 길가에 주차를 해 놓은 것이 많이 있었다. 약간의 공터만 있으면 도로를 비껴서 주차를 한 것이다.

그런데 이 사람들은 사실 주차요금을 아끼려 한 것이 아니라, 더 많은 운동을 하기 위하여 그런 것이라고 생각도 해 본다. 또 다른 이유로는 항상 다니는 내장산의 봉우리보다는 인근의 무명 봉우리를 찾아 오르기 위한 방법이었다고 변명도 해 본다. 그러는 중에 어렵사리 도착한 주차장이었지만, 주차요금은 비싸지 않더라는 예전의 기억으로 위안을 삼으며 무리한 주차를 시도한 것이다. 그런데 이게 웬일인가. 주차요금을 받는 곳은 어디에도 없었다.

그러고 보니 요즘 지자체에서는 관광객을 유치하기 위한 일환으로 주차 무료를 내세운 곳이 몇 군데 있었던 기억이 났다. 오늘 같은 날 전과 같이 주차요금을 받았다면, 아마도 일년 관리비는 충당이 될 수 있을 거라는 아쉬운 생각이 든다. 그래도 이쯤되면 무료주차 방법이 더 많은 관광객을 유치하기 위한 고도의 계산된

전략일 것이라는 생각도 든다. 또 하나, 서쪽의 서래봉 쪽에서는 별도로 관리하는 문화재가 없으니 입장료 외에 다른 문화재 관리비를 내야 되느냐 마느냐하는 시빗거리도 없는 곳이다.

서래봉 쪽으로는 처음 가 보는 등산코스이다. 더구나 인근에 살면서도 단풍 성수기에 내장산을 찾아보기는 처음이다. 앞에서와 같이 차에 밀리고 사람에 부딪쳐서 즐거운 산행을 기대하기 어려운 변명 때문이었다. 그러나 오늘은 이러다가 내장산 단풍을 영원히 못 볼지도 모른다는 생각에 과감히 나선 산행이었던 것이다.

동학혁명 기념탑이 있는 서쪽 주차장은, 호남고속도로의 새로 생긴 내장산 IC에서 들어오는 곳이므로 더 많은 인파가 모였다고 생각되었다. 여기서 시작되는 등산은 서래봉이 가장 가까운 코스다. 이 서래봉은 높이는 약 622m 로 그리 높지는 않은 봉이다. 내장산 국립공원의 봉우리들은 대체로 600~700 m 고지로 높은 지대는 아니다. 산봉우리는 서래봉에서 시작하여 불출봉 610m, 망해봉 645m, 연지봉 671m, 까치봉 717m, 신선봉 763m, 연지봉 671m, 장군봉 696m 가 삼태기 모양으로 둘러 서 있다. 그래서 이 삼태기 모양의 깊은 곳에 많은 볼거리가 숨겨져 있다 하여 내장이라는 이름이 생겼다고 한다.

그리고 터진 한 곳으로는 금선계곡과 원적계곡에서 내려오는 물이 모여 내장저수지로 흘러가는 좁은 문을 만들고 있다. 연지봉 쪽에서 뻗어 내린 원적계곡과 까치봉의 금선폭포에서 시작되는 금선계곡이 만나는 곳에 그 유명한 내장사가 자리하고 있다.

일반적인 내장사 방문은 위의 내장저수지에서 동쪽으로 나 있는 792번 도로를 따라가다가, 상가가 있는 곳에서 우회전하여 관리사무소가 있는 곳으로 들어가면 된다. 원래의 내장사는 백제 무왕 37년 서기 636년 영은암에서 시작한다. 내장산 내에 존재하는 암자들을 주 절인 이 영은암에서 관리한 것이다. 그 뒤 몇 번을 중건하였으나 1925년에 서래봉 중턱에 있는 백련암으로 본사를 옮기게 되었다. 그러나 1938년에 다시 영은암으로 본사 관리를 넘겨주고 만다. 규모가 크고 위치가 좋은 영은암에 내장사라는 이름을 넘기고 만 백련암은, 그 후 벽련암으로 고쳐 부르게 됨으로써 과거의 기억을 완전히 차단시키게 되었다.

전국의 유명한 가을 단풍은 설악의 진하고 선명한 현란함과, 피아골 전체에 걸쳐 웅장하면서도 은은한 맛과 더불어, 화려한 것 같으면서도 수수하고 부드러운 것 같으면서도 친근함이 드는 내장의 단풍이 최고다.

산세가 빼어나 남쪽의 금강산이라 불리는 내장산 중 오늘 서래봉 등산은 또 다른 풍경을 주었다. 초입부터는 비교적 완만한 경사로, 돌들이 있기는 하지만 그래도 여느 산과 같이 흙으로 되어 있어 푸근한 느낌을 주었다. 그러다가 조금씩 올라가면서 경사가 급해지고 수입산 원목을 가공하여 만든 목재 계단을 만난다.

아마도 친환경적으로 하기 위하여 목재 계단으로 만들지 않았나 생각하면 고마운 생각도 든다. 그러나 그 나무는 국내산이 아니며, 좀 더 오랫동안 견디라고 수입목을 선택한 것 같아 뒷맛이 개운치 않았다. 그렇지만 국내산 목재의 재질이 그러하니 어쩔 수 없다는 생각도 들었다. 이 등산로는 다니는 사람 수에 비해 비교적 좁은 길이다. 어떤 때는 서로 비켜 가기도 부담스러운 곳도 여러 군데 나타났다. 그렇지만 나는 그 때마다 조금씩 쉬어 가기도 하고, 오히려 가쁜 숨을 고르는데 중요한 핑계가 되기도 했다.

내장산의 전체는 비교적 나무가 많은 산 축에 들어간다. 서래봉으로 가는 길은 역시 많은 나무들로 인하여 몸은 피곤해도 산에 와 있다는 생각이 들게 한다. 정상을 향하여 한 걸음 한 걸음 힘들게 올라가는 나는 온몸이 땀에 젖었다. 역시 오늘 날씨가 덥다고 하더니 그 영향이 크다. 어떤 이들은 덥다고 반팔 옷차림으로 오르기도 한다. 그러나 나는 반대로 쉽지 않은 산행이니 땀을 제대로 빼내고 싶었다. 긴팔 옷을 입고 그 위에 등산조끼를 걸치고 있었다. 그리고 또 하나 요사이 빼놓지 않는 것이 있으니 산 위에서 먹을 점심이며 간식용 배낭이다. 사실 넣어 갈 짐이 간단하게 정해져 있으니 굳이 큰 배낭은 필요 없다. 그래서 지금은 쓰지 않는 아이들 책가방을 메고 다니면 된다. 그 가방을 메고 가면서 산에서도 배운다고 생각하니 정말로 배워야 할 게 많이 생겨난다.

벌써 두 달째 건조한 날씨로 산야가 메말라 있다. 그런데도 앉아서 쉬는 사람 중에는 매캐한 담배 연기를 뿜어내며 자신만 흡족해 하는 사람도 있다. 여러 사람이 다니는 등산로는 그냥 걸어가기만 하여도 흙먼지가 날릴 판이다. 그런데 좁은 등산길을 피하여 옆 풀밭을 뛰어 내려가는 사람도 있다. 자기는 내려가는 길이니 힘이 저절로 솟아나기도 하겠지만 올라가는 사람은 벌써 힘에 겨운 상태다. 거기다가 자신이 만들어 준 먼지를 뒤집어쓰고, 땀이 난 얼굴에 하얀 분칠을 하는 데는 다들 싫어하는 눈치다.

산 속에서도 예절은 필요한 것이다. 아직도 그런 사람이 있는 곳에서는 아이들 책가방을 메고 더 많은 교육이 필요하다. 산이 높아 갈수록 경사가 급해진다. 마지막 능선에서는 서래봉과 불출봉으로 가는 길로 갈라진다. 나는 처음 정했던 목적지 서래봉 쪽으로 향했다.

서래봉을 택한 순간, 눈앞을 가로막고서 다가오는 것은 커다란 바위다. 이 바위 한 개는 보통 집채 만한 크기이며 바위바위 줄지어 서 있다. 정말 피할 길도 없이 줄서서 다가오는 바위 봉우리이니 영락없이 서래봉이다.

그러나 이 바위 숲을 헤치고 더 나가야 마지막 높은 곳에서 서래봉이 기다린다. 역시 바위 병풍을 넘어가는 방법은 인공계단밖에는 없다. 원채 큰 바위인지라 그 바위를 넘는 계단은 경사가 아주 급하다. 그러니 누워 있던 계단이 일어서서 다가와야만 다음 코스로 갈 수가 있다. 역시 서래봉일 수밖에 없는 순간이다.

아마 천국에 가는 계단이 이럴까 싶은 생각이 나도록 좁고 가파르다. 오르고 내리는 철제 계단이 따로 만들어져 같이 붙어 있다. 오르는 계단은 앵글로 되어 있어서 발 디디는 계단참이 좁다. 대신 내려오는 계단은 발 디디기 편하라고 넓은 무늬철판으로 되어 있다. 아주 세심한 배려인 듯하다.

그러나 자세히 살펴보면 또 다른 면을 발견할 수 있다. 오르는 계단은 기둥이 많이 부식되어 있어서 흔들흔들하여 위험한 곳도 있다. 어떤 기둥은 흙에 닿은 곳이 완전히 부식되어 떨어져 나간 곳마저 있었다. 아마도 오르는 계단은 처음에 만든 것이고, 그 후에 방문객이 많아지면서 계단의 수요가 늘어나니 계단 하나를 더 만든 것이 확실하다. 그리고 나중에 만든 것은 제작비용보다도 등산객의 안전을 위하여 좀더 견고하고 편리하게 만든 것이 바로 내려가는 계단이 된 것 또한 확실하다.

서래봉 정상에 서서 바라보는 풍광은 일품이다. 빽빽이 들어찬 숲이 발 아래 있어 나무를 보고 싶어도 보이는 것은 숲뿐이다. 그 숲이 지금 단풍이 든 것이다. 같은 내장산이라 하더라도 빨간 단풍나무는 내장산 관리사무소에서 내장사로 들어가는 길과 예의 792번 도로를 따라 추령으로 가는 코스에 많이 있다. 대신 산 정상에서 보는 숲은 형형색색의 단풍이 보인다.

도화지에는 어느 빈 점 하나 없이 색칠을 했으니, 미술 선생님이 보시면 아마 야단을 치실 일이다. 그러기에 재빨리 어느 한 곳만을 택하여 다른 진한 색으로 덧칠해 본다. 그 곳이 바로 내장사이다. 내장사의 기와지붕이 진한 회색을 띠고 주위는 제멋대로다. 단지 내장사의 마당에 있는 흙만이 밝은 채색을 지니고 있다.

아직도 고집을 부리는 나무가 있으니 사철 푸른 소나무다. 그리고 측백도 있다. 아마 모르기는 해도 편백도 있고 잣나무도 있을 것이다. 혹시 게으르고 키 큰 은사시나 세콰이어가 있을지도 모르겠다. 그러나 그들이 있기에 산은 한 가지 색이 아니고 여러 색색이다. 노랗고, 빨갛고, 검고 푸르다. 그리고 하늘은 눈이 부시고 파랗다.

크레파스의 빨간색, 노란색, 푸른색이 아니어서 조금은 서운한 면이 있기는 하지만, 그것과 이것은 나무와 숲을 보는 정도의 다른 차원이다. 흙과 나무 계단, 그리고 철제 계단을 모두 거치면서 힘이 들기는 했었지만 오늘도 좋은 등산이었다는 만족감이 든다. 오늘은 비로소 숲을 본 것이다.

낙엽을 태우며

지난 가을에 떨어졌던 길가의 낙엽은 참으로 많은 잔재를 남겨 놓았다. 잎이 무성하여 큼지막한 그늘을 만들어 줄 때는 좋았었는데, 계절이 바뀌어 가을이 되며 잎의 색이 변하는가 싶더니 바로 낙엽이 되고 말았다. 가로수로 서 있는 플라타너스는 그 덩치와 이름만큼이나 큰 잎사귀를 가지고 있다. 그래서 플라타너스의 잎이 무성한 여름에는 강열한 태양마저도 감히 그를 정면으로 대응하지 못했다. 그러면 길 가던 걸음을 멈추고 잠시 쉬기도 하고, 그 그늘만 따라서 걷기도 했었다.

그러한 잎들이 가을이 되자 힘을 영 못쓰는 것 같았다. 그리고는 이내 퇴색되고, 줄기의 생기마저 잃어 떨어져 버렸다. 잎사귀 한 장만 가지고도 태양표 불가마를 막아 주던 그 위엄은 어디가고, 이리저리 바람에 흩날리는 신세로 변한 것이다.

그러면 나는 그 잎들을 하나하나 정성스레 주워다가 나무 밑에 쌓아놓고, 바람에 날리지 말라고 무엇으로 덮어두곤 했었다. 그러나 나의 행동이 영 시원찮아 보이던 어떤 분은 큰 대비로 쓱쓱 쓸어다가 한 무더기씩 모아 놓았다.

혹자는 말할 것이다. 가로수 플라타너스의 낙엽을 하나씩 하나씩 손으로 줍는 사람은 정신 나간 사람이라고. 그러나 나는 분명히 손으로 주워다가 나무 밑에 쌓아 두었다. 분명한 것은 이제 막 단풍이 지기 시작하는 때에는 땅에 떨어진 잎을 손으로 줍는 것이 그리 어려운 일이 아니라는 것이다.

이렇게 며칠을 하다 보니 이제 본격적인 낙엽 철이 되고, 가로수의 모든 나무들이 잎을 떨구어 내는 시간이 되면 사실 그 때는 비로 쓸어도 쓸어도 막무가내 수준이다. 나는 그 분에게 요청하기를 낙엽을 쓸어 모아 흙 속에 묻으면 좋은 거름이 될 거 아니냐고 했었다. 나무가 잎을 틔우고, 무성했다가 낙엽이 지고 겨울이 오면 우리네 일생의 한 세대를 보는 것 같았다. 그래서 다음 세대인 자식들에게 무언가 남겨주고 싶은 심정이 일듯이, 나무 역시 다음 해를 위하여 자신을 보호하려는 생각이 간절할 것이라는 생각이 들었기 때문이다. 그러면 그 분은 낙엽을 모았다가 나무 밑에 수북이 쌓곤 했었다. 그러나 잠시 동안이라도 소원해지면 그 분은 쓸어 모아 놓은 나뭇잎을 즉시 태우곤 했었다. 나는 왜 낙엽을 태우느냐고 다시 묻지는 않았지만, 그것들을 옮겨다가 갈무리를 하는 것은 또 하나의 일에 속하는 것을 알고 있었다. 그 분은 아마도 그것을 피부로 느끼고 계셨으리라.

나무들에 있어서 태우는 낙엽보다 퇴비가 되는 낙엽은, 다음 세대 자식들에게 좋은 것을 물려주고 싶은 인간만큼이나 간절한 바람일 것이다. 인간은 나무들의 애절한 간청도 듣지 않고 주저 없이 태우고 또 태웠다. 그러면 낙엽들은 자신의 본분을 다하기 위하여 어떻게든지 빠져나가려고 안간힘을 썼다. 조그만 바람만 불어도 이리 저리 도망다니고, 고요한 아침 바람기마저 없는 순간에는 자신이 뿜어내는 열기로 동료들을 내몰아치곤 했었다. 그러해도 도망도 가지 못하고 불에 타 죽은 대부분의 나뭇잎 영혼들은 연기와 함께 하늘 높이 올라갔다. 땅 위에서도 자신의 소망을 이루지 못했고, 거기다가 원치 않게 불에 타 죽던 분을 삭이지 못하여 발버둥치던 낙엽들이다. 그러나 아무리 슬퍼하며 지칠 때까지 허공을 떠돌아다녀 보아도 역시 발붙일 곳이 없다는 걸 깨달으면 힘없이 하강하게 된다.

그 때는 이미 체념하듯 조용하다. 여름의 무성함도 가을의 화려함도 늦가을의 낙엽도 아닌, 자신의 존재가 내세울 게 없는 신세가 되었음을 인식하고 조용히 내려온다. 자신의 소망을 이루어 달라고 발버둥치던 그 기세도 없어졌고, 행여 누가 들을세라 말조차 없다. 물 위든 돌 위에든 심지어 자신이 의지해 왔던 나뭇가지 위에도 서슴없이 걸터앉는다. 그러나 이제는 더 이상 희망도 없고, 어떻게 무슨 일을 해보겠다는 의욕도 없는 것처럼 보인다.

그 분은 자신의 위치가 낙엽의 위치와 같다고 생각을 하셨나 보다. 그 분은 아침이면 낙엽을 쓸어 모아놓고 불을 지폈다. 그리고 오후에는 또 다시 낙엽을 쓸어 모았다. 그리고 또 불을 지폈다. 낙엽이 먼저 다 떨어지는지 내 힘이 먼저 달리는지 무언의 내기라도 하고 있지는 않았는지 모르겠다.

그리고 결국은 그 분이 이기셨다. 그러나 내기의 결과는 모른다. 누구에게도 그 내기의 종류라든지 방법 등을 말해 주지 않았기 때문이다. 그리고 겨울이 되자 손을 툭툭 털면서 빗자루를 내려 놓으셨다. 이제는 누가 보아도 낙엽이 진 것은 확실해졌다.

나는 또 다른 생각을 해 본다. 그 분은 낙엽을 쓸면서 자신이 살아있음을 느꼈을 것이다. 자고 나면 낙엽이 쌓이고 해가 지면 낙엽이 뒹구는 것을 보면서, 내가 왜 저것들을 치워야 할까. 누군가 나 대신 낙엽들을 치워주면 안 될까 하는 생각들을 가질 수 있다.

그러나 그것이 갖는 의미와 내가 직접 낙엽을 쓸어 모으는 의미는 둘 다 내가 살아있다는 것을 증명하는 것이다. 그래서 낙엽을 쓸고 모아서 태우고 또 태웠을 것이다. 만약 쓸어 모은 낙엽을 옮겨다가 흙 속에 묻어 퇴비를 만들려고 했었다면, 그 분은 아마 낙엽과의 내기에서 지고 말았을 것이다. 그래서 누가 뭐라고 하든 말든, 역시 낙엽은 태우는 것이라고 고집을 피우시던 생각이 난다.

이제 그 많던 나뭇잎도 다 떨어졌다. 그리고 그 많게 떨어지던 낙엽도 다 쓸었고, 여기저기 한두 개씩 흩날리던 낙엽들도 모두 한곳에 모아졌다. 그리고는 이내 마지막 낙엽마저도 타버렸다. 이제 더 이상 떨어질 낙엽도 없다. 그제야 그 분도 할 일을 다 했다는 듯 입가에 말없는 미소를 지었다. 보아라, 내가 이겼다. 누가 뭐라든지 내가 이겼다 하는 것 같았다.

그리고 이제 한겨울이 되어 눈이 내리자 더 이상 할 일이 없어지고, 자신의 살아있음을 증명할 일이 없어졌다는 듯 그 분도 가셨다. 아마 마지막 낙엽을 태우시면서 벌써 예견하고 계셨는지도 모르겠다. 그렇다면 내가 나무 밑 땅 속에 곱게 숨겨 놓았던 낙엽들을 꺼내어 하나씩 하나씩 떨어뜨릴걸 그랬나 보다. 그러면 그것이 바로 마지막 잎새가 되지 않았을까 되돌아본다. 언제든 어디서든 마지막 잎새는 필요하고, 그 잎사귀는 항상 자연보다 사람의 힘으로 만들어진 잎사귀라야 의미가 큰 것 같다. 마지막 잎새는 우리 인생에서 고비 고비마다 항상 존재하는 것 같다.

해초는 산에도 있었네

연석산을 찾았다. 이산은 전북 완주군 동상면 사봉리 연동부락
에 있는 데 높이는 920m의 웬만큼 높은 산이다. 전주에서 진안
방면으로 26번 도로를 따라가다 소양면 소재지에 닿으면, 순두부
음식점 밀집지역에서 지방도 749번을 보고 좌회전하여 동상 저
수지 방면으로 가면 연석산이다.

깊은 산 속 외로운 길을 한참 가다 보면 사봉리에서 팻말 하나
가 연석사라는 아주 작은 이름표를 붙이고 우측 길가에 서 있다.
거기까지 가는 중간에 작은 다리가 있고 우측으로 연결된 삼거리
를 만나기도 하지만, 우회전을 하지 말고 그냥 직진 방향으로 가
면 된다. 연석사를 알리는 팻말은 자칫하면 지나기 쉬운 굽은 도
로변에 있다. 그러나 그 직전 200여m 쯤 전방의 우측에는 연석산

을 알리는 가로 세로 약 5m 쯤 되는 커다란 사각 입간판이 서
있다.

그런데 이 입간판 역시 가로수에 가려 시야가 확보되지 않고,
게다가 안내판의 뒷면만 보이므로 자칫 그냥 지나치기 쉽다. 뒷
면에는 아무것도 쓰여 있지 않아 눈에 잘 뜨이지 않는 연유다. 연
석사 안내 입간판이 있는 곳에는 아주 작은 연석수퍼가 있는데
이 곳은 글자 그대로 구멍가게다. 이 수퍼 안에는 손님은커녕 가
게 주인도 자리를 지키지 않는다. 그냥 마당에서 일을 하다가, 누
군가가 부르는 소리가 나면 달려가는 정도의 작은 가게이다. 나
도 그 안에는 들어가 보지도 않았지만 마당에서 연석산 가는 길
을 물어 보고 돌아선 정도였다.

연석사를 알리는 팻말이 있는 곳에는 아주 작은 오솔길 두 개
가 있어, 그 중 어느 길로 가야 연석사로 간다는 애긴지, 어느 길
로 가야 연석산으로 가는 것인지 도무지 알 수가 없다. 그 두 갈
래 길 중 밑 길을 택하여 들어가서 바로 우측으로 철제 다리를
지나 개울을 건너면 연석산 산행자용 주차장을 만난다. 여기서부
터가 정상적인 산행코스다.

그러나 이 곳은 연석산 안내도가 그려진 대형 입간판이 있는
곳과 만나게 되므로 동상저수지 쪽에서 오는 사람은 연석산 안내
간판을 보고 좌회전하면 된다. 반대로 소양쪽에서 오는 사람은
간판을 볼 수 없고, 간판 자체도 시야가 가려져 있어서 그냥 지나
치면 약 200 m를 더 가서 연석사 입구에서 멈추어 되돌아오기가
십상이다.

여기서 멈춘 사람들은 연석산 입구를 못 찾은 사람들이 분명하다. 그러니 위험하지만 어쩔 수 없이 2차선 좁은 산골 길가에 주차를 시킬 수밖에 없고, 다시 길을 물어보아야만 한다. 다행히 연석사 팻말 반대편 길 건너에는 연석가든이 있는데 마당이 넓은 주차장을 가지고 있다. 하지만 이곳은 개인 소유이므로 미안한 마음에 슬금슬금 눈치를 보아가며 한쪽 구석에 주차를 한다. 그러면 입구의 나무 아래를 차지한 순수 국산 변종은 부리나케 찾아와서 꼬리를 친다. 녀석은 자기네 주인집 밥 손님인줄 알고 반기는 것인지 생각되어 미안한 감이 든다. 그러나 다시 한 번 생각해 보면 때리는 시어미라도 사람이 그리워 그런가 보다는 생각이 들게 하는 조용한 마을이다. 개인 소유 주차장에 무단주차를 하고 나니 혹시 돌아갈 때 주차요금을 받는 것은 아닌지 괜히 불안한 마음도 든다.

개천을 우측에 두고 따라 올라가다가 철제 다리를 건너면 그곳이 주차장 뒤쪽 공터다. 어렵사리 잡풀을 헤치고 나가면 넓은 주차장이 보이고, 거기에는 약 30대의 승용차가 가득 들어차 있다. 그래도 주위는 온통 고요 속이다. 여기가 정상적인 등산로 입구라는 것을 알게 되면서는 혼자서도 웃음을 참을 수가 없다. 두 번째부터는 나도 제대로 찾아올 수 있을 텐데 하는 생각이 든다.

연석산 주차장에서 올라가는 길은 시멘트 포장이나 아스팔트 포장이 아니며, 산행치고 보기드물게 처음부터 흙길이다. 오늘이야 정말 산다운 산에 왔다는 생각도 든다. 경운기나 트랙터가 다닌 농로 모양으로 길 양 옆은 잡초가 무성하다. 뿐만 아니라 길

중앙의 바퀴가 닿지 않는 부분도 무릎까지 닿는 풀이 무성하여 걸어가기에 부담을 주는 정도이다.

 길 옆 둔덕에는 여러 나무들 사이에 감나무도 몇 그루 섞여 있다. 그리고 거기에는 연석사 안내 팻말만큼이나 큰 경고판이 붙어 있다. 이 감은 개인 소유이므로 함부로 감을 따지 마라는 내용이다. 그리고는 맨 밑에 완주군수라고 쓰여 있다. 완주군수가 이 팻말을 세웠다는 내용이다. 그런데 글의 내용을 보면 그 감나무는 개인 소유의 밭에 있는 개인 소유의 감나무라는 것이다. 세상에서 가장 선정을 베푸는 자상하신 군수다운 표현이다. 그 내용이야말로 믿기든 말든 상관없이, 감 하나를 따 먹고 싶었던 마음이 이내 사라져 버렸다. 뿐만 아니라 아직 푸른빛으로 보아 덜 익은 땡감인 듯한 것도 한몫했다.

 다시 밭 한 뙈기를 지나는가 싶더니 연석사를 알려주는 명찰을 달고 있던 그 수퍼, 그 개천의 계곡 줄기를 만난다. 호박돌과 바위로 이루어진 계곡은 전천후 자가용인 경운기도 건너지 못한 채 멈춰 서 있다. 그리고 그 짐칸에는 감 포대가 가득하다. 산감을 따는데 모두 네 명은 동원된 듯하다. 경운기 옆에는 발목이 짧은 지게가 두 개나 기대어 있고, 감 포대를 들먹거리며 감을 고르는 아낙이 한 명 있는 것으로 보아 어림짐작을 해 본다. 내가 헤아린 감의 수가 틀리건 맞건 아무 상관이 없으니, 부담 없이 맞다 아니다를 번복한다. 그리고 마음대로 결정한다. 이런 자유가 내 맘대로다. 세상에서 그 어느 것이 내 맘대로 만큼 편한 것이 있을까 생각해 본다.

개울을 건너 세상에서 가장 편한 자세로 산을 오르기 시작한다. 이리저리 굽은 산 길가에 가끔씩 감나무가 눈에 띈다. 산에 있는 것으로 보아 대봉은 아닌 듯한데 감은 물론 이파리마저 제대로 붙어 있는 것이 없으니 무슨 감인지 알 수가 없다. 이것 역시 내 맘대로 추측해 본다.

아직 덜 익은 감을 따는 것으로 보아 홍시를 만들어 먹거나 곶감을 만들거라고 여겨진다. 역시 동상은 곶감의 고장답게 야산에 난 감나무까지도 관리하고 있구나 하는 생각을 하니, 부지런하다 못해 지독하다는 생각도 든다. 그렇다면 이런 산에 난 감들은 따기에도 힘들었겠지만 아까 본 지게로 져서 운반하였을 거라는 생각을 하니 그 수고가 짐작이 간다.

연석산을 오르는 처음 부분에는 빗물이 도로를 많이 씻어 내려갔다. 장마가 져서 산사태가 난 것도 아닌데 도로가 씻겨내려간 이유를 생각해 보았다. 아마도 비가 오면 그 빗물이 땅 속에 스며들기 전에 바로 흘러내리는 것이니 필시 바위산이라는 생각이 든다. 연석산은 그랬다. 등산로 옆에는 바위가 있고 그 위에 이끼가 덮혀서 푸른빛을 띠니, 힐끗 쳐다보면 땅 위에 잡초가 난 듯하다. 풀과 나무, 그리고 바위와 잡초가 모두 어우러져있는 산이다. 하여 길이 패이고, 그 패인 곳은 호박돌과 잡석으로 석재 포장을 하였다. 이런 곳이 상당 부분 계속된다, 그래서 연석산인가 하고 혼자 생각해 본다.

정상으로 가는 길은 가파르지 않고 험하지 않다. 그러나 산에 가는 동안 사방은 아직 푸르기만 한데 유독 연석산만은 누런빛이 완연하다. 그렇지만 내 주변을 살펴보면 제대로 된 단풍은 하나도 없다. 참나무와 소나무, 오리나무 등 잡목이 주종인 산이라서 단풍이 들었다고 해도 대부분 갈색으로, 말라 떨어진 밤나무 잎사귀 색이다. 거기다가 설악에서 태어난 단풍이 아직 남쪽 나들이를 하지 않은 상태다.

아까 본 주차장에는 차들이 제법 있었는데 산에는 사람들의 인기척이 없다. 사람들이 자주 찾아주지 않으니 외로움에 지친 산은, 기다리고 기다리다가 오늘 산에 온 사람들 모두를 삼켜버린 것은 아닌지 내 마음대로 상상해 본다. 연석산은 단일 봉우리로서 그렇게 큰 산이다. 오르고 또 오르면 못 오를리 없겠지마는, 연석산을 오르는 길은 심하게 가파르지 않으면서도 단조로워 지루한 감마저 준다. 작은 정상에 올라 만난 사람들은 모두 한 마디씩 인사를 나눈다. 산은 그다지 높지 않은데 힘들게 오르는 산이라고 말한다. 인근의 높은 산들도 아직 단풍이 안 들었으니 이 연석산도 단풍이 들려면 아직 얼었다고도 말한다. 그리고는 바로 큰 정상으로 향한다. 작은 정상과 큰 정상의 중간에 고원지대 봉우리가 하나 있어 잠시 휴식장소가 되고 있다.

북쪽이 정상인데 동쪽은 운장산으로 이어지니 산을 좋아하는 사람들이 찾는 코스라고 한다. 아무리 그렇다 해도 개인차를 타고 온 사람은 다시 주차장으로 가야 하니 큰 정상 쪽으로 갈 수밖에 없다.

고원에서 정상을 거쳐 다시 연동 마을로 가는 길은, 가던 방향을 계속 가서 옆 능선으로 내려가는 코스가 있고, 가던 길을 되돌아오는 코스가 있다. 우리는 가던 길을 계속 돌아 다른 능선으로 내려오기로 했다. 그러나 고원에서 바라보는 앞산에는 길이 전혀 보이지 않는다. 이 길은 외길이라서 길이 확실히 보이므로 처음 온 사람도 길은 잃어버릴 염려가 없다고 안내하던 생각이 났지만 자꾸만 겁이 난다.

이 산 바로 아래 작은 봉우리가 보이는데 이어진 길이라고는 정말로 개미 한 마리 지나갈 틈이 없다. 그러나 가지 않으면 집으로 돌아갈 수도 없으니, 길이야 있든 없든 나서지 않을 수가 없어 조심스레 전진한다. 키 큰 억새도 만나고 잡목들도 스쳐간다. 그리고 산 능선에 난 산죽도 만난다.

산 위에서 보이지 않던 길은 그렇게 대나무 밭 속에 숨어 있었다. 산죽은 사람 키를 넘는데 능선을 따라 무더기를 있다. 뻣뻣하고 강인한 대나무 사이로 헤집고 나가는 맛이라니, 마치 물 속에서 걸어가는 것과 같은 기분도 든다. 바람이 산죽을 건드려 잠을 깨우면, 나는 해초류 사이를 비집고 다니는 물고기인 양 착각에 빠져든다.

조금 지루하고 억센 잎이 심하다 싶은 마음이 들면 바로 죽 밭이 끝나고 여느 능선이 나타난다. 그러다가 뒤를 돌아보고 산죽을 회상하면, 서운한 감정이 남아 있는 듯 또 다시 산죽 밭을 거닐고 있다.

지루했던 산행의 감정을 이 코스에서 모두 보상받은 것 같다. 정상에서 다시 운장산으로 이어지는 산행을 따라나서지 못한 것이 서운하기는 하지만, 원래 처음부터 계획했던 코스가 아니었다. 거기다가 그러기에는 개인적인 여건이 무리라는 생각에 만족을 하고 위로해 본다.

　연석산. 말로만 듣던 연석산이 크고 화려한 느낌을 주는 그런 산행은 아니었지만, 잔잔하고 조용하면서 산을 즐기는 사람에게 적당하다는 인상을 받았다. 부드러우면서 자연을 찾는 코스로는 그럴 법한 산이라는 생각마저 든다.

4부

그때 우리가 본 것은

황등제를 그리며

　허리다리 위에서 내려다보는 요교호는 그 흔적을 전혀 찾을 수가 없다. 여러 문헌에 의하면 이 요교호가 황등제라고 불린 기록이 확실히 나타나고 있다. 다시 말하면 이 허리다리 위로 펼쳐지는 넓은 들판이 예전에는 모두 저수지였다는 것 또한 확실하다는 뜻이다.

　지금은 탑천이 흐르고, 그 중간 허리춤에 혁대를 매어 놓은 듯 도로가 지나가고 있다. 이 도로의 중간 지점인 허리다리에 서서 내려다볼라치면, 마치 물소의 머리 모양인데, 다리에서부터 양쪽으로 뿔을 맞대어 놓은 것처럼 좌우 두 개의 천으로 갈린다. 이 뿔 모양의 천은 도로를 따라 어느 정도까지는 좌우 일직선으로 나가다가 이내 원주모양으로 휘어진다. 아마도 이 두 갈래의 물길 안쪽이 모두 황등제의 저수지였을 것을 짐작게 하는 형상이다.

이 황등제는 북쪽으로는 청금산의 남측단과, 남쪽으로는 도치산의 북측단을 가로질러 막고, 그 보의 동쪽으로는 아득히 물이 고여 있었을 것이다. 이것이 바로 황등제이다. 이 제방은 둑길이가 1.3km, 둘레는 10km였다는 기록이 있는데, 현재의 지형으로 보아 거의 맞아들어간다. 지금의 황등산 남측 끝 봉우리인 청금산과 도치산 사이의 들판 직선거리를 보면 약 1.5km에 달하는 것이다. 오랜 기간의 침식작용을 감안하면 옛날에는 지금보다 약간 좁았을 것으로 추측된다.

또 기록에서는 보의 길이가 90보 약 110m 로 되어 있는데, 이 것은 혹시 수문의 폭을 잘못 말하지는 않았는지 하는 생각이 든다. 아니면 900보의 잘못된 기록일지도 모르겠다. 이것도 현재의 탑천 폭과 비교하여 볼 때 황등제의 수문을 강폭만큼 되도록 만들었다면 100여m라는 수치가 엇비슷하다. 이 황등제의 북쪽으로는 삼기면, 동쪽으로는 삼성동과 임상동 그리고 영등동, 서쪽으로는 신동에까지 이르러 물이 고여 있을 만한 지형이니 대단히 큰 저수지였다고 생각된다. 이 제의 남쪽을 호남이라고 했다는 설도 있는데, 황등제가 전라도의 북쪽에 있다는 것을 생각하면 그것도 그럴 법하다. 최근들어 황등제의 사실 여부에 관한 연구가 서서히 거론되고 있는 것을 보아도 짐작이 가는 부분이다.

황등제가 이렇게 큰 저수지였다면 아침마다 물안개가 피어오르고, 비가 올 때면 이무기가 용이 되어 승천한다는 얘기가 심심

찮게 등장하였을 것이다. 가운데 깊은 곳에는 사람이 범접하지 못하니, 그곳에 바로 용왕이 산다는 것도 빼놓을 수 없는 메뉴였을 것 또한 짐작된다. 그러나 이 황등제에 대한 기록들은 상세하게 남아 있는 것이 없어 모두 추정만 할 뿐이다. 그 이유는 백제시대에 세워진 제방이 고려시대에 폐지되었다고 하니, 당시의 기록이 남아 있지 않는 것도 이해가 간다.

그러나 지금 보아도 드넓기만 한 곡창지대의 저수지가 폐지된 사유는 인근 상류에 설치된 경천저수지 때문이라고 추정된다. 이로 인해 하류에 있던 황등제에 저장할 물이 부족하여졌고, 거기다가 상부에서 많은 물을 보관하고 있으니 하류에서는 별도로 물을 받아 둘 이유가 없어졌기 때문이라고 해석할 수 있겠다. 그 이후로 황등제에는 많은 퇴적물이 쌓였고, 지금은 유용한 농경지로 활용되고 있는 것이라고 미루어 짐작된다.

따라서 황등제는 당시 벽골제, 눌제와 더불어 국내 3대 저수지 중의 하나로 꼽힐 정도였다. 벽골제는 김제시 부량면 용성리 일대에 백제 비류왕 27년 서기 330년에 창설되었고 둑길이 3.3km, 또는 1,800보 약 3.24 km 라고도 전하며, 조선 태종 때 15년 간 보수한 기록도 갖고 있다. 또한 눌제는 정읍시 고부면에 있었으며 백제 때 창건되고, 1873년 고종 10년에 폐지된 것으로 전한다. 이 눌제의 둑 길이는 1.5km, 둘레는 16km였다고 한다.

우리가 흔히 알고 있는 농경시대의 국내 3대 저수지는 김제 벽골제, 제천 의림지, 밀양의 수산제이다. 그런데 의림지는 신라 진흥왕 13년 서기 552년에 설치되었다는 설과, 고려 고종 38년 서기 1250년경에 설치하였다는 설도 있다. 그러니 시대별로 최대의 저수지라는 명칭을 붙이는 것은 제각각일 수밖에 없었을 것이다. 반면 밀양의 수산제는 밀양시 하남읍 수산리 927번지 일대로 삼한시대에 세워졌다는 설이 있으니 오래된 제방에 속한다. 그 크기는 둑 길이 728보로 약 917m이며, 둘레는 8km였다고 한다.

이 밖에도 이름이 전해지는 저수지는 홍성군의 합덕제, 상주시의 공검제, 영천시의 청제, 수원의 서호, 그리고 북한에서는 황해도 연백군의 남대지가 유명하다. 이것을 보더라도 국토의 남서쪽 지방에서 수도작이 더 발달하였던 것을 알 수 있다. 참고로 조선시대의 3대 저수지는 벽골제, 합덕제, 남대지였다는 기록이 우세하니 둑을 설치한 후 잘 사용하기까지는 많은 어려움이 있었다고 생각된다. 그것은 당시의 토목기술이 미약했던 탓으로 둑이 잘 무너지고, 다시 보수하기도 하며, 때로는 합덕제처럼 환경에 따라 위치를 이동하여 가면서 둑을 쌓았다는 것을 알아낼 수 있다.

지금 허리다리에서 바라보면 황등제는 그 어디에서도 흔적을 찾을 수가 없다. 그러나 마음 속의 넓은 저수지에서는 아직도 잔물결이 출렁인다. 한때는 황등 서수 임피 대야 등 주요 평야지대를 모두 적셔주던 물이 아니었던가. 생각하면 생각할수록 고마운 물이다.

세계 연 평균 강수량은 750mm이다. 우리나라의 강수량은 1,298mm 로 많은 편이다. 하지만 국토가 좁고 대부분이 산지이며 여름철에 집중호우가 내려 가뭄과 홍수가 되풀이되던 시절에, 보를 쌓고 그 물을 가두어 보관하는 것은 아주 중요한 정책 중의 하나였을 것이다.

문헌에 남아 있는 저수지의 역사는 기원 전 2900년 이집트 나일강에 설치된 석괴구조의 댐이라고 하니 우리와는 약간의 차이가 있다. 그러나 지금 우리 농업기반공사에서 관리 중인 물 관련 시설만 해도 12,685개나 되며, 국내 총 보유 시설 수는 68,018개로 현재의 논농사에는 거의 부족함이 없다. 따라서 이 황등제가 다시 복원되고 허리다리까지 물이 차서 넘실대는 경우는 없을 것이다. 요즈음은 크고 작은 농수로를 통하여 농업용수를 강제로 보내고 있으니, 옛날처럼 자연 상태의 수압으로 흘러가는 물만 가지고는 농업용수 공급에 한계가 있는 것도 그 이유 중 하나이다.

황등제가 있었다는 것만으로도 우리 고향은 아주 오래 전부터 이어져 온 전통의 고을임을 아는 단서가 되고 있다. 황등제는 이렇게 자연을 다스리면서 다듬어져 온 고장임을 아는 중요한 역사이다. 여유롭게 낚시를 하고 있는 저 사람이 황등제를 알기는 하는가. 그들의 가슴 속에도 낚싯대가 드리워진 탑천처럼 잔잔히 출렁이는 물결이 있을까 궁금해진다.

월요일에 만난 사람들

오늘은 저녁에 모임이 있는 날이었다. 그런데 아침부터 기분이 좋았다. 오랜만에 사람도 만나고 저녁식사를 외식으로 할 것을 생각해서 좋은 것만은 아니었다. 회식인데도 직접 내 돈을 내고 먹는 저녁이 아니라서 좋았던 것도 아니었다. 그래봐야 회식은 전에 모아 놓았던 돈으로 먹는 경우가 많으니 그거나 저거나 내 돈인 것과 다름이 없다.

오늘이 13일 월요일인데 연말년시에 모임이 많을 것을 대비하여 약은 꾀를 썼고, 비교적 겹치지 않은 날로 빠른 날짜에다 특수한 요일을 선택하여 잡은 것이었다. 그러나 예상은 완전히 빗나가고 말았다. 요즘은 경기가 안 좋다고 하지만 각종 친목 모임이나 사회단체 모임, 가족 간의 간단한 모임 등은 오히려 더 많아진

것 같았다. 그것은 사전에 예약을 하지 않고 그냥 가면 넓은 자리
는 차지할 수가 없는 것을 보아 알 수가 있다.

　우리는 부부동반 모임이라서 그래도 적지 않은 수가 모일 것이
므로 사전예약은 필수였고, 아마도 중간 중간에 확인도 했었을
것으로 안다. 우리 모임은 비교적 조용한 모임이다. 초등학교 동
창들 중에서 모인 것인데 동네에서 자란 사람끼리 몇 명만이 해
당되는 정도이고, 그들의 부부간 모임이었다. 일반적인 동창들의
모임은 항상 시끄럽고 왁자지껄하며 걸판진 것이 특징이 될 수
있는데 우리는 좀 다른 편이다. 그래서 평소에 만나도 건전한 내
용을 논한다고 자부하고 있었고, 실제로 행동도 그렇게 하는 경
우가 더 많았다.

　농경사회에서는 서로가 가까운 데 모여 살고, 교통도 불편하여
인근에서 만나고 인근에서 생활할 수밖에 없었다. 그러나 요즈음
은 전과 달라서 하는 일이 붙박이가 아니며 사는 곳도 붙박이가
아니다. 그러므로 각양각지에 흩어져 살다가 때가 되면 필요에
의해서 만나고 헤어지는 실정이다. 따라서 만나서 먹고 마시는
풍속 또한 변하였다. 전처럼 퍼지고 앉아서 날을 새는 경우는 극
히 드물게 되었고, 다음날 일을 하든지 않든지에 상관없이 항상
바쁘게 끝을 맺고 나서는 것이 현실이다.

　우리는 만나면 저녁 먹고, 저녁 후에는 술 마시고, 다음은 2차
가고, 돌아오면 화투치는 그런 모임에서 벗어난 지 오래다. 같은
회원이라고 하더라도 각자의 생활이 있고, 다음의 계획이 있는
것이다. 그래서 억지로 술을 권하지도 않고 각자가 먹을 만큼, 개

인이 마실 만큼이면 족한 것이다.

어느 면에서는 이런 모임이 무미건조하고 좋지 않다고 말하는 경우도 없지는 않지만 그래도 실보다는 득이 많은 우리 모임이다. 자기가 먹기 싫다고 하면 그냥 마는 술, 권유를 받았어도 태우지 않아도 되는 담배, 이런 모임은 그리 흔하지 않은 것 같다.

때로는 농담이 지나쳐 마음 상하기도 하고, 오해를 하여 언성이 높아지는 경우도 있기는 하지만 그래도 이 모임은 좋다. 그런 것쯤이야 세상을 살면서 어디 이 모임뿐이겠는가. 항상 크고 작은 문제들이 쌓여 있는 것이 우리 인생이 아니던가 생각하면 그런 정도는 보아 줄 만하다.

오늘도 2차는 없었다. 물론 2차로 가자는 의견 자체가 없었던 것은 아니지만 그래도 다들 이해하고 헤어졌다. 만약 2차가 우세하여 나섰다고 하더라도 노래방에 갈 참이었다. 어떤 사람은 조용한 커피숍에 가서 얘기를 좀더 하다 가자고 하는 사람도 있었다. 그럼에도 불구하고 다들 집으로 돌아갔다. 굳이 가고 싶은 사람은 각자가 알아서 갔는지는 모르겠으나 공식적으로 회비에서 지불하는 경우는 없었다.

거기에는 부인들의 역할이 크다고 본다. 남자들이야 그래도 약간은 분위기에 휩싸일 경우가 있는데, 부인들이 끼니까 그런 경우 웬만해서는 의견을 존중하게 되었다. 부인들은 다음날 아침 일찍 밥도 차려야하고, 밀린 빨래도 해야 하고, 애들도 돌봐야하는 경우가 있어 마냥 시간을 허비할 수만은 없는 이유도 한몫 거들었다. 그러고 보니 이런 모임은 자주 만나도 나쁘지 않을 것 같다. 그래서 오늘 모임은 기분이 좋았던 것이다. 거기다가 오늘이 기다려졌던 이유가 한 가지 더 있다.

오늘은 다른 모임이 겹친 날이었다. 날짜도 겹치고, 시간도 겹치고, 장소도 그리 멀지 않은 곳이라서 기분이 좋았다. 그러나 모임을 한꺼번에 두 군데나 치러야 한다면 꼭 좋지만은 않지만 또 하나의 모임 역시 앞의 모임과 성격이 비슷해서 좋았던 것이다.

후자의 경우는 2차를 노래방으로도 가지 않는 아주 유명한 모임이다. 술은 식사시간에도 먹지 않고, 마실 것인지 조차도 아예 물어보지 않는 모임이다. 비록 다른 모임에서는 마시고 취할지 모르나, 여기에 오면 얌전하고 순한 양이 되는 것이다. 이른바 종교단체와 관련된 모임이니 마음이 편하다. 사실 그래서 기분이 좋았던 것이다.

간혹 어쩌다 보면 때가 되어 만나고 먹고 마시는 것이 고역인 때가 있는데, 이것은 자신의 기준에다가 남을 끌어대고 맞추는 데서 연유한다고 본다. 순전히 나의 공식에 남을 불러들이는 것이다. 남의 시간과 계획과 생활을 무시하고, 나를 위하여 내가 시키는대로 해야 한다는 방식이 작용하면 그렇게 된다. 그러나 오늘 두 가지 모임이 모두 그런 데서 벗어난 모임이므로, 부담도 적고 자리가 어렵지도 않은 데서 오는 심리적 편안함이 작용한 것으로 풀이된다.

오늘도 이렇게 지나갔다. 내일은 어떤 모임에서 어떤 권유를 받아야 할지 모른 체 약속을 한다. 특히 어느 시기가 되면 집중되는 현상이고, 어느 계절이 되면 회식이 많아지는 특성도 있다. 그 때마다 항상 따라다니는 것이 차 가져 왔느냐이고 그러면 마시지 말라는 말도 유행하고 있다. 이것은 우리에게 지속적으로 홍보되어 온 건전 음주문화의 결과가 아닌가 생각된다.

좋은 것은 누가 시켜서 하든지 내가 알아서 하든지 하면 되는 것이고, 다른 사람은 거기에 협조는 안 해 주더라도 방해만 하지 않으면 된다. 모처럼 어렵게 담배를 끊은 사람에게 격려는 못 해 줄 망정, 얼마나 안 피우고 견디나 보자는 식은 그 사람의 사기를 떨어뜨리는 행위다. 술을 안 마시기로 결심한 사람에게 밥과 함께 먹는 적은 술은 약술이라고 부추기는 것도 작심삼일을 조장하는 일이다.

즐겁자고 만나고, 맛있으라고 먹고, 기분 좋으라고 마시는 것이 부담스러우면 어찌 계속하여 만날 수 있겠는가.

1월 13일. 월요일로 결정한 모임은 이렇게 좋은 하루로 장식했다. 그리고 활력소가 되어 내일을 가꾸는 밑거름이 될 것이 확실하다. 남을 배려하는 모임은 그래서 좋은 것이다.

설 대목장

오늘은 2월 6일 일요일이다. 황등장은 매 5일과 10일에 열린다. 그러나 이번 6일은 설날 전의 대목장으로 임시로 열리는 장이었다. 아직까지 정기적으로 열리고 있는 장이건만 그 기능이 많이 퇴색되어 지금은 대체로 기울고 있는 정도다. 그래도 내일 모레면 우리 고유의 최대 명절이 다가오니 오늘 같은 날 장을 서지 않고는 말이 아닐 것이다.

근래 들어 겨울 날씨치고는 많이 따뜻해져서 그나마 다행이기는 하지만, 그래도 추위가 어디로 간 것도 아니고 매섭기는 여전하다. 입춘도 벌써 지났는데 아직 봄은 일어날 생각조차 안 하고 있다. 이런 날은 누군가가 회초리라도 들고 가서 늦잠 자는 봄을 깨워 올 수만 있다면 얼마나 좋을까. 하긴 예부터 정해 놓은 법칙을 보면 봄이 왔다고 해서 입춘이 아니고, 봄이 오니 맞을 준비를 똑바로 하라고 해서 입춘이란다. 이번 설은 입춘이 지나고 맞는 것이라서 이론적인 구색은 갖추는 듯하였다.

점심을 걸치고 나선 장보기로 마음이 풍성해진다. 무엇을 살 것인지는 내가 아닌 모친께서 알아서 하실 것이고, 나는 단지 심부름만을 할 뿐이다. 이것만으로도 마음이 편하다. 아직까지 살아계셔서 손수 장보기를 하시겠다니 이 얼마나 고마운 일인가.

나는 하릴없이 그냥 털레털레 걸어간다. 어릴 적에도 장보기를 하시는 부모님 뒤를 졸졸 따라다니던 기억이 있다. 그 뒤에도 여러 차례 장을 돌아다닌 적은 있지만, 이렇게 본격적인 장보기를 한 것은 실로 얼마 만인지 모르겠다.

오랜만에 들어서는 장은 많이 달라져 보인다. 시장으로 들어가는 진입로부터가 달라졌고, 좌판을 대고 장이 서는 가건물들도 바뀌었다. 전에는 기둥과 지붕만 있는 건물들이 입구부터 줄지어 서 있었는데, 지금은 뼈대는 물론이고 벽체와 문까지 달린 그런 건물들이 꽉 들어차 있다.

황등장은 이제 예전의 정기 5일장 형태는 온데간데없어졌고, 번듯한 상설시장이 되어 있었다. 전에는 네 귀퉁이에 기둥이 세워지고, 거기에 서까래만 얹어 함석지붕을 덮어 놓은 것이 전부였다. 그러나 지금은 기둥은 물론이며 벽도 있고, 기기디기 비람도 막아주는 창문까지 달려 있는 것이다. 이런 훌륭한 건물에서 비린내 나는 생선이며, 폼 안 나는 잡곡과 대파와 같은 푸성귀를 파는 것은 좀 안 어울린다는 생각이 들 정도였다. 옥에서 티를 찾는다면 아쉽게도 건물이 벌써 오래된 듯한 냄새를 풍긴다는 것이다.

이제 황등시장은 예전의 황등시장이 아니다. 커다란 주차장도 갖추고 있다. 아직도 많은 차들을 시장 속 단지 내 길가에 받쳐두기는 하지만 그래도 이 정도면 훌륭한 시설이라고 여겨진다. 이 정도가 시내에 있으면 그야말로 최신유행을 따를 만큼 멋있는 장이 될 법한 생각이 든다.

어릴 적의 기억을 되살리면서 시장을 돌아본다. 이 집은 그 때 누구네 집인데 지금은 어디서 무엇을 하고 있고, 저 집은 학교 선생님 댁이었는데 지금은 벌써 고인이 되셨고 하면서 열심히 추억을 끌어올려 정렬시켜 본다. 여기는 개전이고, 저기는 닭전인데 오늘은 대목장이라서 그런지 아무리 둘러보아도 동물들은 찾을 수가 없다. 생각해 보니 그런 것은 오늘 같은 날 어울리지 않을 듯하였다. 오늘 같은 날 개나 닭과 토끼들이 보이지 않는 것은 역시 선조들의 삶이 합리적이었던 덕분이라고 생각된다. 대목장은 역시 때때옷과 과일이며, 그리고 제상에 올릴 생선이 제격일 것이다.

시장의 입구 바로에는 튀밥집이 있다. 가져올 때부터 한 보따리인 뻥튀기는 시장에 닿자마자 미리 맡겨놓고 나서 다음 일을 본다. 어떤 어르신들은 뻥튀기를 시켜놓고 옆에 쪼그리고 앉아서 기다리신다. 왜 그렇게 앉아 있느냐고 물어보면 다른 할일이 없어서란다. 그러니 뻥튀기가 다 될 때까지 여기 있다가 가려고 그런단다. 그러나 말이 그렇지 그런 분들 모두는 뻥튀기 집 아낙을 못 믿어서다. 언제부터 우리가 이렇게 서로를 믿지 못하고 살아왔던가.

그러나 나이 드신 어르신도 결국은 거길 빠져나오고 만다. 여기 앉아서 뭘 할 일이 있느냐고, 어서 가서 다른 일을 보고 오라고 내지르는 뻥튀기 아낙의 고함소리에 주눅이 들어서다. 어르신네 뻥튀기를 절대 안 훔쳐 먹을 테니 걱정마라는 그 한 마디에 달리 무슨 말을 할 수가 있단 말인가. 모든 것을 믿어 버린다. 왜 처음부터 믿지 못해서 핀잔을 들어야만 했단 말인가. 그래도 떨어지지 않는 발걸음은 꼭 꿀 먹을 때 오줌 마려운 강아지 모양이다.

우리도 한 아름 뻥튀기 재료를 넘겨주고 나서 곧바로 어물전으로 가 동태포를 뜬다. 동태포는 얼어 있을 때 떠야 잘 떠진다고, 어제 밤부터 채근하시던 어머니시다. 그러나 요즈음 겨울이 아무리 따뜻하다고 해도 겨울은 겨울이다. 또한 지금이 한낮이라고는 해도 이 정도에 녹아내리면 그것은 동태가 아닌 것이다.

솜씨 좋은 어물전 주인의 칼끝에서 놀아나는 동태는 한 마디 말도 못하고 몸이 나뉘어진다. 그것을 바라보고 있는 나의 마음은 칼끝이 움직일 때마다 한 겹씩 한 겹씩 더 단단히 움츠려든다. 하긴 아직까지 목숨이 붙어 있다면 그 놈도 동태는 아닐 것이라고 애써 위안해 본다.

커다란 놈이 한 마리에 5천 원이란다. 아무리 설 명절이라지만 핵가족화되었으니, 먹을 사람도 없는데 이 정도면 충분하다는 생각이 든다. 예전 같았으면 두세 마리는 족히 떠야 되었을 것이다.

동태포를 뜨는 중에 가시가 들어가지 않도록 잘 떠 달라는 한 마디 부탁도 잊지 않는다. 알았다고 대답은 시원스레하지만 그 속을 누가 알랴. 하긴 그 말을 듣고 잘 떠 주고 안 들었으면 잘못 떠 주고 할 정도는 아닐 것이다. 그럴 것 같았으면 대목장에 나설 그런 생선장수가 아니다.

다음은 과일 전이다. 오늘 황등장에서 사고 팔리는 과일은 아마도 여름에 나는 과일이 아닌 다음에야 실과라고 해야 맞을 법하다. 제상에 올라가는 실과는 정해져 있다. 밤, 대추, 사과, 배, 곶감, 그리고 요즘에는 바나나도 빠지지 않는다. 조상님들이 살아 생전에는 구경도 못하신 바나나인데 제상에는 올라가는 것이다. 요즘이 국제화 시대라서 음식도 국제적으로 놓아야 하는 모양이다. 사과는 추석을 전후하여 푸른색 사과에서 붉은색 사과로 바뀌어 출하된 후 제상에는 붉은 사과를 올린다. 전에는 밤을 올릴 때에 생밤을 까서 물에 적신 다음 어느 정도 부드러워지면 상에 올려놓았으나, 요사이는 껍질을 벗기지도 않고 삶지도 않은 그냥 생밤을 놓기가 일쑤다. 그 사이 부럼으로 이가 많이 튼튼해진 연유인지 모르겠다.

이런 제사용 음식도 예전처럼 명절이 지난 후에 두고두고 먹을 사람이 없으니, 그냥 형식적으로 필요한 몇 개만 있으면 그만이다. 그러니 비싸게 주고 많은 양을 살 필요도 없는 것이다. 배나 사과도 달랑 두 알을 살 수가 없어서 세 알을 산다. 이것은 보기 좋으라고 하는 것보다, 너무 적으면 정이 없다고 서운해 할까봐서가 아니라, 예부터 내려오는 풍습으로 원래 홀수를 즐겨 찾는다.

다음에 들르는 곳은 녹색식물을 파는 곳이다. 도라지와 버섯은 녹색은 아니지만 필수 채소이며, 줄기미역이며 시금치와 파도 빠지지 않는다. 또한 이들을 말린 것도 둘러본다. 호박 말린 것과 고사리 말린 것은 집에 있으나 혹시 다른 필요한 것은 없는지 살펴본다.

이것들과 함께 전을 부칠 당근과 맛살, 그리고 풋고추도 고른다. 자식들이 좋아하는 돼지 족도 한 벌 챙긴다. 어머니께서는 이 돼지고기를 잡수지도 않지만, 그래도 자식들이 좋아하니 귀찮아도 빠뜨리지 않고 사신다. 이 족발은 우선 핏기를 대충 우려내서 버리고, 깨끗한 물을 넣고 다시 한 번 삶아 낸다. 그 다음은 이 삶아 낸 물에 온갖 양념을 넣고 재차 서너 시간은 족히 고아야 제대로 우러난다. 이렇게 해야 족발 중에 족발이 되는 것이다. 이렇게 삶은 것은 만지기만 하여도 육골이 분리될 정도로 연해져서 먹기에도 그만이다.

시장을 다 보고나서 돌아나올 즈음 처음에 들렀던 뻥튀기 집을 찾는다. 그러면 벌써 뻥튀기가 완성되어 주인을 기다리고 있다. 자식들에게 나누어줄 뻥튀기 두 방이 벌써 다 된 것이다. 이런 것도 그냥 만들어져 있는 것을 사면 수입산 쌀로 만든 것을 사게 된다고 일부러 쌀을 가져와서 튀기는 것이다. 이 많은 장보기는 이제 팔순의 문지방에 선 노인네로서는 혼자서 감당하기에 힘든 노동의 하나가 되고 말았다. 명절을 맞아 즐겁게 보아야 할 대목 장보기가, 이제는 상 노동으로 변한 것이다. 그러나 이런 것을 누구한테 시키려 해도 마땅히 시킬 만한 사람도 없으니 좋으나 싫으나 어찌할 수가 없다.

그래서 근래 들어 큰 장을 보려면 이렇게 자식들을 부르시는 것이다. 동태포에서부터 뻥튀기까지 시장에서 구입한 모든 것들을 차에다 싣고 시장을 빠져나온다. 그러다가 방앗간에 들러 엿기름을 산다. 이 엿기름은 벌써 바싹 말라 있어서 더 이상 알아볼 수도 없으나, 그래도 깨끗이 잘 말랐는지를 확인한다. 예전에는 이 엿기름도 집에서 길렀었지만, 지금은 집에서 시중들 사람도 없어 감히 엄두도 못 낸다. 통보리를 가지고 정성으로 만든 엿기름으로, 끓이고 식히기를 거듭하여 달여 낸 식혜는 시원한 음료에 대신한다. 거기다가 영양까지 풍부하여 밥 대신 그냥 먹어도 되며 소화력 또한 높아 식후 마무리용으로 그만이다.

자동차 거울에 비친 황등시장의 겉모습은 변했어도 거기서 사고파는 물건은 변함이 없다. 이것은 우리가 가지고 있는 문화이기 때문일 것이다. 먹을거리의 형태가 바뀌고, 입을거리의 모양은 달라졌어도 아직까지 우리의 마음은 변하지 않았다. 내가 어릴 적 보았던 기억으로 지금을 보면서 변하지 않았다고 하는 것처럼, 우리네 삶의 가장 바탕이 되고 근본이 되는 것은 변하지 않은 것 같다. 바로 과거에 대한 감사의 마음과 미래에 대한 예의가 아니겠는가.

올 설날은 많은 것을 간소화하여 줄이고 또 줄이기로 하였지만, 그래도 장을 보고 나니 한 짐이다. 거기다가 집에서 별도로 만들어야 하는 떡도 있고, 다시 손을 보아야 하는 부침개도 있으니 아직도 한참이다. 그러고 보니 우리네 음식은 먹기에 비해 조리로 소요되는 정성이 너무 많다는 생각이 든다. 지성이면 감천이라고 했던가. 이것이 바로 양보다 정성을 말하는 것이 아니고 무엇이겠는가. 먹는 사람을 즐겁게 하기 위한 것이라고 생각하면 준비하는 노동도 기쁜 마음으로 행할 수 있을 것이다.

누가 뭐래도 아직까지 5일과 10일이 황등 장날인 것은 변함이 없다. 그리고 그 장날에 맞춰 명절음식과 설빔을 준비하는 마음도 예나 지금이나 변함이 없다. 머지않아 황등장의 내부수리를 한단다. 더욱 활기차고 소비자의 안전을 위하는 마음으로 다가서기 위한 조치라고 한다. 그러나 장을 찾는 사람들의 마음 속에는 사람을 그리워하는 마음이 차지하고 있다는 것을 알아야 할 것이다. 난장으로 좁아진 골목길을 돌아가는 발걸음 속에는 서로들 때문에 괴로워하고, 상대방 때문에 즐거워하는 그런 사람살이가 담겨져 있는 것이다. 지금 재래시장에서 일어나는 모든 행동 하나하나는 자신과 가족을 위하는, 그리고 남을 위하는 가장 원초적인 사랑이 녹아 들어가 있다. 그래서 오늘 내가 찾아온 꼬불꼬불 고향장은 나에게 평화로운 감동을 준다. 그 감동은 마치 젖을 먹던 시절 어머니의 품처럼 편안함을 몰고 온다.

장날 그리고 1년 후

오늘이 음력 섣달 열엿새다. 양력으로는 1월 15일이니 설날이 되려면 아직도 보름 정도나 남아 있다. 그런 중 오늘은 일요일과 장날이 겹친 날이다. 지난 해 설 장보기를 한 후 다시 1년 만에 시장에 들러 보는 것이다. 아직 설까지는 이른 장이라 명절 분위기가 충분하지는 않았지만 그래도 간간이 제수품을 준비하는 모습들이 보인다.

시장에는 아직 많은 사람들로 붐비지 않았지만 그래도 어디서부터인지 몰라도 설 냄새가 서서히 풍겨 나오고 있는 듯함을 느낄 수 있었다. 장에서 파는 물건들은 언제나 변함이 없지만 여기저기 진열되어 있는 가게의 물건들과 그들이 쌓여 있는 상태를 보아 알 것 같다.

시장 입구부터 줄지어 서 있는 자동차 속과, 오고가는 사람들의 짐 꾸러미 속으로 아직 멀찌감치 서 있기만 한 줄 알았던 설이 분주히 오고가고 있다. 설을 기다리는 사람들은 미리미리 준비하는 모습들이 역력하다. 옛날에도 달포 전이나 보름 전부터 준비하던 설빔이 아니었던가. 이 정도부터는 부정한 일을 애써 삼가는 정도였으니 설을 준비하는 마음들이 대단하였었다.

이러한 시기에 장을 다시 찾아보니 어릴 적의 설날 생각이 새록새록 떠오른다. 하긴 그 때는 설빔이라고 하여도 양말이나 내복 등이 전부였었고, 어쩌다 한 번 겉옷을 선물받는 행운이 있을 뿐이었다. 모든 사람들이 기다리는 것 같으면서도 이렇게 유독 내 차지는 없는 설날이지만, 어쨌든 우리의 명절임에 틀림없었고 나도 기쁜 마음으로 기다리고 기다리던 날이었다. 그 기다림은 옛날부터 지금까지 한결같이 이어져오고 있다.

오늘 장에 들어서는데 분위기가 사뭇 다른 것을 느낄 수 있었다. 전에는 옷가게가 자리하던 곳에 주차장이 들어섰고, 주차장 뒤로는 사람들의 안전을 위하여 무릎 높이까지 설치한 철제 분리대가 보인다. 그런데 자세히 보니 변한 것은 그뿐만이 아니었다. 전에 없던 인도가 설치되어 있었고, 이 길은 오고가는 사람들이 비를 맞지 말라고 투명한 지붕을 만들어 놓기까지 하였다.

시장 내부도 확실히 달라졌다. 전에는 낮에 불을 켜 놓고도 어두워서 들어가고 싶지 않던 곳이었는데, 오늘은 우중충한 날씨임에도 속이 훤히 들여다보이는 것을 알 수 있었다. 자세히 보니 바닥은 온통 하얀 타일로 되어 있고, 지붕도 중간 중간에 채광판을 만들어서 자연 태양광이 들어오도록 개조를 한 것이다. 물론 벽에는 밝은 색 페인트가 칠해져 있다.

전체적으로 황등장의 위상이 높아진 것을 알 수 있었다. 그 증거로 밝아진 모습을 들 수 있고, 시내의 어느 상가 건물과 다름없다는 것을 들 수 있겠다. 그러나 그 어느 것보다 확실한 것은 시장 건물 바닥 전체에 타일을 붙이느라고 약 3cm 정도나 올라갔으니, 시장의 위상이 올라간 것은 어느 누구도 부인하지 못할 것이다.

겨울이 되면 낡은 재래시장은 언제나 화재의 위험을 안고 있으며, 짧은 해로 인하여 더 어둡게만 느껴지던 건물이었다. 그러나 이제는 밝고 훤한 느낌이 들며 잘 지어진 시내의 쇼핑센터와 같은 인상을 주었다. 그 복잡하던 전선이며 소방시설을 어떻게 처리하였는지는 모르겠지만 어쨌든 분위기가 밝아지니 그러한 위험요소도 동시에 없어진 듯한 생각이 든다.

그 곳에서 장사를 하는 사람이 변하지 않았고, 파는 물건이 변하지 않았으며 그 물건을 사러가는 사람도 변하지 않았는데 어쩜 이렇게 달라질 수가 있단 말인가. 아무것도 달라진 게 없는데 확실히 달라진 것처럼 느껴지게 하는 것은 무슨 조화일까.

모든 일은 이와 같이 마음먹기에 따라 약간의 변화를 가지고도 커다란 효과를 낼 수 있다는 생각이 들었다. 아무리 이러해도 밀려드는 대형 할인매장에 비해 재래시장이 얼마나 경쟁력이 있을까는 두고 봐야 알 일이지만 그래도 마음이 든든해지고 대등한 위치에 서 있는 것 같은 생각이 든다.

일년 전에 가 보았던 상점들을 둘러본다. 아직 명절에는 때 이른 장이라서인지 몰라도 문을 열지 않은 가게들이 더러 있다. 이들은 대목장이 아닌 평소 장날에는 손님이 별로 없다는 것을 얘기해 주고 있을 것이다. 그렇다고 황등에 살고 있는 사람들의 수가 줄어든 것도 아니다. 10년 전이나 20년 전이나 아니 내가 살던 30년 전에도 지금과 같은 인구를 가지고 있었다. 그러니 특별히 손님이 줄어들 이유는 없는 것이다. 그러나 그 때와 지금의 다른 점은 주된 고객의 연령층이 변했다는 것이고, 지금은 그 전과 달리 식성이 많이 변해서 먹고 사는 방식이 달라졌다는 것일 게다. 그리고 빼놓을 수 없는 것은 생활의 편리함을 찾는 사람들이, 더 깨끗하고 더 많은 가게가 모여 있는 백화점이나 대형 통합소매점에 간다는 점이다.

세월이 흘렀어도 고향의 정을 중히 여기고, 사람과 사람의 대면을 중시하는 사람들은 여기 시장을 지키고 있는 것이다. 전통과 상대방의 안타까움을 안쓰럽게 생각하는 사람들이 아직도 시장을 떠나지 못하고 있다. 반면 환경의 변화에 둔감하며 현재에 안주하는, 낯설기에 두려움을 느끼는 보수 성향의 사람들만 고집하고 있는 것이다.

한편 생각하면 어리숙하게 보이면서도 남을 배려하고 나의 이익을 많이 챙기지 않는 것이 잘하는 것인지는 알 수 없는 일이다. 남과 같이 약삭빠르게 움직여서 전통이나 문화보다도 나의 이익을 우선하고, 변화무쌍한 환경에서 살아남는 길을 택하는 것이 잘하는 것인지도 알 수 없다. 물질만능주의 사회에서는 후자를 잘하는 사람이라고 말하며, 거기에 문화를 아는 사람들은 전자가 필요하다고 말하기도 한다. 그렇지만 막상 평가를 하려치면 전자보다는 후자를 더 능력이 있는 사람으로 대하며, 전자는 사회에 적응하지 못하는, 대응하지 못하는, 변화하는 사회에서는 살아남지 못하는 무능한 사람으로 치부하기가 십상이다.

그 말이 맞는지도 모르겠다. 그러나 그 말이 틀린지도 모르겠다. 먼 훗날 나의 자손들이 시장에 가면, 아 우리도 저런 시장에 가 본 적이 있었다라고 말할 것이다. 그러나 이때의 시장은 대형 할인점이나 백화점, 또는 각 분야별 전문상가를 얘기할 것이다. 물론 단어야 다 같은 재래식 시장이라는 단어를 사용하겠지만, 지금 내가 추억을 되살리는 재래식 시장을 얘기하지는 않을 것이다. 그러면 이들도 자신이 살고 있는 현실에서 다시 변하는 사회에 적응하지 못하고 그냥 할인점이나 백화점을 지키고 있다는 것인가.

생각해 보면 사회는 항상 변하는 생물인가 보다. 살아 있는 물건이 언제 어떻게 변할 지는 아무도 모를 일이다. 다만 지내 놓고 나서 되돌아보아야만 알 수 있을 것이다. 비록 전자가 무능하고 못났을지 몰라도, 우리는 그들로 인하여 지난 추억을 상기해 본다. 그들을 통하여 고향을 떠올리게 된다. 그들에게는 마음이 편안한 정이 있다. 그냥 보고만 있어도 즐거워지는 묘약이 있다.

시장은 이렇게 우리의 마음에 들어와 있는 나의 일부분이나 다름없다. 우리 생활의 일부였으며, 삶의 축소판이라고 하여도 될 것이다. 이렇듯 황등시장은 아직도 많은 수의 우리들을 포용하고

있었다. 나의 어릴 적 생활을 간직한 채 잃어버리지 않으려고 애
쓰며 내가 되찾아 갈 날을 기다리고 있었다.

허리다리의 중간에 걸터앉아

　내가 태어난 곳 황등은 인구 1만 2천여 명의 작은 면이다. 면적
은 약 2,778만 평방미터로 842만 평에 달한다. 태어나고 청소년기
까지 지낸 이곳을 고향이라고 부르며, 빼어나지는 못한 곳이지만
그래도 자랑스럽게 생각해 왔다. 야트막한 산이 있어 황등산이라
불렀고, 초입에 있는 산은 청금산이라 불렀다.

　고작해야 높이가 해발 40m인 이 산에도 청금산이라는 이름이
있는데, 해발 60m인 산에는 정식 이름이 없다. 그냥 모두를 뭉뚱
그려 청금산이라고 부르기도 한다. 그래도 가장 높은 곳을 뚝 떼
어내면 소재지를 굽어보며 5일장과 영화관 그리고 모든 기관을
품고 있었으니 황등산이라 불러도 전혀 손색이 없는 것이리라.
이 황등산 봉우리에는 방위와 측량의 시초가 되는 기준점이 있었

다. 익산 시내 쪽으로는 들판을 건너서 해발 20m 정도의 낮은 도치산이 있다. 황등의 주변에서는 이 정도가 가장 높은 산이다.

내가 사는 익산시내에서 고향을 가려면 도치산과 반듯반듯 정돈된 들판을 건너야 한다. 전에도 잘 닦여진 비포장 신작로가 있었지만 지금은 4차선으로 포장되었다. 차들이 쌩쌩 달리는 국도 23호선을 타고 가다가 익산시내 시가지를 벗어나 북쪽으로 처음 만나는 고장이다.

이러한 농지를 가지고 있으니 주업은 농업이고 쌀 외에도 참깨, 생강, 고구마 등이 많이 재배되는 곳이기도 하다. 초가을부터 황등역에 모여진 고구마는 늦가을까지 밤낮을 가리지 않고 모여들어 산더미를 만들기도 하였다. 그러나 이 고구마 포대들은 땅바닥에 직접 놓여지는 것은 아니었으며, 나무 받침대를 만들어 놓고 쌓기도 하였지만 대부분은 커다란 돌멩이 위에다 올려 놓았다. 그리고 겨우내 조금씩 주정공장으로 운송되었다.

이렇듯 역 주변 전체를 덮을 만큼 고구마도 많았고 또 그것들을 받쳐 줄 돌들도 많았었다. 이 돌은 예의 황등산과 청금산에서 생산되는 것으로 화강암이다. 이것은 중생대 쥐라기 시대에 생성된 것으로 대보화강암이라 하는데 그 품질이 전국 제일이다. 100년 동안 채취해 올 정도로 매장량이 많지만, 단단하기도 하여 정을 맞아도 쉽게 부서지지 않으며, 철분 함량이 적어 돌의 새이 붉지도 않다. 어떻게 보면 푸른색마저 띠고 있다. 이런 돌이니 석공들이 일하기 불편하여 꺼리기는 하지만 일단 시공하고 보면 오랫동안 보존되고 사랑받는 돌이다. 인근의 국보 11호 미륵사지 석탑이나 국보 제289호 왕궁리 5층 석탑도 이 돌로 만들었으니 그 가치는 불문가지이다. 국회의사당이나 독립기념관 등 주요 건물에 적용되었고 필요한 곳에는 어김없이 사용되고 있을 정도의 귀중한 자원이다.

그러니 나도 내 고향 황등을 자랑스러워하지 않을 수 없다. 황등으로 가는 입구 길은 폭 1.5 km의 들판을 건너야 한다. 그리고 그 들판의 가운데로 탑천이 흐른다. 그리고 황등 쪽과 시내 쪽으로 각각 작은 농수로가 흐른다. 이 모양은 내천 자를 연상시키는 형상이다. 그런 내천 자를 가로질러 도로가 곧게 뻗어 있는 것이다. 그 중 가운데에 있는 것이 탑천이고 면의 경계이므로 다리를 건너면 황등이다.

어릴 적에 이 길을 가다가 탑천에 이르면 다 왔다는 안도감에 앉아 쉬기도 하였다. 때로는 뛰어들어 수영도 하였다. 그리고 낚시도 하였었다. 가을 추수가 끝나면 어른들은 이 천을 막고 물을 품어 물고기도 잡았었다.

옛 생각이 나서 다시 조용히 앉아 본다. 지금도 낚시하는 사람들은 있으나 이곳에서 잡은 물고기는 먹지 못한다고 한다. 흘러가는 물을 바라보고 있노라니 내가 저 물에서 수영했다는 걸 믿고 싶지 않다. 그 당시 수영을 잘못하여 물을 많이 먹었을 텐데 아직까지 배에 이상이 없는 것이 대견하기만 하다. 수문 위로 올라가 나사를 돌려 물을 조절하던 생각도 난다. 뭐가 그리 신기하고 뭐가 그리 궁금하여 만져보았을까, 지금 생각하면 위험하기 짝이 없는 행동들이었다.

서쪽에서 바라보는 황등산은 이제 주봉이 없어진 탓으로 흉하게 변해 있었다. 제 2봉이던 곳이 이제는 주봉이 되었고, 그 높이 또한 낮아졌다. 자칫하면 아파트 높이만도 못한 낮은 산이 될 지경이다.

한 달에도 한두 번씩 가 보는 고향이지만 옛 모습을 생각하고 있던 나로서는 충격이 아닐 수 없다. 수영한다고 실컷 먹었던 물인데도 그런 냇가에서 잡은 물고기를 먹지도 못한다니 어떻게 설명해야 할까. 세월은 그렇게 흘렀다. 황등의 기준이 되라고 기준점을 두었었는데, 이제는 주봉 자체가 없어진 마당에 어디에서 기준을 찾아야 할지 모르겠다. 혹시나 고향사람들이 기준을 잡지 못하고 우왕좌왕하면 어쩌나 걱정도 된다. 그만큼 달라진 고향을 되돌아본다.

내가 서 있는 다리가 요교다. 청금산과 도치산 사이에 놓여진 평야가 마치 잘록한 허리와 같아서 요교라고 부른다. 또 동에서 서로 흐르는 탑천의 허리를 싹둑 잘라 다리를 놓았다고 해서 요교다. 그러니 우리말로는 허리다리이다. 이 도로가 허리와 같은 중요한 기능을 한다는 것인지, 아니면 탑천이 평야에 주는 기능이 허리 역할과 같다는 것인지는 잘 모르겠다. 하지만 결과적으로 이 다리가 허리와 같이 중요한 역할을 하는 것은 확실하다. 이 길이 바로 대동맥이기 때문에 말이다.

탑천의 물은 예나 지금이나 아무 말 없이 흐르건만 허리다리에 앉아 지켜보는 사람은 변했다. 옛날에는 물을 고마워하면서 바라보았었지만, 지금은 물에 침이나 뱉고 일어나 돌아서는 사람들이 된 것이다. 그래도 허리다리 밑으로는 유유히 흐르는 물이 있다. 평야를 적시면서 여름내 나락을 살찌우고 버려진 물들을 모아 만 경강으로 보낸다. 비록 남이 쓰다 버린 찌꺼기일지라도 물은 한 마디 불평도 하지 않고 세상 모두를 수용하고 있다.

탑천의 물은 지금도 그렇게 조용히 흐르고 있다.

황등산에 깃든 추억

황등산 자락에 올라 잔디 씨를 받던 기억이 있다. 전국을 푸르게 가꾸고 사방사업을 펴던 시절에 부족한 자원을 모으기 위하여 잔디 씨를 채집하였던 것이다. 물론 이것은 학교에서 학생들을 강제로 동원한 방법의 하나였고, 우리들은 이것을 숙제로 알고 한 치의 부족함도 없이 꼬박꼬박 해 나갔다.

황등산은 황등에 있는 유일한 산이며 당시 내가 보기에는 아주 멋있고 훌륭한 산이었다. 황등의 중심지에 떡하니 버티고 서 있으며, 그 산을 돌아 동서남북 어디에든 많은 사람들이 모여 마을을 이루고 살았다. 동쪽은 차상과 차하마을이 있고, 남쪽은 보삼마을 일부와 도선마을이 있다. 그리고 서쪽은 보삼마을 일부와 시장이 있다. 그 중 시장을 중심으로 하여 시동, 시남과 시서 그

리고 시북마을로 세분화되어 있었다. 황등산을 중심으로 한 북쪽
은 시장에서 뻗은 시북마을이 길게 펼쳐져 있었다. 물론 이것들
은 황등산과 직접 맞닿아 있는 가장 가까운 마을의 이름들이다.
이 마을들은 크게 보면 모두 황등리에 속한다.

　산에서 이 마을들을 벗어나면 다른 마을들이 연연이 이어진다.
율촌리 신성리 다송리 구자리 죽촌리 동연리 신기리 마을들도 지
금까지 그대로 유지되고 있다.

　산에 올라 사방을 둘러보면 여러 마을들이 한눈에 들어온다.
사실 멀리 있는 마을들은 당시에는 전혀 알지도 못했고, 남의 나
라가 그런 것인지 하는 생각이 들 정도였었다. 그러니 어린 나이
에 항상 돌아다니던 활동반경 내의 황등산 주변 마을들만 주워
꿰고 있을 뿐이었다.

　하긴 그 나이로 다른 마을에 가 볼 일이 있어야 가보든지 했을
것이다. 그러나 다른 마을 아이들은 달랐다. 그들은 무슨 일만 하
려면 황등리에 와야 하는 처지였다. 학교에 가려고 하여도 황등리
에 와야만 하였다. 심지어 몸이 아파도 병원이나 약국도 그렇고
역이나 면사무소와 우체국, 농협, 파출소 등 모든 행정기관이 있
는 곳이 황등리이니, 그들은 나보다 더 먼저 더 넓은 세상을 보면
서 자랐던 것이다. 그런 내가 황등산에서 잔디 씨를 받던 곳은 언
제나 정해져 있었다.

　그곳은 양지 바르고 언덕이 완만한 남쪽 등성이였다. 이 등성이
에 앉아 잔디 씨를 받으면 그냥 편안하였다. 경사가 급하지 않으
니 앉아도 미끄러지지 않았고, 산 아래를 내려다보면 멀리까지 밭

들이 이어져서 여러 생물들을 볼 수 있었다.

황등산은 해발 60m로 높지 않은 낮은 구릉에 속하지만 그래도 산의 모양은 갖추고 있는 전형적인 모습이었다. 산 주위로 돌을 채취하는 석산이 있고, 군데군데 밭도 있어 전형적인 산의 모양이었다. 이 산에서 내가 앉아 잔디 씨를 받는 곳의 바로 옆 밭에는 뽕나무가 심어져 있었다. 말하자면 뽕밭인 셈이다.

뽕밭하면 생각나는 것이 오디다. 우리는 그것을 오디게라고 불렀다. 이 오디게는 다 익으면 검붉은 색이 돋지만, 처음에는 녹색을 띠다가 약간 덜 익으면 붉은 색으로 변한다. 그러나 나는 그 뽕밭에서 오디를 따 먹어 본 적이 한 번도 없다. 잘 익은 오디든 익지 않은 녹색 오디든 한 차례도 구경을 해 본 적이 없다. 그 이유는 남의 뽕밭에 손을 절대로 대지 않는 나의 습관 때문이 아니고, 오디가 열린 것을 단 한 해도 본 적이 없었기 때문이다.

지금와서 생각해 보면 나무 자체도 그리 크지 않았지만, 해마다 가지치기를 하여 항상 새순으로 가지가 뻗으니 오디가 열릴 시간이 없었던 것으로 추측된다. 하긴 그때만 해도 여기저기서 누에를 치는 사람들이 간혹 있었다. 이 누에란 놈이 뽕잎을 너무나 잘 먹어서 항상 새순으로 뽕잎을 따다 바치지 않으면 그놈들이 잘 자라지 않는다고 하여, 뽕잎을 먹는 누에보다도 그 잎을 따다 나르는 사람들이 더 바빴던 것을 기억한다. 이 누에는 생긴 것이 마치 송충이와 같다. 긴 몸이며 마디가 있어 관절 역할을 하는 것이며, 먹고 기어 다니는 것 모두가 똑 같았다. 그 중 다른 것이 있다면 사람이 건드렸을 때 독소를 띠고 침을 쏘느냐 안 쏘느냐

하는 점이었다.

　양지밭에 한참을 앉아 있노라면 덥기도 하다. 그러면 잠시 그
늘에 들어가서 계속하여 씨를 받으면 된다. 그런데 말이 씨를 받
는 것이지만, 잔디 씨라는 것이 원체 작은 관계로 도무지 진도가
나가지 않는다. 잠시라도 게으름을 피우다가는 숙제를 전혀 못해
갈 것 같은 걱정이 들 정도다. 뽑아도 뽑아도 표가 나지 않고, 훑
어도 훑어도 늘어나지 않는 것 중의 하나가 잔디 씨였다. 편지봉
투의 절반을 채우는 일은 그야말로 시간을 두고 차근차근히 하여
야 하는 그런 대단한 일이었다. 그러니 이 숙제는 단 하루에 다
될 그런 내용이 아니다. 그런데 이 잔디 씨 숙제는 좀 특이했다.
시간이 많이 걸리는 다른 숙제들은 여름방학 때 내주기가 보통인
데, 도대체 이것만은 왜 6월에 내는지 알다가도 모를 일이었다.

　그래도 마다하지 않고 열심히 또 부지런히 해내고 만 숙제였었
다. 이 잔디 씨는 어디에 뿌려질지 모르나, 우리나라 동산을 푸르
게 할 것이고 산사태를 막는 그런 귀한 재료가 될 것이라는 희망
으로 숙제를 하였다. 그러다가 지겨우면 뽕밭을 보았다. 그러나
그 뽕밭에는 그 때에도 오디게가 하나도 달려있지 않았다. 그리
고 뽕잎을 따는 사람도 한 번도 본 적이 없었다. 그래도 뽕나무는
무럭무럭 자라며 언젠가는 잎을 떼이고, 다시 전지를 당하였다.
내가 지켜본다고 이루어지고, 내가 지켜보지 않는다고 이루어지
지 않을 그런 일이 아니었다. 나의 간절한 소망도 뽕나무에게는
한낱 지나가는 바람소리와 같은 정도였을 것이다. 세상의 모든
것들이 나를 위하여 기다려 준 일은 한 번도 없었다. 필요하면 내

가 쫓아가서 만들어야 하는 그런 것이 세상일이었다.

아무리 기다려도 뽕밭에서 얻을 것이 없다고 생각되면 더 높이 눈을 들어 멀리 내다본다. 그러면 거기에는 내가 필요로 하는 모든 것들이 있었다. 고구마도 있고, 땅콩도 있으며, 깨, 고추도 보였다. 수많은 논과 밭이 옹기종기 모여 있는 모습들은 한 치의 허술함이 없고 계획적이다. 아마도 이것들이 우리가 먹고사는 데 필요한 것들이리라. 우리가 먹고사는 일이 그냥 허투로, 되는 대로 이루어지는 일은 하나도 없는 것이었다.

마을 사이로 옥수수 밭을 지나고 기찻길을 건너면 논이 보인다. 넓은 들판은 마치 그림 퍼즐을 맞추어 놓은 듯한 모양이다. 들판에 온통 깔아 놓은 조각들이 한 점 빈틈이 없다. 무늬도 똑같고, 색깔도 똑 같다. 그런데 어떻게 저렇게 질서 정연하게 맞추어 놓았을까. 집도 없고 마을도 없는 저 들판 한가운데 논 퍼즐은 대체 누가 맞추어 놓았다는 말인가. 사람의 힘이 대단함을 느끼는 순간이다. 그리고 이 퍼즐은 눈이 미치지 못하는 먼 곳까지 이어졌다. 그렇다면 사람들이 여럿이서 힘을 합치면 불가능을 가능으로 만드는 신비한 힘을 가지고 있다고 믿을 수밖에 없다.

낮고 낮은 이 황등산에 올라서 바라보는 세상이 이 정도로 아름답고 신비하다면, 하늘에서 보는 세상은 온통 신비와 경이로 가득 차 있을 법하다. 세상은 이렇게 어느 하나가 자기 마음대로 있는 것이 없다. 쓸데없어도 남아서 여벌로 있는 것도 없다. 모두가 제자리에 있어야 할 데에 있는 것이다. 모두는 각자가 가지고 있는 고유의 일이 있는 것이다. 그 중의 일부인 나도 있어야 할 자리에 있는 것이다. 그리고 눈에 잘 보이지도 않을 듯한 작은 씨를 받는 것도 아주 긴요한 세상살이의 하나인 것이다. 황등산은 내가 있어야 할 자리였고, 잔디 씨는 내가 받아야 할 그런 일이었다.

봉사는 희생의 한 축

　요즈음 농촌에서는 인구 감소현상이 두드러지게 나타나고 있다. 그런데 이 인구 감소는 농민들의 인력부족만의 문제가 아니다. 가장 안전한 직업 중의 하나라는 일반 행정공무원 수가 인구에 비례하여 축소되기도 하고, 교육 공무원은 폐교된 학교만큼이나 아픈 가슴을 여미는 실정이다.

　대책없이 다른 나라 얘기로만 듣고 있던 국회의원들 자신의 지역구가 조정되기도 한다. 그러니 이 인구 감소가 단순한 현상이면서도 온 국민에게 미치는 영향은 크다고 아니 할 수 없다. 대체로 그런 곳에서는 주민의 연령대가 노인들 위주로 되어 있어 벌써 전 국민의 고령화시대에 접어든 것이 아닌가 하는 느낌이 든다.

그러한 마을의 공통점은, 토박이면서 경륜이 많고 신망이 있는 분들은 마을 일에 관한한 이미 활동이 소원해진 상태다. 그러다 보니 젊고 건강한 청년들이 힘든 일을 도맡아야 되고, 마을 살림을 간섭해야 된다. 그래서 그 초롱초롱한 젊은이가 바로 50대 초반을 가리키는 단어가 되었고, 아주 새파란 청년은 40대를 지나가고 있음을 일컫는 말이 되었다. 그러니 마을의 젊은 이장은 40대이고, 50대 이장은 그런대로 활력있는 축에 속한다. 어떤 곳에서는 이 정도의 젊은이마저 없어 60대가 마을 이장을 맡는 곳도 상당수다.

전국적으로 볼 때 연세가 80을 넘은 노인이 마을 이장을 하는 곳도 있다. 물론 그보다 나이 적은 젊은 분이 한 명도 없어서 그런 것은 아니다. 또한 그 분이 기네스북에 오르고자 작심을 하고 조장한 것도 아니다. 연세 80된 이 분은 중간에 아주 짧은 공백이 있기는 했었지만, 그것을 상쇄하더라도 총 60년 이상을 이장직에 종사해 오신 분이다. 물론 한 마을에서만 말이다. 그 분이 얼마 전에 송덕비를 헌납받았다.

살아 있는 사람의 송덕비는 조선시대의 탐관오리들이 즐겨 세웠던 것으로 알려지고 있다. 자신이 치정했던 고을을 떠나면서, 자신의 송덕을 길이길이 남겨두고자 비를 건립했던 것이다. 그러나 여기 60년 이상을 근무한 이장은 현재도 이장으로 있는 상황에서 송덕비를 받았으니, 역시 유별난 이장이라고 보여진다. 그 긴 동안을 같은 고장에서 살아가는 것도 쉽지는 않겠지만, 그 기간 동안 줄곧 이장직을 맡았다는 것은 더욱 쉽지 않을 것이다.

거기다가 이 분은 걸음이 부자연스러운 장애인이다. 그러면서도 정상인과 똑같이 매일 마을을 순찰하고, 가호를 방문하며 봉사를 실천해 오신 것이다. 오히려 다른 이장에 비해 행동이 느린 탓에 더 많은 시간을 일해 왔을 것은 자명하다.

그러니 이것만 가지고도 송덕비가 어떻고 기념비가 어떻다는 말을 할 수 있는 사람이 없을 것이다. 다만 더 좋은 방법은 없을까, 더 크고 멋있게 만들 수는 없을까 하는 말은 나올 수 있었을 것이다.

지난주에도 고향을 방문했다가 이 송덕비를 바라보고 왔다. 그리고 생각했다. 역시 대단하신 분이시며 아직도 건강하시니 다행이라는 생각도 들었다. 그 분이 나와 인척관계에 있는 것도 아니어서 나와 별 상관이 없기는 하지만 그래도 건강하신 편이 낫다. 물론 이 송덕비도 여러 사람들이 볼 수 있도록 마을 회관의 마당에 설치하기는 했지만, 그 회관을 일부러 둘러보기 전에는 그마저 쉽지 않다.

그 분도 이제는 많이 늙으셔서 예선 같지가 않았다. 설음실이에 힘이 없고, 조그만 오르막길에서도 힘들어 하신다. 나는 그 분께서 선친과 호형호제하던 것을 어렸을 적부터 보아온 터라, 많은 얘기를 하지 않더라도 머릿속에 그림이 그려진다.

그 분을 통하여 세상 사람들이 행하는 봉사는 여러 가지 방향에서, 여러 가지 수단으로 할 수 있다는 것을 배운다. 남몰래 청소도 도와주고, 방정환 선생님처럼 아이들을 위하기도 하고, 반대로 노인들을 돕거나, 장애인의 손발이 되어 줄 수도 있다. 숲을

가꾸어 홍수를 막기도 하고, 하천을 정비해 휴식 공간을 만들 수
도 있다. 누구든지 자신의 위치에서 봉사를 하면 그 가치가 있다
고 생각된다.

  이 분은 한 쪽 다리가 불편하여 평생 동안 나무 지팡이를 짚고
다니시는데, 그로 인하여 어린 아이들에게는 무서움의 대상이기
도 하고, 때로는 놀림을 당하기도 했다.

  청년들은 이장님께서 몸도 불편하신데 이제 그만하시라고도
했고, 장년들은 저 분은 몸도 성치 않는데 얼마나 힘드실까 우리
도 본을 받자고도 했다. 그러나 노인들께서는 '자네가 있어서 우
리들이 살맛난다'고 하신다. 젊은이들도 하기 싫어하고 귀찮아
하는 일을 혼자서 묵묵히 해내고 있으니, 당신 때문에 공동으로
칭찬을 받는 대리만족을 고마워하고 계신 것이다.

  혹시 이 분이 자신의 노익장을 과시하기 위하여 그러시지는 않
는지 모르겠다. 그러나 설사 그렇다고 하더라도 개인의 과시욕과
는 다르다. 혼자서 매일 뛰기를 좋아하시는 분이나, 건강하여 등
산을 하시는 분과는 또 다른 면이 있기 때문이다. 그냥 노익장의
과시가 개인의 부문이 아닌 공공의 질서와 평안을 위한 것이기
에, 노익장을 뽐내고 자랑하여도 오히려 칭찬받아 더욱 마땅한
것이다.

  지금의 젊은 내가 보아도 나는 그렇게 할 자신이 없다. 그래서
나는 그 분을 존경한다. 어쩌다 어렵게 길에서 마주쳐도 그냥 꾸
뻑 인사만 하고 지나치는 불친절한 젊은이지만, 그래도 그 분이
이장으로 계시는 우리 고향마을이 좋다.

가진 것이 더 많고, 남에게 인정받으며, 더 건강한 사람도 많이
있지만 그래도 그 분이 어느 누구보다 더 정감이 간다. 그냥 구수
한 숭늉 같은 마음으로 대하기가 편하다. 그것은 어딘지 모르게
통하는 구석이 있다는 것일 게다. 그 구멍이 좁고, 구부러져 있어
빛조차 비추지 못해도 밀의사(蜜蟻絲)처럼 통하는 것 말이다.

나의 고향 보물

내가 살던 마을의 이름은 보삼1구이다. 이 명칭은 세 가지 보물이 있다는 뜻인데, 전에는 1구, 2구, 3구로 되어 있던 동네가 2000년도에 들어서 5개의 동네로 재편성되었다. 그리하여 보삼1구가 지금은 보삼3구로 불리고 있다. 따라서 이 세 가지 보물을 살펴보면 화강석과 고구마, 그리고 쌀로 말할 수 있을 것이다.

지금은 예전 같지 않아 마을을 떠난 사람들이 많이 있다. 그 중에는 나도 들어 있다. 이유야 어쨌든 고향에서 살지 못하고 객지로 다녔으니, 몸 대신 아쉬운 마음만이 자리하고 있다. 그래도 다행인 것은 황등면은 예나 지금이나 인구에 큰 변화가 없어 지금도 12,000여 명에 이르고 있다.

예로부터 황등은 전국 최고로 손꼽는 질 좋은 화강석이 있다.

이 돌에 관한 것들은 지금도 그 명맥을 유지해 오고 있기는 하지만, 예전만큼 성황을 이루지는 못하고 있는 것 같다. 내가 어렸을 적에는, 황등 시가지 어느 곳에 가더라도 돌을 다듬고 가공하는 모습들을 볼 수 있었다. 그러나 요사이는 그것마저 공해사업으로 간주되면서 외곽지역으로 집단 이전하고 말았다. 그렇지만 이렇게 어렵게 이전한 가공단지였건만, 지금은 시가지가 번창하여 중심지의 일부분이 되었기에 다시 예전처럼 우리의 생활권으로 들어오고 말았다.

이 집단 시설은 황등 석가공 산업단지로 명명되어, 전문산업지역으로 전국 유일의 석재가공 집단시설로 된 것이다. 여기서는 석가공 폐수처리시설까지 갖추고 있으니 명실공히 전문단지라고 해야 맞을 것이다. 인근의 함열읍이나 인근 면에도 이와 유사한 지역이 있기는 하지만, 다른 곳들은 석재 채취 지역에 따라 모여 있는 경우이다. 그러니 자연발생적 집합지역이라고 말해야 맞을 것이다.

예전의 황등 석가공 지역은 시가지 중심지에서부터 외곽에 이르기까지 가리지 않고 산재되어 있었다. 그리하여 작업시 발생하는 소음과 분진은 일상생활의 장애물이 되어 생활을 불편하게 하였던 것도 사실이다. 그렇지만 당시는 자기들이 만들어 내는 공해를 누구에게 탓히지도 않았고, 고스란히 자신의 몫으로 받아들이며 살아가고 있었다.

그러다가 어느 날, 같은 황등에 살고 있으면서도 석가공을 생업으로 삼고 있지 않은 사람들이 점차 목소리를 높이게 되었고,

결국은 이것이 바로 공해라는 결론을 내리게 되었다. 따라서 당시의 가공방법으로 계속한다면 정부에서도 이것을 명백한 공해산업으로 인정하여 전문 가공단지를 만들고 이주하기에 이르렀다.

전에는 황등의 관문인 황등역에서도 역 광장을 벗어나면 바로 가공지역이 있어, 그야말로 황등은 돌 속에 파묻혀 사는 그런 고장이었다. 그 이유는 산에서 채취한 돌들을 자신의 마당에서 작업하는 그런 가내공업 형태였기 때문에, 마을 여기저기 넓은 지역은 모두 석가공 장소였었다. 또한 가공된 돌들이 기차를 이용하여 타 지역으로 운송되기도 하였으니, 역이나 인근 공터를 가리지 않고 산재해 있었던 요인이 된 것이다.

그러나 이 석가공업 역시 보이지 않는 일정한 규칙이 있으니 아무나 할 수 있는 직업은 아니었다. 당시의 가공업은 지금과 달라서 한 명의 장인과 여러 명의 제자들로 구성되어 있었다. 이 때의 장인은 자타가 공인하는 그런 실력을 갖추어야만 될 수 있는 지위였다.

그런 장인의 휘하에는 보통 두 명에서 십여 명에 이르기까지 많은 전수생들이 몰려들었다. 이 전수생들은 장인으로부터 직접 사사를 받는데, 아무나 문하생으로 받아들이는 것이 아니라 어느 정도의 일면식이라도 있고, 서로 믿고 따를 수 있을 정도의 사이가 되는 경우에만 허락하였다.

그 뿐만이 아니라 지원하는 모든 문하생 각자의 소질과 재능을 보아 고르고 골라서 채택하는, 이른바 입문과정이라는 예비문하생 기간이 있었던 그런 제도로 이루어졌었다. 그리하다 보니 어느 누구의 소개로 알게 되었으며, 모두가 인맥으로 연결되어 상호신뢰가 기본으로 사제지간을 이루는 것이었다.

고르고 골라 선발된 문하생은 장인의 집에 기거하면서 기술을 전수받기에 이르렀다. 그 기술의 전수는 자그마치 3년이나 계속되며, 그간 기술자의 기초인 도구 다루는 것부터 시작하여 마지막 단계인 서예와 돌 조각기술의 단계까지 이어졌다.

문하생이 처음 배우는 것은 물론 청소이며, 작업도구 준비들도 이들 몫이었다. 일 년 내내 항상 만지는 것이 화강석이고 보면, 여름에는 불에 달구어진 것하며 겨울에는 얼어 있는 돌로 견디기 어려운 그런 작업환경이라고 할 수 있겠다. 기온의 변화는 작업하는 사람의 활동을 둔화시키기도 한다. 그뿐만이 아니라 온도의 변화에 따라 돌을 다루는 기술이 달라져야 하는 것이니 이러한 모든 과정이 쉬운 일이 아니었음을 짐작하게 한다.

거기에다가 돌을 깨고 남은 작은 조각들은 모두 치워야하는 쓰레기로, 이것을 정리하는 것은 아주 어려운 문제 중 하나였었다. 하지만 다행인 것은 당시 도로 포장이 많이 되지 못한 관계로 웅덩이를 메우는 작업이나, 수분이 많아 질은 곳을 말끔하게 정리해 주는 작업에도 이런 것들을 요긴하게 사용할 수 있었다.

또한 돌을 다루는 도구는 돌보다 단단하여아 하니 모두 쇳덩어리였던 관계로 돌과 같이 뜨겁고 차가운 것은 매한가지였다. 뿐만 아니라 전국에서 가장 단단하기로 소문난 황등의 화강석을 쪼고 가공하여야 하였으니, 그만큼 단단하면서도 예리한 작업도구를 사용하여야 하는 것은 당연한 이치였을 것이다.

이렇게 작업도구를 준비하는 것을 연장을 벼린다고 말한다. 이 연장 벼리는 일은 문하생 중에서도 초급자들의 몫인데, 하루 일과가 끝나면 다음 날 사용할 도구를 말끔하게 보수해 놓아야 한다.

당시 돌을 다루는 일은 모두가 실외 작업인 관계로 해가 지고 어두워진 다음에야 일을 마치는데, 그 때부터 연장을 벼린다는 것은 아주 어렵고 하기 싫은 일 중의 하나이다. 그래서 이 일은 아예 저녁밥을 먹고 난 뒤에 이루어지며, 보통 두 시간 정도 걸리는 아주 어려운 작업에 속한다. 시커먼 조개탄을 피워서 화롯불을 만드는데 이 불을 피우는 것부터가 고역이었던 것이다. 지금처럼 번개탄이라는 것도 없어 종이와 나뭇가지로만 불을 지피는 것이니 많은 시행착오를 거친 뒤에 요령을 터득하는 고난의 연속이었다.

이렇게 3년을 배우는 동안, 처음 1년 동안은 청소하고 심부름 하면서 작업준비로 연장을 벼리는 정도의 기술을 익히게 된다. 돌을 다듬는 기술로는 견치석이나 계단처럼 모양이 일정하며, 형태도 단조롭고 사용하는 곳도 평범한 그런 작품들을 만드는 시기다.

다음 2년차는 일반적인 석가공의 기술을 연마하며, 자신의 역량에 따라 배우는 기술의 난이도가 다른 그런 시기가 된다. 이 때는 비석을 다듬으며, 돌절구나 화로와 같은 모양을 내는 그런 것들도 포함된다. 이 때는 자신이 혼자서 일을 할 수는 있으나 어디까지나 장인의 지시를 받거나, 선배 문하생의 요구에 따라 작업을 하는 단계이다. 이제 겨우 도제의 신세를 면하기는 하였으나, 혹시 실수로 일을 망치면 안 되기 때문이다. 당시 돌은 귀하여 값도 값이었지만, 산에서 돌을 채취하여 가공 장소로 운반하면서 겪는 과정이 모두 수작업의 연속이었으니 소중히 다루어야 하였던 작업 재료들이었다.

다음은 마지막 3년차에 속한다. 이 때는 스승이 출타하고 안 계시면 그를 대신하여 일을 맡기도 하고, 맡겨진 일은 자신이 알아서 처리하는 그런 수준이 된다. 이 정도 수준이 되면 가공은 물론이며 글자를 새기는 각자를 배우기도 하며, 재능이 있는 경우는 동물이나 사람의 형상을 다듬는 조각기술까지도 배울 수 있다. 여기까지 오는 동안 온갖 고생은 말할 것도 없으며, 힘들고 어려운 자기와의 싸움이었다고 하면 맞을 것이다. 그러기에 이런 과정을 모두 마치고 이른바 기술자가 되는 순간에는 이 세상에서 자기가 가장 유능한 기술을 전수받은 듯한 기쁨으로 빠져들고 만다.

그러나 이러한 석가공 기술이 하루 이틀 동안 열심히 일하였다고 배울 수 있는 것이 아니라서, 3년의 과정을 모두 마쳐야만 터득하는 어려운 예술의 일종이다. 예전의 도제가 대체로 열일곱 나이에 형성된 것을 보면, 그 배움이 얼마나 어려운지 짐작이 간다. 석가공이라는 것이 어린 나이에 멋모르고 배워야하는 것으로, 나이가 들어 머리가 굵어지면 배움의 고통을 견뎌내지 못하는 고난의 연속이었던 것이다. 지금은 흔히들 3년의 긴 동안이 아닌 2년의 과정을 주장하기도 하지만, 이렇게 배운 기술은 그야 말로 돌을 다루는 기교에 다름없어 단순한 기능이라고 말할 수 있을 것이다. 예전의 돌을 다루는 기술에는 보이지 않는 돌과 사람의 일체가 되는 혼을 통한 이른바 예술의 경지를 향하는 마음이 있었다고 보아야 한다.

연장을 벼리는 것은, 추운 겨울날 밤에 조개탄을 피우는 것과 여름날 무더위 속에서도 화롯불을 지피는 것 모두가 견디기 힘든 작업이다. 이렇게 벼려진 정을 잡고 돌을 다듬는 것은 불덩이를 잡고 일하거나, 얼음을 쥐고 일하는 것과 진배없다. 또 무거운 쇠망치를 하루 종일 휘두르는 것은, 야구 선수가 하루 12시간씩 피칭연습을 하는 것과 같다. 그래서 도제석공은 어깨가 하루라도 성할 날이 없고, 까딱하면 근육에 이상이 생겨 현대로 말하면 직업병을 얻기 일쑤다.

무거운 망치를 힘껏 내려치다 보면 헛맞는 망치가 손등을 때리는 것이 다반사다. 그렇다고 살살 친다면 단단한 돌이 쉽게 떨어져나가지도 않아 시간만 낭비할 뿐이다. 까진 손등을 다시 내리치고 또 내리치면 손등은 딱지 앉을 날이 없다. 이것이 황등의 보삼마을에서 이루어지던 석가공 도제제도의 현주소다.

이렇게 해서 기술을 연마하는 사이에 약정한 3년을 모두 채우고 독립하게 된다. 어릴 적부터 갈고 닦아 온 기술을 세상에 나가펼칠 수 있는 기회가 주어지는 것이다. 이 도제기간 동안 일한 품삯은 아무것도 없다. 다만 자신이 습득한 기술만이 그 동안 힘들게 견뎌온 노력에 대한 전부다. 황등에서는 이것을 졸업한다고 불렀다. 우리가 학교를 졸업할 때는 졸업장을 가지게 되는데, 여기서는 그런 증서는 없지만 그 대신 누구의 문하생이라는 공인된 수식어가 따라다닌다. 이 명함은 자신이 홀로 서고 다시 문하생을 길러낼 정도의 많은 세월이 흐를 동안 따라다녔다. 그리고 스승으로부터 앞으로의 사업이 성공하기를 기원하는 마음이 담긴 연장 한 질을 선물받고 독립하게 된다.

당시에는 이런 도제가 되기 위하여, 인근 지역의 젊은이들이 모여들어 항상 새로운 활력소가 되기도 하였다. 벌써부터 보물이 많다는 이름이 붙여진 것하며, 많은 젊은이들이 고향을 지키며 살아가고, 필요하면 새로운 인물들이 채워지니 가히 보물이 많은 고장임에 틀림없다.

내 고향 황등은 예전에 비하여 기울어진 곳이 전혀 없다. 최근에는 오히려 교통도 편리하며, 복잡한 도심이 아니면서도 가까운 전원도시로서 주목받고 있는 고장이다. 내가 살던 고향은 돌이 많이 나는 그런 고장이다. 그래서 많은 사람들이 돌에 의지하며 살아왔고, 지금도 돌과 더불어 살아가는 사람들이 많이 있다.

황등의 돌은 이렇듯 많은 사람들에게 아주 귀중한 선물인 것이다. 지금도 전국에서 가장 질 좋은 화강석을 찾으면 황등 돌을 꼽는 것은 석가공계에서의 정설이다. 이것이 바로 황등의 보물이 아니고 무엇이겠는가. 그 중에서두 황등의 보물은 역시 황등리의 보삼마을이 아닌가 하는 생각이 든다.

희미해지는 기억들

　내가 다닌 초등학교의 이름은 황등초등학교다. 이 학교는 전라북도 익산시 황등면 황등리 725번지에 자리하고 있으며, 1927년에 설립 당시 이름은 황등공립보통학교였었다. 나중에 국민학교로 바뀌었는데, 이것도 일제가 만들어 놓은 의식적 비하 명칭이라는 연유로 1996년에 초등학교라고 다시 고쳐 부르고 있다.

　나는 이 학교를 38회로 졸업하였는데, 인근의 타 학교와 비교하면 그리 빠른 축에 들지 못했다. 알아보니 이웃 작은 학교도 우리 또래가 대략 50회 졸업 정도에 이르는 것 같았다.

　그럼에도 불구하고 우리 학교는 당시 전교생이 2,400여 명으로 항상 북적대는 학교로 기억되고 있다. 전교생이 조회를 서는 날은 운동장에 가득 찬 학생들로 어디에 누가 있는지 도무지 알 수가 없었다. 조회를 마치고 교실로 들어갈 때에는, 줄을 서서 행진곡에 맞춰 걸어갔었다. 그런데 교실로 들어가려면 높다란 계단을 올라가야 한다. 이것은 운동장에서 뛰어노는 소리가 교실에는 전달되지 않도록 배려한 때문이라고 추정되었다.

지금도 이렇게 좋은 환경을 가지고 있는 학교는 본 적이 없다. 아무리 그렇다고 하더라도 당시 생각으로 언덕과 계단은 너무나 높은, 그렇게까지 높아야 될 이유가 전혀 없는 공포의 대상이었다. 학생들이 양 쪽 계단으로 동시에 올라감에도 불구하고, 맨 나중에 들어가는 학급은 기다리기에 지루한 정도였었다. 늦게 들어간 반은 쉴 시간도 없이 바로 공부를 시작해야 하는 그런 상황이 벌어진다. 그러니 학생들이 이 계단을 좋아할 리가 없었다. 이 계단은 돌로 되어 있었고 계단의 폭은 매우 넓어서 한꺼번에 많은 수의 학생들이 동시에 올라갈 수 있었으나, 20개라는 계단의 수뿐만 아니라 높이도 높아서 힘겹게 올라가는 그런 계단이었다. 지금은 콘크리트로 만든 새로운 계단이지만, 지금 내가 보아도 초등학생들에게는 아직도 높아 보이는 감이 있다.

황등초등학교의 운동장은 넓이가 3,500평이나 되는데, 반대편 동쪽 끝에도 높은 언덕이 있어 웅장하게 보인다. 남쪽 역시 정문 밖으로 약간의 오르막을 보이고 있어 아늑한 경기장을 연상시키는 그런 모습이었다. 다만 북쪽만은 논으로 터져 있어 북풍이라도 불어오면, 우리들은 추위에 그대로 노출되었다. 다행이도 거기에 사택이 하나 있어 그런대로 분위기는 잡아주었지만, 그 넓은 운동장의 바람을 모두 막아 주지는 못했다. 그래서 운동장의

북쪽에는 일부러 흙을 쌓아 경계용 언덕을 만들고, 커다란 오동
나무를 심어 그것으로 위안을 삼았던 기억이 난다.

당시 본관은 황등 고유의 화강석으로 지어진 건물이었다. 그리
고 본관이 아닌 나머지 교사들은 송판을 벽에 댄 건물이 거의 전
부였었다. 그 중 우리가 6학년 때 배웠던 교실은 단 두 칸만 있는
독립교사로, 건물이 약간 기울어 있었던 것으로 기억난다. 당시
에도 벌써 낡은 교실은 철거하고, 새로운 건물을 짓고 하는 그런
일들이 벌어지고 있었던 것이다, 그래도 우리는 별동부대였었다.
왜냐면 이 교실은 교무실과 가장 멀었던 탓으로, 시작종이 울리
고도 한참 후에야 선생님이 도착하신 때문이다.

그리고 옆에는 강당이 있었는데, 내부는 조립식 칸막이로 막
고, 저학년이 공부하면서 필요시에만 벽을 터서 사용하는 것이었
다. 그 당시에는 전국의 거의 모든 학교가 그런 강당을 운영하고
있었다. 이것이 바로 공간을 효율적으로 사용하고, 비용을 절감
하는 방식의 대표적 사례였다고 기억난다. 이런 노력과 절약이
없었다면, 아마도 우리의 경제부흥을 이루는데 시간이 좀 더 걸
리지 않았을까 하는 생각이 든다.

교실 건물과 건물 사이에는 신발을 신고 다녀야 되는 형편이었
고, 주변은 지금처럼 포장이 되어 있지 않은 때였었다. 그래서 건
물을 이어주는 폭 80cm 정도의 통행로를 만들고 거기에만 시멘
트로 포장을 하는 방법도 있었다. 여기는 신발이 아닌 실내화를
신고 다니는 길이라 하였는데, 따지고 보니 당시의 학생들은 실
내화를 신고 다니지 않았기 때문에 순전히 선생님들을 위한 길이

었다고 기억난다.

한편 우리 반 뒤로는 넓은 실습지가 있어 거기서 수업을 하기도 하였다. 거기에 아주까리를 심었고, 키가 훤칠하게 큰 사이사이로 다니던 기억도 새롭다.

또 건물의 서쪽으로는 축사가 있어 돼지도 키우고 닭도 키웠는데, 우리가 순전히 학습적 차원에서 풀도 뜯어다 주곤 하였다. 피마자는 몰래 따서 마룻바닥을 윤내는 데 사용하기도 하였지만, 가축들은 그 뒤로 일어난 일에 대해서는 전혀 기억이 없다. 운동회 때 회식용으로 사용하였는지, 형편이 어려운 학생들이 장학금으로 사용하였는지 나는 아는 바가 없다.

그리고 30여 년이 지났다. 그 동안 우리 38회 동창회에서는 적은 금액이지만 상당 기간 동안 장학금이나 학교발전기금을 만들어 학교에 전달해 주곤 하였다. 그리하여 학교에서도 올해는 어떤 학생을 돕고, 어떤 일을 하는 데 사용하였다고 결과를 전달해 오곤 하였었다. 그리고 나도 개인적으로 어떤 연유에서 불우이웃 돕기 성금을 모은 적이 있는데, 이 기금도 황등면에서 추천한 소년소녀가장 학생에게 전달해 준 적이 있다. 그냥 이렇게 정이 가고, 같이 하고 싶은 것이 바로 고향이고 추억인 것이다.

어느 날 가족들을 데리고 학교를 방문한 적이 있었다. 그러나 그 당시의 모습은 사라지고, 화강석 교사만이 기억을 받쳐주고 있었다. 그러니 아무리 설명을 해 주어도 아이들은 이해가 안 가고, 낯설어하는 눈치였다. 한 집안 식구끼리도 추억이 있는 사람과 그렇지 않은 사람은 이렇게 큰 차이가 있음을 알 수 있는 순간이었다.

　그러자 나도 어릴 적 기억이 갑자기 흐려졌다. 내가 아무리 기억을 더듬어 내려 해도 갈수록 희미해져만 가고 있다. 이제 몇 년만 더 지나면 아예 옛 학교 모습조차 생각나지 않을 지도 모르겠다. 그러기 전에 후배들에게 과거를 알려주고 싶은 생각도 든다. 그래서 이렇게 글이라도 남겨두고 싶은 심정이다. 그렇게 생각하니 한 번이라도 더 찾아가고픈 풍경들이다.

과외시간이 너무 길었어요

　나는 초등학교 6학년 시절에 과외수업을 받은 적이 있다. 그때는 오후 학교수업이 끝나면 곧장 집으로 돌아왔다. 중간에 놀면서 해찰할 시간적 여유가 없기 때문이다. 그렇지 않으면 야간학습에 늦으니 좋으나 싫으나 다른 방법이 없다. 물론 아침에 등교할 적에 미리 도시락을 두 개 싸 가는 경우도 있지만, 그래도 집에서 따뜻한 밥을 먹고 가는 것이 여러 모로 좋았을 것이다.

　학교에서 집까지의 거리는 대략 오 리 정도의 거리다. 가까이서 사는 아이들도 있기는 했지만, 함등면 8개 리에 사는 모든 아이들이 모이니 자연히 멀리서 다니는 학생들의 경우가 더 많은 것은 당연하다 하겠다.

　저녁밥을 재촉하여 먹고 나면 오던 길을 되짚어 다시 학교로 간다. 하루에 두 번씩 가는 학교지만 아침에 등교할 때와 저녁에 학교 갈 때는 약간의 차이가 있었다. 아침에는 의무적으로 가야 하는 것이지만, 저녁 때는 가기 싫으면 안 가도 되는 이른바 과외 공부 시간이었던 것이다.

그러나 이 과외시간은 지금처럼 학생들이 선택하여 가면서 과외비를 지불하고 받는 수업이 아니라, 담임 선생님이 무료로 가르치는 순수한 제자 사랑의 과외였었다. 그런 마당에 가기 싫다고 안 간다는 것은 상상도 할 수 없는 일이었고, 뿐만 아니라 당시의 아이들은 그런 잔꾀가 없는 아주 순수한 학생들이었다.

거기다가 선택받은 아이들만 모이는 장소인데, 만약 하루라도 안 가면 그만큼 다른 아이들에게 뒤지는 것 같아 야간에도 결석하는 아이들은 아무도 없었다. 6학년에 7개 반이 있었고, 다른 반은 잘 모르겠으나 우리 반만은 이런 공부를 하였었다.

과외수업 장소로는 운동장 곁에 있는 사택이었다. 교실은 이미 불이 꺼져 있고 문도 잠가져 있는 상황이다. 그러니 적당한 다른 곳을 찾기 또한 쉽지 않으니 당연히 사택이 채택된 듯하였다. 하지만 그것 외에도 학생들이 거부감이 없는 학교의 사택이고, 게다가 학교와 관계된 사람이 거주하는 곳이니 아무런 방해를 받지 않을 이점도 있었을 것이다.

되돌아 생각해 보면 그 당시에도 지금처럼 고액과외가 있었는지 몰라도 과외금지라는 단어는 분명히 의식하고 있었던 것을 기억한다. 그러니 더더욱 과외장소가 사택이라는 것이 안전한 장소였을 것이다. 다시 말하면 학교가 인정하는 데다가, 담임 선생님이 자기 반 학생들의 일부를 골라서 무료로 시키는 것까지 못하게 할 수는 없을 거라며 자신 있게 받았던 과외였다.

보통의 경우 저녁 7시에 시작한 학습은 밤 11시 30분에 끝마쳤었다. 수업을 마친 아이들은 그제야 하루가 끝나고 자유가 되는 시간이었다. 물론 지금의 아이들과 비교하여 별반 다를 게 없어 보이지만 그래도 자율적으로 이루어지고 있었다는 점은 다른 것 같다. 그 길로 곧장 집으로 돌아간다고 해도 밤 12시를 넘기기가 예사였다. 들과 산을 건너 시골길 오 리를 걸어간다는 것은 어린 학생들로는 감당하기 어려운 과제였다. 비가 오나 눈이 오나 가야 하는 집이니 거를 수도 없는 형편이다. 그러다 보니 집이 먼 아이들은 부모님이 마중오는 현상도 벌어졌다. 혹시 부모님이 연로하시거나 피곤한 경우는 형제들이 밤길을 터벅터벅 걸어서 나오는 수도 있어, 그야말로 수험생이 상전이라는 말이 실감나는 그런 시절이었다.

나도 학교에서 오 리 정도의 거리에 집이 있기는 하였지만, 그래도 신작로 큰 길을 따라가는 길이었기에 별도로 마중나오는 사람은 없었다. 그래서 돌아가는 길은 항상 인근마을에 사는 아이들끼리 모여 재잘거리면서, 일부러 같은 방향으로 몰려다니곤 했었다. 그러다 보면 제일 먼 곳에 가는 아이는 어쩌다 더 멀리 돌아가는 경우도 발생하였다.

어디나 그렇듯이 큰 길은 항상 복잡하였다. 황등초등학교의 경우에도 교문을 나서면 방앗간이 있고, 더 오면 삼거리가 있다. 이 삼거리는 삼기면과 함열읍, 그리고 면 소재지 즉 익산 시내 쪽으로 나뉘는 길이라서 항상 사람들로 북적거렸다. 이 삼거리를 뒤로하고 더 내려오면 황등시장이 있다. 그 때는 5일장이라서 장날은 시장이 훨씬 더 혼잡하지만, 평일에는 시장보다 입구의 상점들이 더 몫이 좋은 곳이었다. 이 상점거리를 지나면 바로 이어서 면사무소가 있다. 그리고 남쪽으로 더 오면 다시 우측으로 난 삼거리가 나오는데, 이 삼거리는 서수, 대야면으로 가는 길이라서 이곳 역시 통행이 많은 곳이다. 그러나 그런 이유보다도 여기는 황등파출소가 있어 항상 통행의 요지였었다. 전에는 황등지서라고 불렀었고, 최근에는 다시 명칭이 바뀌어 익산경찰서 황등지구대라고 부르고 있다.

나는 학교를 오갈 때에 이 길을 지나다녔다. 그리고 계속하여 길을 따라가면 우체국이 나오고, 조금 더 가면 황등역이 나온다. 또 바로 옆에는 중학교가 있었고, 조금 떨어져서는 변전소 황등출장소가 있었다. 학교에서 여기까지 오는데 꽤 많은 시간이 걸리는 것 같았다. 황등은 이렇게 기다랗게 도로를 따라가면서 상가가 발달한 그런 지역이었다.

이러한 구조는 지금도 변함이 없이 그 형태를 유지하고 있어 옛 생각을 쉽게 떠올릴 수 있는 그런 고향이다. 밝은 낮에 이 길을 다니는 것은 어린 나이에 볼거리가 많아 즐거움을 주는 그런 길이다. 그러나 밤에 혼자서 이 길을 가야할 때는 두려움과 공포의 거리였다.

그냥 길을 가는 것은 그렇게 참고 가면 된다고 하더라도, 절대 맘대로 할 수 없는 것이 있었으니 당시의 통행금지 제도였었다.

따지고 보면 이 길을 통하지 않고 다닐 수 있는 길이 없는 것은 아니지만, 다른 길은 마을 뒤에 있어서 산 밑으로 난 채석차량용 길이었다. 그래서 밤이 되면 우회도로는 항상 으슥하고 통행이 끊기는 길이라서 도저히 다른 엄두를 낼 수가 없는 형편이었다.

통행금지 시간이 되어도 이 황등 지서만은 불이 켜져 있었다. 사무실 안은 물론이고 밖의 길가에도 불을 켜 놓았었다. 그러나 어떻게든 이 길을 지나가야 하는 우리로서는 큰 부담거리이고, 그러나 피할 수 없는 그런 길이었다. 차라리 불 꺼진 다른 건물들이 고맙다는 생각이 드는 곳이 바로 황등지서였다. 과외를 하고 있다는 사실과, 통행금지 시간이 되었는데도 어린아이들이 돌아다닌다는 것이 마음에 걸리고 두려움의 대상이었다.

어쩔 수 없이 가는 길이기는 하지만 모면하고 싶은 길이었기에, 앞서 가는 친구가 살금살금 기어서 사무실을 살펴보곤 하였다. 때마침 밖을 살피는 경찰이 없으면 재빨리 줄행랑을 쳐서 도망가다시피 지나가곤 하였다. 그리하여 무사히 빠져나가면 무슨 개선장군이나 되는 듯 의기양양하던 일도 떠오른다.

그러나 매일 이렇게 무사히 포위망을 빠져나갈 수 있었던 것은 아니다. 어떤 때는 계속하여 밖을 감시하듯 하는 경찰이 있었고, 다른 곳을 바라볼 때까지 기다리다 지친 아이들이 무사통과하기 위한 다른 작전을 짜기 시작하였다. 마침 지서는 도로보다 훨씬 높은 곳에 위치하고 있었다. 그리고 건물은 10개의 계단을 올라가야 하는 그런 정도의 높이였다. 그리고 건물은 계단보다도 안으로 약 3m 정도나 더 들어가 세워진 상태였다. 그러니 사무실에서 밖을 보면 축대의 바로 밑에는 시야가 가려져 잘 보이지 않는 사각지대가 있었다. 게다가 축대의 바로 밑은 배수로가 있는데 당시에는 뚜껑이 없이 비어 있는 것이 정상이었다. 우리는 궁리 끝에 결국은 이 배수로 속으로 살살 기어서 지나가는 묘안을 내기에 이르렀다. 과연 이 방법은 확실한 방법이었다. 그 후로 이 지서 앞을 지나갈 때면 다른 눈치를 볼 것 없이, 바로 배수로 작전을 사용하여 통과하였던 것이다.

이 방법은 남자 아이들만 사용한 것이 아니고, 여자 아이들도 별 수 없지만 그래도 기꺼이 사용하던 방법이었다. 이 지서 앞을 지나가는 아이들은 나를 포함하여 모두 세 명이었다. 사실은 네 명이어야 하는데 한 명은 자주 빠졌던 것으로 기억이 난다. 그렇게 항상 같이 다니던 중의 한 명이 여자였었다. 이 여자아이도 집안 형편이 넉넉하지 못하였지만 그래도 공부는 상위권에 들었던 아이였다. 나는 선생님과 같이 친구들 집에 가정방문을 한 기억은 없으나, 여럿이 뭉쳐서 반 아이들의 집을 여기저기 돌아다닌 것이 생각난다.

이렇게 어렵게 공부를 했어도 시험을 볼 때는 다른 결과를 가져오는 것을 그 때 느낄 수 있었다. 공부는 잘해도 중학교는 꼭 가고 싶은 곳에 갈 수만은 없다는 것을 알게도 되었다. 그래서 결국 몇 명은 시내에 있는 학교로 가지 못하고, 인근에 있는 학교에서 장학금을 받으며 다니는 길을 택했던 것이었다.

그 뒤로 우리는 헤어졌다. 그러나 우리는 6학년 7반이었다는 것에 후회는 없다. 오히려 좋은 점이 더 많아서 좋았다는 의견이

우세하다. 그리고 가끔은 당시 선생님을 모시고 반창회를 소집하
여 만나기도 한다. 아마도 올해쯤에는 다시 반창회를 열어야 할
것 같다. 그래야 다 늙어가기 전에 예전의 앳띤 모습을 한 번이라
도 더 볼 수 있을 것이다.

6학년 특별반

내가 다니던 초등학교시절에는 중학교에 진학할 때부터 입시를 치르고 갔었다. 그러니 벌써 입시경쟁을 몸으로 느끼고 자라 온 세대다. 그런 시절에는 초등학교 6학년이 되면 이미 경쟁 속에 들어 있었고, 벗어날 방법은 어느 곳에도 없었다. 이것은 지금까지도 이어져서 하는 일마다 경쟁을 하는 그런 삶을 살고 있다.

그러다 보니 상급학년이 되면 이미 마음의 부담이 되기 시작하고, 6학년은 초읽기에 들어가는 심정이 되었다. 그리하여 학교마다 경쟁이고 학급마다 경쟁이며, 심지어는 개인적으로도 경쟁이 되는 그런 속에서 자라났다. 물론 지금처럼이야 나타나지는 않았겠지만, 그래도 6학년 담임 선생님들 사이에서는 자못 경쟁이 아닐 수 없었을 것이다. 그리하여 선생님들이 할 수 있는 모든 방법을 동원하여 실행하곤 했었다고 기억난다.

그 중 내가 속해 있던 6학년 7반은 맨 마지막 반이었다. 학교에서도 상급학년이고, 학년에서도 끝반이니 마지막 반이라는 단어가 생각나는 반이었다. 거기다가 교실마저도 교무실에서 가장 먼 곳에 위치하고 있었으며, 학교 뒷마당의 실습지에 맞닿아 있었다. 또 그 옆에는 축사가 있어 돼지와 토끼, 그리고 닭이며 칠면조도 있었던 것으로 기억된다.

이런 별동 교실뿐만 아니라 우리가 남과 결정적으로 다른 것은 남녀 혼합반이었던 것이다. 다른 반들은 남녀가 따로따로 편성되어 각각 세 반씩 있었고, 우리는 학급편성 후 남은 학생들이 모여 이루어진 반이었다. 그런 우리 반을 보고 모두들 특수반이라고 하였다.

사실 말이야 맞는 말이다. 다른 사람과 다르면 특수하다고 할 수 있으니 말이다. 이런 특수반이니 행동도 특수했었던 점이 많이 있었다. 보통 같았으면 남녀가 별도의 한 분단씩 만들어져 있었을 것이나, 우리는 남녀가 횡으로 한 줄씩 번갈아 가며 앉도록 되어 있었다. 정말로 혼합반의 특성을 최대한 살린 그런 모양새였다.

어떤 사람들은 공부를 못하는 애들만 모아놓았다고도 하고, 어떤 사람들은 그냥 말썽꾸러기들만 모아놓았다고도 하였었다. 그러나 정말로 그렇게 편성된 반이었다면, 그 반을 맡을 담임 선생님은 아마도 없었을 것이다. 뿐만 아니라 지금 와서 생각하니 그렇게 편성할 반은 세상에 없을 것이라는 생각이 든다.

그 때는 다른 반 선생님들이 놀려먹으려고 그랬던 것을 왜 깨닫지 못했었나 하면서 웃음이 나오기도 한다. 그런 소문은 사실이 아니라는 것이 여기저기서 곧바로 나타났다. 공부시간에는 조용히 열심이며, 청소시간에 꾀도 안 부리고 잘도 하였다.

그러나 남보다 못한 것이 있으니 체육시간의 시합이었다. 여자들만 있는 반은 여자끼리 시합을 하니 문제가 안 되었지만, 우리 반은 여자들이 하는 경기도 하여야 하고, 남자들이 하는 경기도 하여야 하는 그런 상황이었으니 당연한 일이라고 생각된다.

그렇지만 불편한 점이 없었던 것은 아니다. 예를 들면 체육시간에 편을 갈라 축구를 한다든지, 운동회 때 많은 수의 학생들이 필요한 경기는 그 성립이 쉽지 않았고, 어떻게 만들어진 팀이라고 해도 번번이 지고 마는 그런 반이었다.

그럼에도 불구하고 우리 반은 재미있는 반이라는 소문이 돌았다. 급기야 다른 반 아이들이 알게 모르게 우리 반을 부러워히고, 심지어는 우리 반에 편입시켜 달라는 요구까지 나오게 될 정도가 되었다. 처음에는 경계의 대상이었지만 나중에는 동경의 대상이 되는 그러한 6학년 생활이었던 것이다.

어떤 일이든지 모든 면에서 모범이 되는 그런 반으로 변하여, 간섭하지 않고 그냥 놓아두어도 전혀 문제가 발생하지 않는 반이 된 것이다. 쉬는 시간에 여자 아이들이 고무줄놀이를 하면, 으레 남자 아이들은 방해를 하는 것이 통념이었는데, 우리 반 여자들에게만은 그렇게 하지 못했다. 왜냐고 이유를 안 물어보아도 뻔히 알 수 있는 그런 반으로도 된 것이었다.

여자들이 청소당번이 되면 남자아이들이 물을 떠다 주고, 남자아이들이 청소당번이 되면 여자아이들이 책상을 닦아주는 그런 풍경이 자주 벌어졌다. 그것이 바로 신사까지는 아니더라도, 자신이 남을 도울 수 있으면 돕는 것이 더 편하다는 생각들이 싹텄다고 보아야 할 것이다. 그렇게 6학년의 시간이 흘러가고 있었다.

이제 본격적으로 입시준비를 하여야 하는 그런 시간이 되었고, 담임 선생님은 특단의 조치를 취하셨다. 물론 교과서는 진도를 빨리 나가서 2학기 과목까지 모두 배워버린 상태였다.

선생님이 별도의 강의나 예상문제를 푸는 시간을 제외하고, 자습시간에는 자신이 원하는 형태로 앉아서 공부를 해도 좋다는 것이었다. 말하자면 요즘 단어로 풀이하면 도서관이나 독서실에 간 요량으로 공부를 해도 된다고 하셨다. 신성한 학교에서 이 얼마나 파격적인 방법이었던가.

그러나 거기에도 조건은 있었다. 예를 들면 학교 성적이 반에서 10등 안에 드는 학생만 허용한다든지 하는 것이었다. 그래도 이 규칙이 반드시 지켜야한다는 것은 아니지만, 상위권 학생들이라고 해도 어디 쉽게 자리를 옮길 수 있었겠는가. 정말로 그렇게 해도 되는 것인지 안 되는 것인지도 모른 체 서로들 눈치만 보고 있었다.

그러다가 다음 날 반장이 먼저 과감하게 실행에 옮겼다. 그러자 반에서 공부를 잘한다는 학생들이 옮기고 몇 명이서 더 옮기게 되었다. 이 때 반장은 공부로는 최우수는 아니었지만, 이처럼 결단을 하여야 할 때는 그래도 먼저 앞장서는 그런 학생이었다.

물론 반장이라는 감투를 등에 업고 그랬는지는 지금도 잘 모르겠다. 뿐만 아니라 같은 반 여자아이가 아프다고 하면 등에 업고, 양호실로 뛰어가는 것도 반장이었다. 또 청소시간이 되면 남이 꺼리는 곳부터 시작하는 것도 반장이었다. 그러나 그런 것은 무엇보다도 반 아이들이 잘 따라 주었기 때문에, 저절로 그런 행동도 가능하였다고 생각된다.

쉬는 시간이나 자습시간에는 어김없이 책상을 돌려놓고 앉아 보니, 자신만의 노력으로 집중할 수 있는 장점도 있었다. 그러나 이렇게 앉았는데 수업이 시작하여 선생님이 들어오신 것도 모르고 그냥 돌아 있다가, 선생님을 무시했다고 호되게 야단맞는 적도 있었다. 물론 이런 때는 공부 잘하는 그 잘난 몇 명 때문에, 반 학생 전체가 벌을 서기도 하였다. 그 때 일을 곧이 곧대로 말하면, 반장이 되어 가지고 선생님을 우습게 보았다고 혼이 난 것이었다. 요즘과 다른 그 옛날에 설마하니 그랬을까마는 당시는 그냥 그렇게 야단맞고 넘어도 갔었다.

이렇게 적극적인 방법으로 공부를 가르친 덕분인지는 모르겠지만, 우리는 혼합반이 아닌 다른 반과 비교하여 전혀 뒤지지 않는 그런 성적을 냈었다. 불가피하게 만들어진 반인지, 아니면 시험적으로 만들어 본 반인지는 모르겠지만 아무튼 좋은 결과를 만들어냈다고 생각한다. 물론 초등학교 교육이라는 게 공부만을 얘기하는 것이 전부는 아니라는 기준에 의해서 볼 때, 또 다른 면에서도 많은 것을 얻었다고 생각된다. 협동정신, 봉사정신, 그리고 약한 자를 위하여 수고하고 위할 줄 하는 자세를 길렀다고 생각된다.

하지만 나도 처음에 반을 배치 받은 때에는 많이 실망도 하였었는데, 그것도 잠시뿐이고 바로 아무것도 아닌 평상의 마음으로 돌아온 것으로 기억된다. 아마도 한 달이 지나 갔을 때쯤에는 벌써 남의 부러움을 사기까지 하였다.

그 때의 반 친구들이 모두 어디로 갔는지 알 수는 없지만, 그래도 생각할수록 정이 돋아나는 그런 친구들이다. 부디 건강하게 그리고 씩씩하게 잘 살고 있기를 바란다.

가을 운동회

봄 운동회라고 하면 봄에 실시하는 운동회이고, 가을 운동회라고 하면 가을에 실시하는 운동회라는 것은 그 이름만으로도 다 알 수 있을 것이다. 그런데 여름 운동회라든지 겨울 운동회라는 이름은 들어 본 기억이 없다. 일반적인 생각으로는 아마도 여름과 겨울에 운동하기가 적합하지 않은 계절인 듯싶다.

그런데 조금만 더 생각해 보면 우리 몸에 좋으라고 하는 것이 운동이니, 여름과 겨울을 굳이 피해가면서 운동한다면 어딘지 앞뒤가 맞지 않는 것 같은 생각도 든다. 오히려 늘어지기 쉽고 움츠려들기 쉬운 여름과 겨울에 적당한 운동을 찾아서 권장하여야 하지 않을까 하는 생각이다. 겨울에는 뛰고 던지고 하는 것과 같은 격한 움직임 자체가 운동으로 적합하지 않다는 것인지, 아니면 어떤 종목이거나 어떤 운동이거나 몸에 해롭다는 것인지 구체적으로 검토할 필요가 있겠다.

한여름이 되면 많은 사람들이 강이나 바닷가로 피서를 떠난다. 그 중에는 산이나 계곡을 찾는 사람들도 있기는 하지만 그래도 여름은 물가를 더 찾는 편이다. 그리고 그 곳에서는 격한 여름 운동도 곧잘 실시한다. 대표적인 운동으로는 레프팅이나 서핑을 꼽을 수 있다. 그런데 이 운동들은 순간적인 에너지 소비량도 폭발적일 뿐만 아니라 대단히 빠른 운동으로, 심한 피로를 유발하며 부상을 초래하기도 한다. 그러면 이런 운동들이 특정 계절에만 실시하여야 하는 운동인가 생각해 보면 그렇지도 않다. 바꿔 말하면 봄 여름 가을 겨울을 가리지 않고 사시장철 행할 수 있는 그런 운동들이다.

그럼에도 불구하고 어느 운동은 여름에만 성행한다면 이것은 분명히 여름 운동 종목이라고 불 수 있다. 그러면 가을 운동에는 어떤 종목들이 있을까. 생각해 보면 초등학교 시절의 가을운동회를 떠올리면 될 것 같다. 지금도 가을운동회는 예전의 운동회와 별로 달라진 게 없다. 개인전으로는 달리기가 있고, 공굴리기와 줄넘기도 있다. 단체전으로는 이어달리기나 기마전, 주머니 던지기 등이 있다. 이러한 종목들은 마치 어릴 적의 나를 설명해 주는 것 같기도 하지만, 우리나라 국민들의 생활상을 반영하고 있다고 보아도 맞을 것이다.

우선 개인전은 각자의 체력단련도 되고, 해마다 성장하는 어린 이들의 기록 측정도 될 것이다. 또한 운동을 통하여 경쟁과 승리

의 기쁨을 느끼게 하면서도, 자신의 목표를 달성해 가는 과정을
풀어나가게 하는 의미도 있을 것이다. 하나의 예를 들어 운동회
에서 절대 빠지지 않는 종목이 있으니 달리기이며, 이 달리기는
누가 얼마나 빨리 달렸느냐가 중요하기는 하지만, 사실은 선수를
목표로 하지 않는 학생들에게는 선생님들도 별 관심을 두지 않는
다. 무엇보다 중요한 것은 출발선에 선 아이들이 얼마나 공정하
게 출발하였느냐 하는 것이며, 도중에 누가 넘어져서 다친 데는
없느냐 하는 것이다. 그러나 운동장을 달리는 동안 본의 아니게
규칙을 어기는 경우도 있었으나, 선생님들은 고의가 아니라고 판
단되었을 경우에는 모르는 척 넘어가기도 하였었다. 이것은 고의
가 아닌 단순한 실수였는데도 여러 사람 앞에서 어린 아이가 받
을 수 있는 상처를 줄여 보자는 교육적 계산이었을 것이다. 나중
에 이 아이가 커서 느끼는 감정은 그 때 잘 넘겼네 보다는 자기
속으로 혼자서 미안해 하고, 왜 그랬을까 하면서 씁쓸한 웃음을
지을 것이다.

그래서 이렇게 경쟁만을 부추기는 운동보다는 서로를 생각하
는 협동생활, 단결과 희생정신을 가미한 경기를 실시하곤 하였던
것이다. 그런 운동경기의 대표적인 예로는 역시 인간 탑 쌓기와
기마전이다. 인간 탑 쌓기는 대략 6층 정도의 높이를 쌓는데 맨
아래에서 받쳐주는 아이들은 보통 다섯 명의 몸무게를 견뎌야 한
다. 내가 힘들다고 하여 몸을 사리게 되면 어렵게 쌓은 공든 탑이
무너져 버린다. 기마전 또한 말이 된 학생과 마부, 그리고 기수로
나뉘고 이 네 사람이 한 조를 이루어 상대방과 겨루는 경기다. 물

론 체격이 큰 학생이 말이 되는 것이 보통이지만 어쨌든 말이나 마부 모두 마다하지 않고 순순히 받아들이며 따랐다. 이것은 자신의 역할을 충실히 수행한 것이며, 희생정신이고 봉사와 협동의 자세라고 할 수 있을 것이다.

우리들은 가을운동회 하나를 통하여 사회에서 필요한 모든 것들을 한꺼번에 배운 셈이다. 운동회가 끝난 후에도 이긴 팀은 고작하여야 진 팀 앞에서 승리를 확인하는 만세소리 세 번이 전부였었다. 그 외에 부상으로 주어지는 물질적인 상은 어느 때 단 한번이라도 없었다. 반대로 진 팀은 이긴 팀을 보면서 축하해 주고 자신의 패배를 인정하는 자세를 배웠다.

지금도 가을 운동회에 관한 한 상품으로는 인색하기가 그지없다. 그러나 이것이 바로 스포츠가 가지는 참의미라고 할 수 있을 것이다. 이기기 위하여 그렇게 힘들게 노력하였건만 정작 이기고 나니 이겼다는 마음 외에는 따로 달라질 게 없다. 그러나 진 팀도 다른 비굴한 마음을 가질 필요도 없다. 그러나 져도 그만 이겨도 그만이라는 냉소적인 자세로 경기 도중에 꾀를 내어 편하려 하지도 않았고, 이기기 위하여 무리한 억지를 쓰지도 않았다.

그러다가 개인이 갖추어야 할 기본적인 자기관리마저 소홀히 하지나 않을지 염려되면, 개인적인 체력경기에서는 부상을 주고 격려하였다. 이렇게 치러진 가을운동회야말로 운동경기를 통한 진정한 체육교육이었다는 생각이 든다. 부모님과 마을 어르신들을 한자리에 모셔 놓고, 지난 1년 동안 갈고 닦은 기량과 훌쩍 커버린 아이들을 확인시켜 주는 마당이 되고 보면 어른들이 가을운동회를 기다리실 법도 하다.

하루 동안의 의미 있는 산 교육을 마친 후 운동장을 떠나는 아이들의 이야기 또한 하나같이 즐겁다. 내가 이기지 못한 요인과 우리 팀이 이기지 못한 원인이 무엇인지를 파악하고 후회하지만, 그렇다고 상대방을 비방하지는 않는다. 내가 좀더 잘 했더라면 하는 아쉬움은 남지만, 상대방 때문에 내가 졌다는 생각은 하지 않는다. 이 얼마나 순수한 마음들인가. 거기에는 때마침 내가 넘어지지만 않았어도 하는 식의 철저한 자기반성과 앞으로의 계획, 그리고 새로운 각오만이 기다리고 있는 것이다. 예전과 비교하여 지금의 아이들도 거의 같은 반응들이다.

이런 학생들과 비교하여 어른들도 전혀 뒤쳐지지 않는다. 바쁘기로 말하면 고양이 손이라도 빌리고 싶다는 농사철이 아닌가. 넘어진 김에 쉬어 간다고 하는 말처럼, 고단한 몸을 잠시 쉬어보자고 하루 일을 멈추고 운동장에 모이는 어른들은 안 계셨다. 그들은 모두가 학부모요 마을의 어른들이시므로 자라는 아이들에게 힘을 실어주고, 용기를 북돋우어 주기 위하여 바쁜 일과를 잠시 뒤로 미루는 것이었다. 즐거운 한 해 농사의 수확보다도 미래의 주인공을 키우는 일에 더 열심이었다는 것을 알아야 한다. 같은 운동장에 모여서 한곳을 쳐다보고 있어도 아이들 재롱이나 보자고 하는 것과, 아이들을 일깨워주는 것하고는 전혀 다른 차원의 일이다. 이것으로 교육은 백년지 계획으로 농사의 일년지 계획보다 우선한다는 것을 몸소 실천하고 계신 것을 알 수 있다.

우리는 이렇게 현명한 조상을 두어 왔다. 그리고 지금도 그 전

통은 계속하여 이어지고 있다. 겨우 하루의 활동 가을운동회를
통하여 커다란 교육, 산 교육을 배운다. 내가 이 사회의 구성원임
을 알고 내가 하여야 할 도리를 배운다. 이것이 바로 가을운동회
가 가지고 있는 사회생활의 진면목이다.

그때 우리가 본 것은…

초등학교 6학년 어느 날이었다. 그 날은 수업이 끝났어도 집으로 돌아가지 못하고 모두 기다리고 있었다. 정규 수업도 끝났으니 공부는 아닌 것이 분명하였고, 운동회 연습도 아닌데 무슨 일인지 매우 궁금하였다. 그러나 우리는 이유도 모른 채 그냥 잠시 기다려 보라는 전갈이 전부였었다.

담임 선생님은 주의사항을 설명하시고, 교실 뒤 실습장으로 가서는 풀도 뽑고 거름도 주는 그냥 그런 일들만 시키셨다. 오늘은 왜 풀을 뽑아야 하는지, 채소와 과일이 어떻게 다른 지도 모른 채 그냥 일만 하였다. 씨앗을 우리가 뿌렸는데 가꾸는 것도 우리가 하여야 하는지 물어볼 사람도 없었지만, 누굴 붙잡고 물어보았어도 아마 당시의 답은 맞다였을 것이다.

정답을 벌써 알고나 있었던지 우리들도 아무런 불평을 하지 않았다. 그 일이 끝나면 우리에 있는 가축들에게 풀을 갖다 주기도 하고 일부는 한 곳으로 모아 놓기도 하였다. 적당히 말린 풀을 가지고 만든 퇴비는 이른바 내년 농사를 위한 올해의 저축인 것이다. 만약 요즘 학교에서 선생님들이 시키는 일이 이렇다면 아마도 학교가 시끄럽고 마을 전체가 시끄러웠을 만한 일이다. 그런데 그 날의 우리 담임 선생님은 그런 걱정이 안 들었던 모양이시다.

그러는 사이 해가 저물고 날이 어두워지기 시작하였다. 우리들은 이제야 끝이 났구나하면서 기쁜 마음을 감추지 않았다. 날이 어두워지면 더 이상 아무 일을 할 수가 없다는 확고한 믿음이 있었기 때문이다. 아직도 할 일이 많이 남아 있다는 선생님의 말씀이 전혀 위엄 있게 들리지 않았다. 누가 뭐래도 이제 곧 끝이라는 생각이 피곤한 마음을 위로해 주고 있었다. 선생님도 이제는 단념을 하신 듯 우리들을 집합시키셨는데 그러고도 일장 훈시는 더 이어졌다.

평상시 공부가 어떻고, 수업분위기가 어떻다느니, 이렇게 해서 중학교 시험에 좋은 성적이 나오겠느냐는 등 여러 가지로 기를 꺾는 말씀만 하신 것으로 기억된다. 세상에 담임 선생님이 자기 반 아이들에게 공부라는 문제로 뭐라 하시는데, 학생들은 무슨 변명이 있었을까. 우리들은 하나같이 그냥 꿀 먹은 벙어리요, 이불에 오줌 싼 죄인에 지나지 않았다. 우리들은 노동으로 봉사한 대가도 없이, 저녁도 굶어가면서 이게 무슨 잘한 일이냐는 슬픔

에 싸여 있었다. 그러나 더 큰 비애는 학생들이 공부를 못한다는
데 무슨 할 말이 있었으랴. 하늘에는 그믐달이 뜨려는지 하현달
이 뜨려는지 아직 구름만 자리하고 있었다. 마침 월식이 있는 날
인데 예정된 시간이 벌써 지나버렸지만 월식은커녕 아직 달도 뜨
지 않았다는 말씀도 하셨다.

한참 후 우리는 모든 것을 짐작하였다. 대자연의 힘이 어떤 것
인지를 보여주고 싶으셨던 선생님의 마음을 읽어 낸 것이다. 농
촌의 현실을 잘 알고 있던 터에 한 사람도 집에 가지 말라고 하셨
고, 기다리는 동안 지루하지 않도록 일거리를 만들어 주신 것이
다. 그런데 날이 저물어도 달이 뜨지 않으니 그 마음이 오죽하였
으랴. 기다린 끝에 달이 떠야 되는데, 마치 자신의 잘못으로 뜨지
않는 것 같은 마음을 가지니 얼마나 민망하였겠는가. 하지만 선
생님 다시 그런 일이 있으면 미리 말씀해 주세요. 야식이라도 준
비하면 더 좋지 않겠습니까. 그 때 정말 배가 고팠거든요.

결국 우리는 그 날 월식을 만나지 못하였다. 마냥 기다리던 우
리들은 터벅터벅 밤길을 걸어가야 하는 두려움도 잊은 채 서로를
바라보며 미소만 지을 뿐이었다. 자연보다 진한 인공을 보았으니
어떤 다른 말도 필요 없었다.

그때는 그런 것인 줄만 알았다

　우리는 시대가 변함에 따라 문화가 변한다는 것을 지켜봐왔다. 우선 멀지도 않은 가까운 과거에서부터 현재까지만 보아도 확연히 달라졌음을 알 수 있다. 가장 기본인 복식제도와 식습관 문화에서 알 수 있고 주택의 변화를 보아도 느낄 수 있다.

　언제 어느 곳이든 거기에 맞는 사회생활은 있게 마련이고, 그것이 바로 그 당시 국민들의 문화인 것이다. 그리고 바로 그 국가의 문화와 같은 이름으로 불리게 된다. 우리에게도 아픈 과거가 있었고, 아픈 과거 문화는 대체로 생각하기 싫은 그런 문화로 치부되고 있는 것이 현실이다. 풀어 보면 이제는 우리가 전보다 훨씬 더 나은 문화생활을 하고 있다는 반증도 될 것이다.

　우리의 가까운 과거는 나라의 패망과 외압에 의한 일제강점기,

그리고 동족상잔의 전쟁과 강대국의 신탁통치를 받는 동안 힘들
고 지친 모습을 보여주었다. 그 후에도 전통 농업 방식의 국가가
외국의 산업사회 국가와 경쟁하기란 쉬운 일이 아니어서 어렵게
살기는 마찬가지였었다. 그런 시대에서 우리는 자라왔다.

먹을 것이 있으면 먹고, 없으면 참고 견디다가 풀씨나 나무열
매 등 먹고 소화시킬 수 있다고 여겨지면 모든 것이 식량이 된
그런 시기였다. 그렇더라도 내년의 곡식 종자만큼은 절대로 먹지
않고 보관했고, 작은 논밭이라 하더라도 정성으로 가꾸는 그런
순박한 마음은 유지한 채 지내오고 있다.

나의 어린 시절에는 농촌에서 도시로 학교를 통학하고 다녔었
다. 아침에는 통학열차가 학교 수업시간에 여유가 없어 바쁜 나
날의 연속이었지만, 오후에는 비교적 시간적인 여유가 있었다.
만약 아침 통학차가 연착이라도 하면 시내의 모든 학교에 비상이
걸린다. 그만큼 많은 수의 학생들이 통학을 하고 있었기 때문이
다. 이런 날은 수업시간에 늦더라도 학교에서는 지각 처리를 안
하는 것은 물론이고, 어떤 때는 첫 시간의 진도를 못 나갈 경우도
있었다. 학교가 끝나고 나서부터 통학열차를 기다리기까지는 그
래도 한두 시간 정도의 여유가 있었다.

그 때는 여기저기 시내구경도 다니고, 때에 따라서는 말썽을
피우기도 하고 그런 일이 다반사였던 시절이다. 그러니 무슨 조
그마한 일거리라도 있으면 우르르 몰려다니며 여기저기 기웃거
리기 일쑤였다.

오늘은 무슨 재미난 일이라도 있는지 궁금해 하며, 집합소인

역전 학생회관에 들러서 낯익은 얼굴들을 찾아 많은 정보를 나누곤 했었다. 그 곳에서는 별의 별 얘기들이 오갔다. 당시 학생들 사이에서 인기 있는 교복은 어느 회사의 천으로 만든 것이며, 형태는 어떻게 하는 것이 좋다는 것도 들어 있었다. 또 어느 극장에서 무슨 영화를 하는데 내용은 어떻고 누가 멋있었다는 것도 빠지지 않았다.

학교 얘기로는 이번 시험문제 유형이 어떻다느니, 어떤 문제는 반드시 나온다고 하면 그것을 철썩같이 믿기도 했었다. 그러나 만약 그 곳에 아는 얼굴이 없으면, 도대체 이 녀석들은 모두들 어디를 갔는지 궁금해져서 자주 가는 골목을 돌아다니며 찾아나서곤 했었다. 그러다가는 그 많던 시간 다 소비하고 결국은 열차를 놓치는 경우까지 있었던 것으로 기억난다.

어떤 때는 그러는 시간이 아까워 못 다한 공부를 하겠다고 공공도서관에 가는 경우도 있지만 그것도 시험기간 중 몇 번이고, 마을 어른들의 심부름을 하기도 하지만 그거야 어디 매일처럼 있는 일이던가. 어쩌다가 학교가 일찍 끝나거나 토요일 같은 경우는 통학차 출발시간까지 기다리는 것은 참으로 지루한 일과 중 하나였다. 이런 날은 아예 처음부터 마음을 다져먹고 걸어서 집으로 돌아가기도 했었는데, 그 거리는 무려 이십 리나 되는 거리니 평소에는 시간이 아까워 생가할 수도 없었다. 걸어가는 길은 멀고, 차가 지나갈 때마다 흙먼지 날리는 시골길이지만, 그래도 용케도 참으며 잘도 다녔다.

어떤 때는 차가 오면 얼른 골목길에 들어가서 먼지가 사라질

때까지 기다리기도 하고, 어떤 때는 뒤로 돌아서서 한참을 그냥
서 있기도 했었다. 그래도 걸으며 돌아가는 길은 즐거웠다. 이른
바 식구들이 기다리는 집으로 가는 길이기 때문이었을 것이다.
당시에는 이렇게 하는 것인 줄 알았다.

　가는 길은 들도 지나고 다리도 건넌다. 들판의 곡식을 보면 계
절을 알 수 있었고, 그 계절에 맞춰 일을 해야 할 시간이 되었구
나 하는 생각도 했었다. 그러나 대부분의 큰 일들은 용케도 학교
의 시험시기와 겹쳐져 있었다. 일은 일대로 하지만 머릿속에는
항상 시험에 대한 압박감이 남아 있고 걱정이 앞섰다. 그러니 제
대로 해도 부족할 일솜씨가 흡족할 턱이 없고, 그렇다고 공부도
기분 좋은 점수를 받을 수 없는 것은 당연한 결과였다.

　그러나 지금 생각해 보면 당시의 그 많은 시간들을 왜 유용하
게 활용하지 못했을까 하는 아쉬움이 남는다. 어린 생각에는 그
런 행동들이 가장 현명한 판단이었고, 또 그렇게 밖에 할 것이 없
었다고 생각했었다. 돌이켜 보면 금방 후회가 될 것을 왜 몰랐을
까 이해가 되지 않는다.

　조금만 생각해 봐도, 정기적으로 남을 돕는다든지, 어느 운동
을 규칙적으로 한다든지, 어느 특정 공부를 한다든지, 생각할 분
야는 많이 찾을 수 있을 것 같다. 그러나 이런 내용들은 예나 지
금이나 달라진 게 없는 것처럼 보인다. 지금 아이들이 우리 때와
행동은 다르지만 생각하는 범주는 그 틀을 벗어나지 못하고 있는
것으로 생각된다. 요즈음 아이들이 일은 안 하지만 그렇다고 걸
어서 집으로 돌아가지도 않는다.

또한 골목을 싸돌아다니며 시간을 보내지는 않지만, 그렇다고 대놓고 심부름을 하지도 않는다. 친구들과 어울려 말썽을 피우지는 않지만 그렇다고 도서관에 가서 공부도 하지 않는다. 식구들과 어울리지도 않으면서 혼자 시간을 보내고 밤을 새기도 한다.

시대의 흐름에 따라 우리주의적인 공동체 의식에서 개인주의적인 사고로 흘러가고 있다. 전에는 먹어도 같이 먹고, 굶어도 같이 굶어야 하는 것인 줄 알았다. 전에는 일을 해도 같이 일하고 쉬어도 같이 쉬어야 하는 것인 줄 알았다. 마땅히 할 일이 없으면 놀아도 같이 놀고, 바쁜 내 일이 있으면 기꺼이 같이 도와주는 것인 줄 알았다. 다시 생각해 보면 이것이 부족한 자들의 공동적 의식이었나 보다. 그래서 그들은 없어도 즐거움을 느낄 줄 알았고, 부족해도 배고픈 줄 몰랐었다.

중학교 1학년 때의 어느 날이었다. 학교를 마치고 돌아가는 길에 2학년 선배와 교문에서 만났다. 그 선배는 같은 황등초등학교를 나오고, 중학교도 같이 통학하여 자주 만나는 정도였다. 그렇다고 아주 가까이 지내는 사이는 아니었지만 그래도 만나면 인사는 빠지지 않고 하는 정도였었다. 그런 선배가 교문 앞에 있던 엿장수를 만나 엿을 사서 막 먹으려는 참이었다. 선배는 그런 때 나를 만났으니 그냥 갈 수도 없었고, 나와 엿을 나눠 먹기로 마음먹었는지 엿이 한 쪽을 불쑥 내밀었다. 그런데 그 엿이라는 것이 엿장수 마음대로라더니, 엿판에서 툭툭 쳐서 떼어 낸 것이라서 굵기도 일정하지 않고 강도도 고르지 않았다. 그러니 그 엿이 원하는 대로 잘라지지가 않았던 것이다.

결국 엿은 대부분 내가 잡은 쪽으로 쏠리고, 선배가 잡은 쪽은 겨우 형태만 유지한 정도였다. 그러나 그 선배는 아무 말도 하지 않았다. 잡은 쪽을 바꾸자고 할 수도 없었을 것이고, 준 것을 다시 내어 놓으라고 할 수도 없었을 것이다. 더구나 나보고 다시 사서 또 갈라 먹자고 할 수도 없었을 것이다.

여기서 장난기가 발동한 나는 아무 말도 하지 않고 그 엿을 그냥 먹어 버렸다. 그리고는 고맙다고만 하였다. 바꿔 먹을 걸 그랬다고 위로의 말도 하지 않았다. 우리 사이에 그냥 그러면 되지 뭘 따질 게 있느냐는 식이었다. 선배의 마음은 전혀 고려하지 않은 채 나의 생각만으로 행동한 것은 잘못된 것으로, 지금까지 그 선배에 대하여 미안한 마음에 후회하고 있다.

당시의 우리는 부족해도 나누고, 흡족해도 아끼는 그런 생활을 했었던 것으로 기억된다. 그러나 지금은 다르다. 어느 누가 무엇을 먹어서 배가 부르면 나도 그것을 먹어야 하고, 어느 옷이 좋으면 나도 그것을 입어야 한다. 만약 내가 그것을 못 하게 된다면 혹시 누구 것을 이용하여 내 것으로 만들어야 할지를 생각한다. 아니면 나를 위하여 어느 누구를 희생시킬 것인지를 결정한다. 이것이 지금의 국민문화이고 개인의 문화가 되어 굳어진 듯하여 서글픈 마음이 든다.

지난 생활이 그립고 그 때의 행동은 옳았는데 지금은 틀렸다는 얘기를 하는 것이 아니다. 만약 남을 배려하지 않고 나만을 위하는 이러한 문화가 진정한 인간의 문화생활이라면, 차라리 문화가 덜 발달하는 것이 좋겠다는 생각까지도 해 본다. 국민소득과 생

활의 편리함은 행복지수와 반드시 같이 가는 것은 아니라는 얘기
를 하고 있는 것이다.

배산을 돌아보며

　나는 가끔 배산에 가 본다. 그러면 그 때마다 생각나는 것은 송충이 잡으러 다니던 기억이다. 그리고 또 하나 소풍장소로서의 배산이다. 당시에는 마땅히 갈 곳도 없었겠지만 곧잘 송충이를 잡으러 다녔었다. 생각해 보면 우리들은 초등학교 때부터 그랬던 것 같다.

　그 때는 솔잎혹파리가 솔밭을 온통 못쓰게 만들던 시절이었다. 그런데도 정작 우리는 솔잎혹파리를 알지 못했으며, 지긋지긋한 송충이들과의 한 판 싸움만이 기억난다. 지금 생각하면 산의 한 쪽 언덕이 시뻘겋게 불타는 것같이 죽어가던 기억을 쉽게 찾아낼 수 있다. 이것이 바로 솔잎혹파리로 인해 죽은 솔들인데 그 때는 알지 못했었다.

당시는 학교와 집 그리고 기껏해야 배산을 오가는 정도였으니 그럴 만도 했겠다. 지금은 아무리 찾아봐도 그 때만큼의 송충이는 찾아 볼 수가 없다. 아마도 우리들이 너무 많은 양을 잡아서 그 씨가 말라버린 탓 일거라고 생각해 본다. 거기다가 당시 같은 반 학생들 중에서 누가 가장 많이 잡았었나 회상에 잠겨 본다.

그런 중에도 혹시 명 길고 운 좋은 놈들이 한두 마리 살아남았더라도, 지금의 공해에 견디지 못하는 정도가 되고 말았을 것이다. 그래서 나는 지금 소나무 밑에서도 마음 놓고 앉아 쉴 수 있는 정도가 되었다. 그렇게 쉬다 보면 또 하나 생각나는 것이 예의 소풍길이다. 그러나 소풍에서 보물찾기는 애당초 나하고는 상관없는 일이었으니, 다른 사람에게는 그 흔한 보물에 관한 기억도 나는 전혀 떠오르지 않는다.

그런데 다른 건 다 몰라도 장기자랑 시간의 개다리춤은 당시의 훌륭한 작품으로 남아 있다. 이 춤은 누가 잘 추고 못 추는지도 필요 없다. 그냥 추면 되는 것이고 아무나 추면 되는 것이다. 그렇게 추다 보면 개다리춤이라기보다 막춤이라고 하면 딱 어울리는 춤으로 변하고 만다.

배산에서의 하루는 이렇게 지나가고 있었다. 점심시간이 되면 좀 더 시원하고 좀 더 후미진 곳을 찾으러 이리저리 돌아다니던 생각도 난다. 그러나 꼭꼭 숨어서 펼쳐놓은 반찬이라고 해도 김치 한 가지 아니면 김치를 포함하되 또 다른 어머니표 밑반찬 한 가지 추가가 전부였던 시절이었다.

이 때의 어머니표는 어머니께서 밭을 갈고 씨를 뿌리며, 김매

고 추수하고, 버무려서 반찬을 만드는 모든 것을 다하신다는 뜻
이다. 다시 말하면 생산과 가공, 그리고 유통과 판매 이 모두를
담당하시는 분이라는 뜻으로 내가 만들어 붙인 상표다.

오늘도 아침 7시에 집을 나서 배산을 향했다. 집에서 배산까지
는 차로 간다. 지금은 산에 도착하여도 정상에 오르지 않고 산 주
위를 돈다는 것이 그 때와 다른 점이 되겠다.

큰 배산의 입구 주차장에서 시작하여 산을 좌측으로 끼고 돌면
서, 작은 배산의 남쪽 연못까지를 포함하여 걸으면 약 30분가량
소요된다. 어떤 때는 작은 배산의 정상에 있는 정자를 거쳐 능선
을 타고 큰 배산의 정상으로 향한다. 이렇게 해서 처음 출발지인
큰 배산의 입구에 오면 이제 운동을 시작하는 단계가 되어 온몸
에 땀이 나기 시작한다. 가벼운 운동을 원하는 사람들이 이 코스
로 두 바퀴를 돌면 정확히 한 시간이 걸린다. 산을 좋아하고 산타
기를 잘하는 사람들은 이런 나의 운동을 운동이라고 말하지 않는
다. 그러나 항상 바쁜 척하는 나에게는 아주 적합한 등산코스가
되며, 나와 같은 생각을 가진 일부 시민들에게는 아주 적합한 운
동코스가 될 것도 당연하다.

요즈음은 이런 배산이 단순한 운동장소가 아니며, 그냥 산이
있어 등산하는 코스가 아니다. 예전에는 송충이를 잡는 실습 장
소였었다면, 요즘 학생들에게는 현장학습 실습장이 되어 주기도
하고, 유치원이나 교회의 정기 행사장이 되기도 한다.

그것뿐이 아니다. 배산에는 벽없는 유도장이 있어 굵은 소나무
를 부여잡고 업어치기를 하기도 한다. 그러나 지금까지 이 소나

무를 이긴 유도수련생은 아무도 없다. 그들이 다니는 유도체육관의 관장이라 하더라도 이 소나무를 이겨 본 적이 없다.

또 어떤 이는 기원에서 조용히 바둑을 두거나 장기를 둔다. 이 기원은 형식화된 회원권은 없으나 엄연히 존재하는 청소년 출입 금지 구역이다. 비바람 하나도 견뎌내지 못 하는 그런 기원이지만 그래도 날이 밝으면 사람들이 모여든다.

그런가 하면 배산에서는 열린음악회를 만나기도 한다. 배산은 그 중 제일 높아 사방을 굽어봐도 닫힌 곳이 없으니, 일행과 함께 산에서 부르는 노래는 모두 열린음악회라 불러 합당하다. 작은 배산의 배산정은 무대가 되지만 마이크나 다른 음향시설도 조명시설도 없다. 그냥 생음악으로 실시간 방송하며 녹화나 재방송도 없다. 그리고 특별한 것은 관객이 하나도 없지만 그래도 이 음악회는 시도 때도 없이 열린다는 것이다.

이동식 태권도장을 지나칠 때면 절도 있는 모습으로 폼생폼사 하는 사람들을 만날 수 있다. 이 도장은 말로는 태권도장이라고 하였지만 사실은 다른 무술자들도 무시로 만날 수 있다. 택견이나 합기도, 그리고 처음 보는 무술의 창시자들까지도 대한민국의 국력을 다지고 있는 것 같아 우리를 든든하게 해 준다.

동향 기슭에는 밤새워 빌고 비는 기도도량도 있다. 공습 대피용이라고 하기에는 너무 적고, 도끼가 파 놓은 것이라고 하기에는 너무나 크다. 커다란 바위 밑에 굴을 팠으니 인공인 듯하면서도 생긴 형태로 보아 자연인 듯하니 알다가도 모를 일이다. 만약 비라도 온다면 모두 굴 안쪽으로 흘러들어 가도록 경사져 있다.

그래도 비가 온 후에 물에 잠겨 있는 것은 본 적이 없다.

이도 저도 싫은 사람들은 바위에 앉아 명상에 잠기기도 한다. 세상의 허탈함을 회상하는 듯 아무 말도 없다. 자기 몸에 고통을 주어 정신을 다스리는 요가를 고안 중인지 한동안은 움직이지도 않는다. 이때 먹이를 잘못 찾아 날아든 벌을 보더니 되레 지나가던 사람이 놀래어 손사래로 쫓아 준다.

배산에는 이렇게 우리네 삶이 모두 담겨 있으니 이 산을 익산의 축소판이라고 말하기에 충분하다. 그래서 나는 배산을 사랑한다.

이 산은 익산 시민의 추억이 있는 산, 시민의 건강이 있는 산이다. 구체적으로는 생활이 있고 문화가 있는 산이며, 종교가 있는 산이다. 더하여 달성 서씨와 연일 정씨, 그리고 오천 정씨의 가문에서는 조상의 맥을 이어오기까지 하는 산이니 배산을 사랑하지 않을 수 없다. 더불어 이 산을 찾는 사람들도 사랑하지 않을 수 없다.

코스모스 없는 고향역

코스모스 피어 있는 정든 고향역
입뿐이 곱뿐이 모두 나와 반겨 주겠지
달려라 고향 열차 설레는 가슴 안고
눈 감아도 떠오르는 그리운 나의 고향역
코스모스 반겨 주는 정든 고향역
다정히 손잡고 고갯마루 넘어서 갈 때
흰머리 날리면서 달려온 어머님을
얼싸안고 바라보았네 멀어진 나의 고향역

1970년대 자주 불렀던 노래 중 하나다. 곡이 어렵지도 않고 가사 내용도 그냥 우리네 시골 풍경과 비슷하여 쉽게 따라 불렀던 기억이 있다. 거기에는 내가 기차로 통학하던 시절이 있었기에,

기차에 대한 매력이 더 강하게 다가왔는지도 모른다.

내가 기차로 통학하던 곳은 황등역에서 익산역 당시의 이리역 사이 구간이었다. 역 간으로는 단 한 구간에 지나지 않아 기차를 타면서 바로 내려야 하는 서운함도 있었지만, 대신 많은 시간을 소비하지 않았다는 고마운 점도 있었던 곳이다. 이렇게 가까운 곳에서 기차를 타고 통학을 한다는 것은 예나 지금이나 정말 황송할 정도로 고마운 일이었다. 황등역은 전라북도 익산시 황등면 황등리 999번지에 위치하고 있으며, 내가 살던 고향집과는 약 600m 정도 떨어진 곳이었다.

내가 살았던 집은 황등산 자락으로 산의 정기가 내려오다 멈춘 마지막 지점에 해당하는 곳이었으며, 황등역이 내려다보이는 정도의 높이도 가지고 있었다. 바로 옆에는 충혼탑도 있어 넓은 정원을 제공하기도 하였으니 글자 그대로 전망 좋은 그런 집이었다고 생각한다. 어쩌다 통학차가 오는 시간에 조금 늦게 집을 나서다가도, 기차의 기적소리를 들으며 뛰기 시작하면 기차를 탈 수 있는 그런 위치에 있었다.

나는 이런 기차를 타고 5년 정도나 통학을 하였다. 그 때마다 기차는 콩나물시루 속과 같이 빽빽하였지만 매일같이 고맙게 타고 내리던 기차였었다. 그럼에도 불구하고 역 주변의 풍경에 대한 그리움을 느낄 순간적 여유도 없이 그냥 그렇게 바쁘게 타고 다녔었다. 그런 우리에게 노래 고향역의 가사는 아름다운 그림을 선물해 주는 고마운 위안이 되었다. 곡이 쉬워 따라부르던 우리들에게 기차 통학을 하던 마음이 더해지니, 노랫말은 그야말로 딱 들어맞는 그런 노래였을 것이다.

황등역은 호남선 익산에서 대전, 서울 방향으로 나있는 첫 번째 역이다. 거리상으로 익산역과 너무 가까운 관계로 이제는 버스나 트럭을 손쉽게 이용하지만 예전에는 그야말로 교통의 핵심을 이루고 있었다. 황등이 여타 면과 비교하여 특별히 나은 것은 없다하더라도, 인구도 많으며 교통이 편리할 뿐더러 물동량 또한 많았던 것은 사실이다. 인근의 농산물이 집합되어 타지로 실려 나갔고, 그 유명한 황등돌이 실려 갔던 그런 역사를 가지고 있다.

황등역은 동쪽으로는 황등산을 끼고 돌며 삼면이 들판으로 이어진 그런 형상이었다. 대전 방향인 북쪽으로는 역사를 지나면서 방아다리를 벗어나면 우측으로 돌아가는 굽은 모양이며, 익산 방향인 남쪽은 넓은 들판을 가로질러 가기 때문에 그냥 일직선으로 연결되어 있었다. 이용하는 손님들로는 황등면은 물론이고, 동쪽의 삼기면, 서쪽의 서수면, 서북쪽의 함라면 주민들이 있었으니, 이들에게는 밖으로 통하는 생활의 관문이었던 것이다. 이들이 황등역에서 기차를 타기 위하여 멀고 지루했던 논길 밭길을 걸어오던 기억은 힘겨운 고통이었을 것이다.

비가 오는 날이면 바지에 빗물이 튀고, 바람에 날려 이내 저고리까지 적셔 버리던 그런 걸음이었을 것이다. 눈이 오는 날이면 옷이나 머리에 쌓인 눈이 녹아 축축이 젖어 들 때까지, 그냥 그렇게 얼마가 남아 있는지도 모르면서 걸어야했던 그런 길이었을 것이다. 가을에는 비나 눈이 오지 않아도 논둑 길가에 맺힌 이슬로 바짓가랑이를 적시고, 풀잎이 뜯겨져 신발에 묻어 엉키던 힘겨운 걸음이 이어졌을 길이다.

아침 일찍 도착하여 기차 시간보다 여유가 있었을 때에 볼 수 있었던 역 주변의 풍경은 그냥 전형적인 농촌이었다. 길 옆 오막살이에는 텃밭도 있고, 거기에는 옥수수도 있었다. 굴뚝에서는 밥 짓는 연기도 났었고, 모내기가 끝난 논에서는 파릇파릇한 잎들이 날로 생기를 찾아갔으며, 미처 끝나지 못한 보리타작은 들판 군데군데를 누런 모습으로 색칠하고 있었다. 여름에는 백길이라는 마을 어귀에 서 있는 미루나무에서 매미가 힘차게 울어댔었다. 역사 정원에는 철따라 피고 지는 예쁜 꽃들도 많이 있었다. 기차를 타러 나가면 송하동이 마주 보이는 플랫폼의 서쪽이 텅 비어 논과 바로 이어지는 그런 형상이었다. 거기에는 측백나무를 심고 보기 좋으라고 키를 일정하게 잘라 주면서 줄을 그어 놓았던 기억도 떠오른다. 그리고 그 측백나무 사이사이로는 가냘프지만 정겨운 코스모스가 자리하고 있었다.

코스모스는 측백나무 사이뿐만 아니라 눈둑길에도 늘어서 있었다. 가지런한 코스모스는 철로 옆 길가에도 빠지지 않고 줄지어 서 있었다. 그 옆길은 별도로 사람이 다니는 길이 아니었지만 황등역을 벗어나고 들어오는 모든 구간에는 영역을 표시하는 듯 그렇게 버티고 늘어서 있었다. 색색으로 예쁘게 뽐내던 연약한 코스모스는 바람이 조금만 불어도 이리 한들 저리 한들 물결치기 일쑤였다. 그렇게 제멋대로 흔들거리며 놀던 코스모스들도 기차가 지나갈 때에는 우렁찬 바퀴소리에 놀라는 듯하였다. 이 소리야 어찌 어제 오늘 뿐이었겠는가. 조상 대대로 들어오던 소리로 벌써 씨앗 속에서부터 함께한 환경이 아니었을까 생각해 본다. 이제는 귀에 익고 만성이 되었을 법도 한 기적소리와 철마의 둔탁한 움직임 소리에, 아직도 깜짝깜짝 놀라던 것은 마치 나와 같이 마음이 여린 탓은 아니었을까.

정겨운 마음에 손을 내밀어 꽃잎이라도 따려치면 이내 몸을 추슬러 한 발짝 뒤로 물러서 버린다. 그러다가 더 이상 자신을 헤칠 사람이 없다는 것을 확인하고 나서야 다시 제자리로 돌아오던 코스모스였다. 황등역의 코스모스는 그렇게 자신을 지켜왔었다. 그리고 다음 해에도 다음 해에도 그 자리에서 꿋꿋하게 생에 대한 희망을 이루어갔다.

지금은 기적소리가 들린다고 하여 집에서부터 뛰어가서 기차를 탈 일이 없어진 지 오래다. 시간을 정해 놓고 오고가던 기차 대신 내가 필요로 하면 언제든지 탈 수 있는 교통수단이 생긴 때문이다. 이런 현상은 비록 나만의 문제가 아니라 사회 전반에 걸쳐 일어난 것으로, 타면서 바로 내려야 하는 단 한 구간의 기차 이용을 더 이상 불필요하게 만드는 데까지 이르렀다.

이제 황등역은 거의 폐쇄 단계에 이른 역이다. 주·정차역에서 간이역으로 변하더니 급기야 관리인이 없는 임시 간이역으로까지 되고 말았다. 얼마 전에는 고향역의 추억을 되살리려 일부러 황등역을 찾아보았던 적이 있다. 반가운 마음에 재빨리 역 대합실로 뛰어들어 섰으나 옛날의 추상같았던 역무원은 그 어디에서도 보이지 않았다. 주위를 아무리 살펴보아도 기차를 타려고 기다리는 단 한 사람의 손님도 보이지 않았다. 예전에 기차표를 팔았던 창구에는 언제 올 지 모르는 손님을 위하여 작은 안내문이 걸려 있을 뿐이었다.

이런 역에서는 기차표를 사지 않고 기차를 탈 수 있다. 예전의 철저한 차표 검사에 비하면 얼마나 자율적이고 인간적인 관리방식인가. 그러나 줄을 서서 차표를 사고, 대합실에 앉아 기다리며 서로의 안부를 묻고 위로하던 모습을 볼 기회조차 없어져 버렸다. 기차를 타러 나가면서도 줄을 서고, 차표를 끊던 모습이 사라진 것은 이보다도 더 이전의 일로 추억의 한 토막이 되고 말았다. 기차를 타고 통학하는 학생들이 단 한 명도 없는 말뿐인 통학차가 하루 한 번씩 오다가다 서는 허울역으로 변하고 만 것이다.

가요 고향역을 작곡하고 작사한 임종수씨는 이 황등역에서 기차를 타고 통학을 한 적이 있었다. 작자는 원래 순창 출신으로 황등역을 이용한 기간이 대략 1년 6개월 정도의 길지 않은 동안이었다. 하지만 작자는 당시의 짧은 정겨움을 오랫동안 잊지 못하여 대중가요의 그 중심에 황등역을 앉혀 놓았던 것이다. 삼기면에서 황등역을 거쳐 당시의 이리까지 통학하던 길은 가난한 자에게는 고달픈 길이 되었고, 배고픈 자에게는 떠올리고 싶지 않은 그런 길이었던 것이 사실이다. 지금의 세상이 아닌 작자 당시의 세월에는 분명 그러하였을 것이다. 그러나 그런 떠올리기 싫은 과거보다도 더 잊을 수 없는 것은 황등역의 코스모스였음을 느낄 수 있다.

이 노래는 1971년 작곡되고 1972년 본격적으로 불리기 시작하면서 바로 나훈아의 대 히트작이 되었다. 정겨운 고향을 떠올리는 방법으로 코스모스라는 정취 있는 꽃을 대입시켰고, 거기에 다시 어머니라는 만고불변의 고향 이미지를 옮겨 놓았던 것이다. 당시는 도시 산업화에 따라 농촌에서 대거 도시로 향하던 시기였 었고, 갑작스런 환경변화에 적응하지 못하던 근로자들이 고향이 라는 단어만으로도 남몰래 눈물짓던 분위기였었다. 그럴즈음 우 리 대한민국의 공업부흥이라는 장래를 걱정하며 고향을 떠나 도 시에서 일하던 모든 이농 젊은이들에게, 황등역의 코스모스와 임 종수씨의 어머니는 공감을 주기에 충분하였었다.

고향역은 이렇게 퍼져 나갔다. 이농한 모든 사람들의 입과 입 에서 고향역이 떠나지 않았다. 그들의 가슴 속에는 항상 고향을 잊지 못하는 마음이 있었다. 바쁜 일상에서 잠시 잊은 것 같다 도 불현듯 다시 떠올릴 수 있는 고향이 있다는 것을 깨우쳐 주는 고향역을 사랑하였던 것이다.

다른 사람에게는 정겨운 고향을 일깨워주는 황등역이지만 정 작 내게는 고향의 맛을 느낄 수 없게 한다. 황등에서 나고 자란 나에게는 쓸쓸한 역사만이 덩그랗게 다가오고 있다. 외로운 석양 의 노을빛이 대합실 깊숙이 드리워져도 코스모스는 보이지 않는 다. 황등역이라는 글씨는 기차를 타고 통학하던 당시에 보았던 것과 같은 문자인 것이 분명한데 예전의 고향역이 아니다. 역사 는 현대식 건물로 고쳐 지어졌지만 만인의 고향역 황등역이 새롭 게 고쳐 지어진 것은 아니었다. 그것은 어쩌면 몇 사람 당신들의 천국을 위하여 고쳐진 것은 아니었을까. 고향역이란 모름지기 고 향을 지키는 사람들, 고향역을 이용하는 사람들, 고향을 지키려

세금을 낸 사람들을 위하여 거듭나야 하지 않을까 생각해 본다. 아직도 황등역은 전국의 많은 사람들이 즐겁게 연호하고 있으니까 말이다.

제11회
동양기전 문학제

사우 및 사우 가족들의

문화생활을 고양하고

독서경영의 폭을 넓히고자

제 11회 동양기전 문학제를 실시합니다.

생활 속에서 살아 숨쉬는

소중한 글들을 기다립니다.

사우 및 사우가족들의 문화생활을 고양하고 독서경영의 폭을 넓히고자

제11회 동양기전 문학제를 실시합니다.

생활속에서 살아 숨쉬는 인간적.능동적.창의적인 소중한 글을 기다립니다.

2006. 5. 1 ~ 8. 31

참가 대상

<u>일반</u> 사우 및 사우 가족(성인)

<u>학생</u> 아동, 초 · 중 · 고등부

공모 부분

<u>운문</u> (동)시 또는 시조 (각 부문 2편이상)

<u>산문</u> 단편소설 (200자 원고지 40매 / A4 6매 내외)

<u>독후감</u>, 수필, 콩트 (200자 원고지 15매 /A4 2매 내외)

2006. 10월 창립기념식 – 상장 및 부상 수여

출품자 전원에게 소정의 기념품 증정.

참가 자격 동양기전 사우 및 사우 가족

접수 기간 2006. 5. 1. ~ 8. 31.

접수처 각 사업부 독서경영 담당자

<u>우편</u> 인천시 남동구 남촌동 616-4 동양기전 문학제 담당자앞

<u>전화</u> 032 810 4316(sabo@dy.co.kr)

한호철 수필집

그때 우리가 본 것은

▪

초판인쇄 / 2006 년 6월 25일
초판발행 / 2006 년 7월 1일

지은이 / 한 호 철
펴낸인 / 서 정 환
펴낸곳 / 신아출판사

출판등록 / 1984년 8월 17일 제28호
주   소 / 전주시 완산구 태평동 251-30
전   화 / (063) 275-4000 · 252-5633
팩   스 / (063) 274-3131
인 터 넷 / 홈페이지 www.shin-a.co.kr
         전자우편 shina@shin-a.co.kr
         shina321@chollian.net

▪

값 9,000원

ISBN 89-5925-138-0 03810

* 저자와 협의, 인지는 생략합니다.
* 잘못된 책은 바꿔드립니다.